De volta ao Lago de Leite

FUNDAÇÃO EDITORA DA UNESP

Presidente do Conselho Curador
Herman Jacobus Cornelis Voorwald

Diretor-Presidente
José Castilho Marques Neto

Editor-Executivo
Jézio Hernani Bomfim Gutierre

Conselho Editorial Acadêmico
Alberto Tsuyoshi Ikeda
Áureo Busetto
Célia Aparecida Ferreira Tolentino
Eda Maria Góes
Elisabete Maniglia
Elisabeth Criscuolo Urbinati
Ildeberto Muniz de Almeida
Maria de Lourdes Ortiz Gandini Baldan
Nilson Ghirardello
Vicente Pleitez

Editores-Assistentes
Anderson Nobara
Fabiana Mioto
Jorge Pereira Filho

INSTITUTO SOCIOAMBIENTAL (ISA)
Associação sem fins lucrativos, fundada em 22 de abril de 1994. Tem como objetivo defender bens e direitos sociais, coletivos e difusos, relativos ao meio ambiente, ao patrimônio cultural, aos direitos humanos e dos povos.

Conselho Diretor
Neide Esterci (presidente), Sérgio Mauro Santos Filho (vice-presidente), Adriana Ramos, Beto Ricardo, Carlos Frederico Marés.

NÚCLEO DE TRANSFORMAÇÕES
INDÍGENAS – NuTI
Fundado em 2003, é um dos núcleos de pesquisa do Programa de Pós-Graduação em Antropologia Social (PPGAS) da Universidade Federal do Rio de Janeiro, sediado no Museu Nacional da Quinta da Boa Vista. Ele reúne antropólogos de três universidades federais (UFRJ, UFF, UFSC) e uma rede de parceiros e colaboradores de outras instituições em torno do projeto *Transformações Indígenas: os regimes de subjetivação ameríndios à prova da história*, financiado desde novembro de 2003 pelo **Programa de Apoio a Núcleos de Excelência (Pronex CNPq-FAPERJ)**, do Ministério da Ciência e da Tecnologia.

Equipe
Aparecida Vilaça, Bruna Franchetto, Carlos Fausto, Cesar Gordon, Cristiane Lasmar, Eduardo Viveiros de Castro (coordenador), Geraldo Andrello, Marcela Coelho de Souza, Márnio Teixeira-Pinto, Oscar Calavia, Tânia Stolze Lima.

Secretaria-executiva
Luciana França

Cristiane Lasmar

De volta ao Lago de Leite
Gênero e transformação
no Alto Rio Negro

© 2005 Editora UNESP

Direitos de publicação reservados à:

Fundação Editora da UNESP (FEU)
Praça da Sé, 108
01001-900 – São Paulo – SP
Tel.: (0xx11) 3242-7171
Fax: (0xx11) 3242-7172
www.editoraunesp.com.br
www.livrariaunesp.com.br
feu@editora.unesp.br

Instituto Sociambiental

São Paulo (sede)
Av. Higienópolis, 901
01238-001 São Paulo – SP – Brasil
tel: (0 xx 11) 3660-7949
www.socioambiental.org

Brasília (subsede)
SCLN 210, bloco C, sala 112
70862-530 Brasília – DF – Brasil
tel: (0 xx 61) 3035-5114

S. Gabriel da Cachoeira (subsede)
Rua Projetada 70 – Centro
Caixa Postal 21
69750-000 São Gabriel da Cachoeira –
AM – Brasil
tel: (0 xx 97) 3471-2182/1156/2193

Manaus (subsede)
Rua 06, nº 73, Conjunto Vila Municipal,
Adrianópolis
69057-740 Manaus – AM – Brasil
tel/fax: (0 xx 92) 3648-8114/3642-6743

Núcleo de Transformações Indígenas – NuTI
Museu Nacional – Quinta da Boa Vista s/n –
São Cristóvão
Rio de Janeiro – RJ – CEP 20940-040
tel: (0 xx 21) 2568 9642
fax: (0 xx 21) 2254 6695
http://www.nuti.scire.coppe.ufrj.br/
nuti@mn.ufrj.br

CIP-Brasil. Catalogação na Fonte
Sindicato Nacional dos Editores de Livros, RJ

L363d

Lasmar, Cristiane
De volta ao lago de leite: gênero e transformação no Alto Rio Negro / Cristiane Lasmar. – São Paulo: Editora UNESP: ISA; Rio de Janeiro: NUTI, 2005. il.

Anexos
Inclui bibliografia
ISBN 85-7139-621-3

1. Índios do Brasil – Negro, Rio (AM) – Condições sociais. 2. Índios do Brasil – Negro, Rio (AM) – Identidade étnica. 3. São Gabriel da Cachoeira (AM) – Relações étnicas. 4. Etnologia – Amazonas. I. Instituto Sociambiental. II. Núcleo Transformações Indígenas. III. Título.

05-2860
CDD 980.4113
CDU 94(811.3)(=87)

Editora afiliada:

Para Cesar, Tomás e José Carlos

"De uma cidade, não aproveitamos as suas sete ou setenta e sete maravilhas, mas a resposta que dá às nossas perguntas."

(Ítalo Calvino, *As cidades invisíveis*)

Sumário

Prefácio   11

Agradecimentos   13

Convenções   17

Mapa do Alto Rio Negro   21

Introdução   23

Primeira parte
"Lá se vive como irmão"

Prólogo   51

1   Visitando a comunidade   53
   Um modelo de estrutura social   53
   A comunidade ribeirinha   64
   A organização social do prestígio   90

2 Gênero e (re)produção no cotidiano da comunidade 101
A posição feminina 101
Casamento e aliança 105
Aspectos da conjugalidade 115

Epílogo da Primeira parte 123

Caderno de ilustrações 1 133

Segunda parte
Virando branca, mas não completamente

Prólogo 143

3 Uma cidade e seus significados 147
Índios e brancos em São Gabriel 147
História e configuração social 155
A vista da praia 162

4 De trajetórias, identidades e corpos 169
Três histórias de vida 169
Ser índio na cidade 188
Casar com branco 197

5 Conhecer para transformar 213
O sentido do movimento 213
Afinal, quem são os brancos? 215
Uma teoria do conhecimento 231
A história no mito 239

Epílogo da Segunda parte 245

Caderno de ilustrações 2 249

Considerações finais 255

Referências bibliográficas 265

Anexos
1 A viagem da Canoa da Fermentação 275
2 Bairros de São Gabriel da Cachoeira – AM 285

Prefácio

São Gabriel da Cachoeira é uma cidade amazônica. Oitenta por cento de sua população são compostos por indígenas – famílias e indivíduos –, a maior parte proveniente das comunidades que se distribuem ao longo do rio Negro e seus afluentes. São Gabriel da Cachoeira é uma cidade rionegrina. Este livro, transformação de uma tese de doutorado defendida com sucesso em 2002, é sobre São Gabriel, cidade indígena, mas vai muito além de uma sociologia urbana ou de uma etnografia de uma situação de contato entre índios e não índios. Este livro vai além de um estudo das mudanças no estilo de vida, nos padrões de casamento, nos gostos, nos corpos, nos esquemas e dinâmicas de apreensão dos mundos de uma população que aparentemente se afasta do que poderíamos chamar de 'chão' original – a vida em comunidade, entre parentes – e se dilui na trama dos bairros da cidade. Os bairros de São Gabriel são indígenas, os movimentos são oscilantes, as teias familiares e de parentesco se recompõem e as mulheres se apresentam na frente da cena. Este livro, contudo, vai além, também, de um estudo de antropologia do gênero, além da primeira fase da trajetória acadêmica da autora.

Em sua dissertação de mestrado e em vários trabalhos subsequentes, Cristiane Lasmar trilhou não todos, mas quase todos os caminhos da produção sobre gênero, feminista e não, em antropologia e em etnologia amazônica. Aqui nós nos encontramos, orientadora e orientanda, no aprofundamento de uma visão crítica, diante de uma noção de 'gênero' a ser questionada e não assumida apenas como ponto de partida, para além dos refrões do antagonismo sexual e da dominação masculina. Para isso, Cristiane soube aproveitar, diria magistralmente, os desenvolvimentos teóricos, desafiadores, da etnologia amazônica das duas últimas décadas, impulsionados por uma nova safra de etnografias e pelas novas formas de expressão política das organizações indígenas. A inteligência e sensibilidade da autora se aliaram a ferramentas analíticas e teóricas renovadas, conseguindo o que ela mesma esperava que acontecesse um dia: em suas próprias palavras, tornar visível e compreensível a experiência social de mulheres – e homens – que habitam as aldeias e cidades da Amazônia, de modo que a perspectiva feminina não apareça como mero resíduo.

Insisto em dizer que Cristiane dá, aqui, vários passos além de tudo o que eu disse. Deixo ao leitor o prazer de descobrir o sentido pleno do título – *De volta ao Lago de Leite* –, que encerra metaforicamente a conclusão. Deixo a ele o prazer de experimentar a elegância da escrita do texto, navegando uma página após a outra levado, ao mesmo tempo, pelo rigor da argumentação e pela leveza de um estilo que nada é senão boa literatura.

Bruna Franchetto
Rio de Janeiro, 22 de agosto de 2005

Agradecimentos

Uma tese de doutorado e sua publicação não se fazem sem a colaboração de muitas instituições e pessoas. A Coordenação de Aperfeiçoamento de Pessoal de Nível Superior (Capes) e o Conselho Nacional de Desenvolvimento Científico e Tecnológico (CNPq) concederam-me bolsas durante o mestrado e o doutorado no Programa de Pós-graduação em Antropologia Social (PPGAS), Museu Nacional, Universidade Federal do Rio de Janeiro (UFRJ).

Os recursos financeiros para a pesquisa de campo em São Gabriel da Cachoeira vieram de fontes diversas. A primeira viagem, em 1996, viabilizou-se graças a uma quantia obtida por meio do VII Concurso de Dotações para Pesquisa sobre Mulher e Relações de Gênero realizado pela Fundação Carlos Chagas, com o apoio da Fundação Ford. As viagens de 1998 e 2000 foram custeadas com verba da Financiadora de Estudos e Projetos (Finep) e da Capes (Programa de Apoio à Pós-graduação – PROAP), obtida mediante o Programa de Pós-graduação em Antropologia Social do Museu Nacional, UFRJ. As despesas da quarta viagem foram providas pelo Instituto Socioambiental, para o qual realizei um trabalho de assessoria na ocasião.

No Programa de Pós-graduação em Antropologia Social do Museu Nacional encontrei um ambiente de seriedade intelectual que exerceu muita influência sobre o meu trabalho. Agradeço aos funcionários da secretaria e da biblioteca do PPGAS e ao seu corpo docente, especialmente aos professores Antônio Carlos de Souza Lima e Luiz Fernando Dias Duarte, sempre solícitos. Aproveito a oportunidade para agradecer aos professores que compuseram minha banca de defesa de tese, que incluiu o próprio Luiz Fernando, Dominique Buchillet, Els Lagrou e Eduardo Viveiros de Castro.

Seria impossível mencionar todos os que colaboraram comigo em São Gabriel da Cachoeira sem correr o risco de esquecer alguns nomes, mas cabem alguns agradecimentos especiais aos funcionários, diretores e ex-diretores da Federação das Organizações Indígenas do Rio Negro (FOIRN), principalmente Edílson Melgueiro, Rosilene Fonseca e Pedro Garcia. E também à Prefeitura de São Gabriel, nas pessoas de Lapichal e Salomão Aquino. A Rosane Mendes e Neide, que me acolheram afetuosamente em sua casa e me fizeram sentir como se estivesse na minha. Estendo esses agradecimentos aos seus companheiros da Associação Linguística Evangélica Missionária (Alem) local.

O Instituto Socioambiental (ISA) foi um parceiro importante durante todo o período de campo, garantindo-me hospedagem e infraestrutura. Devo muito a Edílson, Carlão, Lindáuria, Sucy e Jô, que tornaram alegres e confortáveis as minhas estadas na casa. Agradeço a Aloísio Cabalzar, Beto Ricardo, Flora Cabalzar, Geraldo Andrello e Marta Azevedo, pela constante troca de informações e experiências e pela leitura crítica do projeto e/ou das primeiras versões do texto. Marta demonstrou generosidade em muitos momentos. Sou especialmente grata também a Dominique Buchillet, que discutiu comigo a pesquisa quando nos encontramos pela primeira vez em São Gabriel, e depois leu os esboços da tese, fazendo críticas, sugestões e comentários que adensaram o meu conhecimento etnográfico sobre os povos da região. E, como se não bastasse ter sido tão produtiva, a convivência com essas pessoas na sede do ISA engendrou boas amizades.

Tive o privilégio de discutir minhas ideias também com Janet Chernela e Stephen Hugh-Jones, etnólogos a cujo trabalho devo uma considerável fatia do que sei sobre os índios do rio Negro. Com Janet entretive um diálogo quando estivemos hospedadas juntas na casa do ISA. Conheci Stephen em sua passagem pelo Rio para uma série de conferências no PPGAS do Museu Nacional. Sou-lhe muito grata pelo interesse com que me ouviu expor as hipóteses principais da tese antes da redação. Nossas conversas foram muito proveitosas, e seus comentários muito me ajudaram no momento de transformar a tese em livro.

Meu reconhecimento também a Els Lagrou, Marco Antônio Gonçalves e Tania Stolze Lima, pelas várias oportunidades, formais e informais, de conversar sobre o que eu andava pensando. Aparecida Vilaça e Carlos Fausto ajudaram e incentivaram desde o início, em sala de aula e fora dela. Carlos também leu e comentou boa parte do que escrevi, com a consideração e a atenção de sempre.

Eduardo Viveiros de Castro orientou minha dissertação de mestrado, e o impacto de suas aulas, lá no início, foi responsável por minha decisão de fazer antropologia do gênero pela via da etnologia amazônica. Sua produção acadêmica é minha principal referência intelectual e a discussão que iniciamos sobre questões relativas ao primeiro capítulo teve desdobramentos importantes para o desenvolvimento da reflexão do livro como um todo.

Minha gratidão a Marcela Coelho de Souza, que, além de uma grande amiga, tem sido uma interlocutora inestimável em todas as ocasiões.

A Bruna Franchetto, que orientou a tese de doutorado e esteve o tempo todo presente me ajudando na tarefa de construí-la, agradeço de coração a amizade e a confiança com que acompanhou o desenvolvimento de meu trabalho.

Aos homens e às mulheres do Alto Rio Negro que compartilharam comigo um pouco de suas vidas e me proporcionaram uma experiência cujo alcance ultrapassa os limites de um trabalho acadêmico. Eu me transformei um pouco no convívio com Maria Auxiliadora, João Batista e seus filhos, Celeste, Elza e João Vieira, Rosimeire Sampaio, Feliciano Lana e sua esposa Joaquina, Euzébio Freitas e Dona Mariquinha, Higino Tenório, Rosineide França, Marli Vieira, Dineia Albuquerque, e todo o pessoal da comunidade de São Pedro. Alfredo Fontes foi uma companhia agradável, um tradutor diligente e um verdadeiro professor. A ele e a Elza agradeço a gentileza com que sempre me receberam em sua casa, onde eu geralmente chegava levando as dúvidas acumuladas ao longo de uma semana de pesquisa. Foi por intermédio deles que conheci o sr. Benedito Assis, que me narrou em detalhes a longa viagem da Canoa da Fermentação rio acima.

Por fim, agradeço à minha família e à família Gordon, que também é minha, por tê-los sempre tão perto, mesmo nos momentos em que preciso me afastar. E ao meu pai, por tudo.

Ao querido Cesar, sempre companheiro nesta e em outras histórias, cujo apoio foi inestimável – sem ele este livro não existiria.

Convenções

1. Os termos em tukano aparecem na tese em itálico (exceto etnônimos), grafados de acordo com a proposta de Ramirez (1997, t. III, p.13-16),[1] sintetizada a seguir:

Segmentos Fonêmicos:

Vogal	Anterior	Não anterior e não arredondada	Não anterior e arredondada
Alta	i	ɨ	u
Não alta	e	a	o

Consoantes surdas	p	t s	k h
Consoantes sonoras	b (m) w	d (n, r) y	g

---

1 Para outra proposta de grafia tukano, cf. Gomez-Imbert & Buchillet, 1986.

Indicações de Pronúncia:

Vogais:

a, i, u	pronunciam-se como em português
e , o	são geralmente bem abertas, como em *fé* e *avó*
ɨ	pronuncia-se entre **i** e **u**, sem arredondar os lábios

Se a primeira vogal da palavra é seguida por uma consoante surda (p, t, k, s, h), esta vogal torna-se também em parte surda; assim, *apó*, "consertar", pronuncia-se *ahpó*. No caso da consoante *h*, a vogal que a precede se torna totalmente surda, como se a consoante fosse pronunciada antes da vogal; *ohâ*, "desenhar", pronuncia-se *hoa*.

Consoantes:

b	como em português, observando-se que é levemente pré-nasalisada no começo das palavras, dando [^{m}b].
d	como em português, observando-se que é levemente pré-nasalisada no começo das palavras, dando respectivamente [^{n}d], e que nunca é palatalizada.
t	como em português, observando-se que nunca é palatalizada
g	como em *guerra*
h	como em inglês *hat* ou *house*
k	como *c* em *caro*
p	como em português
s	como em *sala*
y	como em inglês *yes*
w	como *v* em *vaca*, afrouxando a articulação
m	variação de *b* em contexto nasal
n	variação de *d* em contexto nasal
r	variação de *d* entre duas vogais; pronuncia-se como em *caro*

A nasalização vem notada na primeira vogal da raiz (~) e toca o morfema inteiro.

A laringalização é notada pelo apóstrofo (').

O tukano é uma língua tonal: o acento circunflexo e o acento agudo na segunda vogal da raiz marcam respectivamente as melodias alta e ascendente. Na melodia tonal alta, toda a raiz é pronunciada em tom alto. Na melodia ascendente, a primeira vogal é pronunciada em tom baixo e a segunda em tom ascendente.

II. As siglas para as relações genealógicas seguem a notação inglesa, onde M=mother, F=father, B=brother, Z=sister, S=son, D=daugther. Assim, MM=mother's mother, MF=mother's father, MB=mother's brother, FZD=father's sister's daughter etc.

III. Na tentativa de preservar minimamente a identidade dos informantes, todos os nomes são fictícios, exceção feita aos créditos das narrativas, das traduções e dos desenhos.

IV. Nas citações de falas de informantes, fiz uma ou outra correção de concordância verbal e de número. Os índios do Uaupés expressam uma preocupação em falar português corretamente e achei que esse procedimento seria o mais respeitoso.

V. Além dos termos em tukano, vão em itálico todas as outras palavras que não fazem parte da língua portuguesa e as expressões em destaque.

VI. São minhas as traduções dos trechos citados de outros autores cujas referências aparecem na bibliografia em inglês, francês ou espanhol.

Mapa do Alto Rio Negro

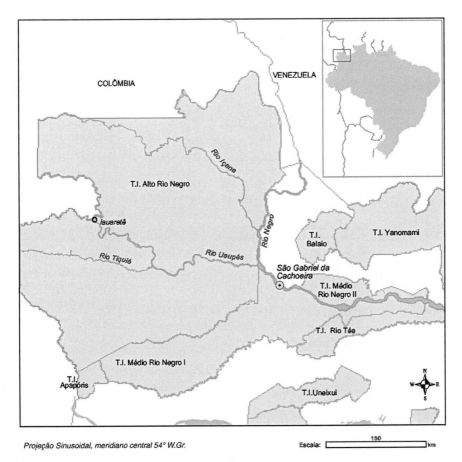

FIGURA 1. Terras Indígenas no Alto e Médio Rio Negro – AM.
Fonte: Laboratório de Geoprocessamento do Instituto Socioambiental – ISA.

Introdução

Este livro é uma versão ligeiramente modificada de minha tese de doutorado,[1] cuja pesquisa etnográfica e bibliográfica iniciou-se em 1996, quando pisei no Alto Rio Negro pela primeira vez. O objetivo da pesquisa foi refletir sobre o movimento dos habitantes do rio Uaupés (afluente do rio Negro) em direção ao mundo dos brancos, buscando delinear o seu sentido segundo os princípios da sociocosmologia nativa. De modo mais particular, dediquei-me a pensar as transformações que ocorrem no modo de vida dos índios quando eles deixam suas comunidades de origem, situadas ao longo de toda a faixa ribeirinha, e passam a residir na cidade de São Gabriel da Cachoeira. Ao se mudar para a cidade, a população indígena realiza um movimento de descida dos rios Uaupés e Negro para se fixar no curso médio do Negro.

Parti do pressuposto, a meu ver crucial, de que uma reflexão sobre o movimento dos habitantes do Uaupés em direção à cidade precisava

---

1 A tese, intitulada *De volta ao Lago de Leite*: a experiência da alteridade em São Gabriel da Cachoeira (Alto Rio Negro), foi defendida em dezembro de 2002 no Programa de Pós-graduação em Antropologia Social do Museu Nacional, UFRJ.

considerar, de um lado, suas implicações para as relações sociais e o modo como eles se veem implicados por elas; de outro, as concepções cosmológicas que informam a imagem dos índios sobre si mesmos e sobre os brancos. Estou convencida de que somente pelo esforço de integrar a análise da sociologia e da cosmologia à da forma como a população indígena percebe e define, ela própria, a situação de contato, tornamo-nos capazes de proceder a uma descrição fina dos fenômenos observados na cidade.

No contexto atual do Alto Rio Negro, os termos 'índio' e 'branco' emergem como noções articuladas pelo discurso nativo. Os Tukano, Desana, Tariana, e outros grupos indígenas da região, todos consideram-se pertencentes à categoria pan-étnica 'índio'. Conceitos como fratria, grupo exógamo e *sib*, de utilidade indiscutível para que nós, antropólogos, possamos formar uma visão global do que chamaríamos timidamente de 'sistema social do Uaupés', mostram-se pouco proveitosos, e obscurecem mais do que iluminam, quando o objetivo é entender a visão dos índios acerca de suas relações com os brancos no cenário atual. Constituirá o branco, então, um Outro diferente dos outros? Qual é o estatuto de sua alteridade? De que maneira a visão da alteridade dos brancos conecta-se à concepção de uma identidade 'indígena'? Uma reflexão nesse sentido foi condição fundamental para chegar a uma compreensão da lógica que subjaz à imagem que os índios do Uaupés constroem de si mesmos hoje, aproximando-me, assim, de suas próprias noções do que é sua sociedade e quais são seus limites, suas fronteiras.

Porém, a forma de abordar essas questões esteve o tempo todo comprometida com uma problemática de gênero. Isso se deve, em parte, a uma inclinação inerente à trajetória intelectual que venho percorrendo desde que iniciei o mestrado em Antropologia Social, em 1993. Minha reflexão acadêmica tem sido mobilizada, em larga medida, por um interesse pela configuração das relações entre os sexos em sociedades não ocidentais, principalmente nos sistemas sociais ameríndios (cf. Lasmar, 1997, 1999). Mas também é verdade que, ao pesquisador sensível, a própria observação da vida social dos índios do Uaupés provoca um questionamento sobre a posição social da mulher e as representações do feminino. Com efeito, esses temas suscitaram uma boa discussão na literatura etnográfica sobre a região (cf. por exemplo, C. Hugh-Jones, 1979; S. Hugh-Jones, 1979; Jackson, 1983, 1990; Chernela, 1984, 1993) – veremos por que mais adiante. Por ora, importa apenas notar que as questões de gênero não se fazem menos oportunas no contexto urbano, embora, nesse caso, elas certamente se tornem bem mais intricadas, uma vez que entra em cena toda uma dinâmica específica de interação entre índios e brancos.

Quando, em 1995, o Instituto Socioambiental (ISA)[2] convidou-me a dispor de sua infraestrutura na cidade para realizar uma pesquisa entre as mulheres indígenas ali residentes, o assunto da vez eram as denúncias recentes de que elas vinham sendo vítimas de violência sexual praticada pelos militares brancos lotados nos quartéis de São Gabriel e arredores. Em carta, a Federação das Organizações Indígenas do Rio Negro (doravante FOIRN) pedia ao comando local do Exército que tomasse providências (cf. cap.4). Fui a campo, portanto, para investigar o discurso das mulheres sobre essa situação. Porém, logo notei que o relacionamento entre as mulheres indígenas e os brancos se traduzia não só em episódios de violência, mas também em encontros sexuais consentidos, namoro e casamento. E, felizmente, pude perceber a tempo que, antes de saber quem são os brancos na visão dos índios e, sobretudo, o que a associação sexual ou conjugal com um homem branco representa para as mulheres indígenas na cidade, seria muito difícil abarcar as sutilezas do fenômeno da violência sexual em São Gabriel sem cair nos clichês da vitimização. Em minha prospecção inicial sobre o assunto, convenci-me de que, embora a violência sexual possuísse certamente especificidades relevantes e aflitivas, seus padrões de ocorrência eram delineados por um contexto mais amplo de interação entre 'agressor' e 'vítima' – termos que uso provisoriamente, na falta de outros mais ade-

---

2 O ISA realiza um importante programa de pesquisa e ação com os índios do Alto e Médio Rio Negro, denominado Programa Rio Negro (PRN). Em parceria com a Federação das Organizações Indígenas do Rio Negro (FOIRN), o ISA implementa projetos de capacitação, comunicação e informação, transporte, alternativas econômicas, expressão cultural, educação, direitos coletivos, demarcação, proteção e fiscalização das terras. Sua sede em São Gabriel da Cachoeira funciona como centro administrativo e hospeda técnicos e pesquisadores associados durante sua estadia na cidade, oferecendo-lhes a infraestrutura de uma casa e de um escritório.

quados.[3] Parecia sensato, pois, recuar alguns passos e tratar de conhecer a perspectiva das mulheres indígenas sobre sua experiência na cidade e, em particular, sobre suas relações com os brancos na qualidade de parceiros sexuais e matrimoniais. Essa seria uma condição necessária para o entendimento futuro da situação que a FOIRN denunciava.

A essa altura, já estava convencida de que compreender o ponto de vista das mulheres citadinas dependia de entender como suas escolhas de vida se vinculavam ao sistema de relações sociais no qual elas estavam inseridas, o que só seria possível se o estudo da experiência feminina me franqueasse acesso ao universo mais amplo da socialidade indígena na cidade. Foi com isso em vista que decidi tomar os casamentos com os brancos como foco etnográfico privilegiado da pesquisa. Eles constituem um ponto de referência a partir do qual são examinados os processos de transformação vivenciados pela população que deixa o Uaupés para residir em São Gabriel e, ao mesmo tempo, tangenciadas as questões relativas ao jogo das identidades no contexto urbano. Observo tais casamentos como parte do processo mais amplo ao qual estarei me referindo genericamente como 'o movimento dos índios em direção ao mundo dos brancos'. A opção de focalizá-los tem também a vantagem de me permitir acercar-me do sistema de relações entre índios e brancos por um flanco que descortina de modo mais expressivo as novas capacidades de agência (*agency*) das mulheres.

O contexto

A bacia do rio Uaupés estende-se sobre os territórios brasileiro e colombiano, compreendendo uma população de aproximadamente 9.300 indivíduos (Cabalzar & Ricardo, 1998, p.7) que se divide em dezessete grupos étnicos. São eles: Tukano,[4] Desana, Kubeo, Wanana,

---

3 Provisório também é o uso do termo "violência sexual", que, posto sem um trabalho de ressemantização, sugere significados que podem estar longe da forma como os homens e as mulheres indígenas pensariam o fenômeno.

4 É necessária uma distinção terminológica entre a *família linguística* tukano (oriental) e a *língua* tukano propriamente dita, falada pelo grupo exógamo patrilinear de mesma designação. Doravante, quando o termo 'tukano' for utilizado *sem especificação*, estará fazendo referência à língua ou ao grupo exógamo.

Tuyuka, Pira-tapuya, Miriti-tapuya, Arapaso, Karapanã, Bará, Siriano, Makuna, Tatuyo, Yuruti, Barasana, Taiwano, Tariana. Exceto os Tariana, todos os outros pertencem à família linguística tukano oriental. O idioma original dos Tariana é da família aruak, mas hoje eles falam majoritariamente o tukano.

Embora tenha feito extenso uso da literatura sobre o Uaupés colombiano, principalmente dos trabalhos de Christine e Stephen Hugh-Jones entre os Barasana, minha etnografia contempla apenas os grupos que residem em território brasileiro.[5] Para fins de visualização no mapa, podemos dizer que a área focalizada pela pesquisa etnográfica – bacia do Uaupés e cidade de São Gabriel – é parte do município de São Gabriel da Cachoeira, que se limita a leste pelo município de Santa Isabel do Rio Negro, ao sul pelo rio Japurá, a oeste e a norte pelas fronteiras do Brasil com a Colômbia e a Venezuela. Estima-se para o município uma população de cerca de 30 mil indivíduos (Fonte: Censo Demográfico do IBGE de 2000), indígenas em sua ampla maioria.

Entre os povos de língua tukano oriental reúnem-se ali os Aruak e os Maku. São cinco os grupos que pertencem à família línguística aruak: Baré, Tariana, Baniwa, Kuripako e Werekena. Da família maku: Yuhupde, Hupda, Dâw, Nadöb.[6] Os Tukano Orientais e os Aruak costumam ocupar as margens dos grandes rios e entretêm relações de troca comercial, matrimonial e ritual. Uma série de semelhanças em estrutura social e cultura levou Berta Ribeiro (1995, p.17) a falar em uma "área cultural do Alto Rio Negro", sugerindo que o sistema de troca de bens e a especialização artesanal funcionam como mecanismos de homogeneização cultural e criação de laços de dependência recíproca.[7] O estoque cultural comum incluiria arquitetura, atividades econômicas, cultura material, práticas rituais, concepções mitológicas. Esse mesmo ponto foi considerado por S. Hugh-Jones (1979, p.241):

---

5 Entre os Tukano Orientais acima citados, os quatro últimos grupos habitam em sua totalidade território colombiano.

6 Em território colombiano encontram-se também os Kakwa e os Nukak.

7 Uma descrição do sistema de especialização artesanal pode ser encontrada em Ribeiro (1995, p.26).

Estou convencida de que um entendimento adequado dos índios do Noroeste Amazônico só será possível quando os diferentes grupos sociolinguísticos ou 'tribos' forem vistos como parte de um sistema regional aberto que atravessa fronteiras linguísticas e culturais, e quando suas diferenças culturais forem compreendidas como variações de um mesmo tema.

Não obstante a pertinência dessa observação, em minhas descrições e em minha análise serão notadas as ausências dos Maku e dos demais Aruak além das Tariana. Cabe aqui uma explicação. Ocupando os interflúvios e uma posição marginal no sistema regional, os grupos Maku trocam com os Tukano Orientais, em geral, caça e serviços por produtos agrícolas e industrializados. Do ponto de vista destes últimos, os Maku devem-lhes subserviência por serem hierarquicamente inferiores, o que se conecta à sua exclusão do sistema de transações matrimoniais que vigora entre os grupos ribeirinhos. A posição particular dos Maku no sistema regional, sua maior mobilidade espacial, bem como seus padrões de assentamento – pequenas aldeias dispersas em uma vasta área interfluvial –, concorreram para que o contato com a sociedade nacional se desse de maneira menos intensa. Com exceção dos Dâw, que residem bem próximo à cidade de São Gabriel, a presença Maku no contexto urbano é, de fato, numericamente insignificante.

Quanto aos Aruak, embora correspondam a uma parcela significativa da população indígena hoje residente na cidade e apresentem semelhanças notáveis com os grupos do Uaupés em relação à organização social e às concepções cosmológicas, para os limites de meu trabalho, pareceu-me inexequível a tarefa de dar conta também de sua experiência na cidade. Em primeiro lugar, porque a perspectiva da pesquisa demandava uma aproximação com a língua nativa e um olhar cuidadoso para as narrativas míticas. Depois, porque a relação mantida pelos grupos Aruak com os missionários possui particularidades relevantes, que dificilmente poderiam ser contempladas de forma cuidadosa aqui, sobretudo no que se refere às comunidades Baniwa, que se declaram protestantes. Os missionários católicos da Congregação Salesiana estiveram presentes no Uaupés desde a década de 1920, mas, no rio Içana, onde vivem tradicionalmente os Baniwa, eles só vieram se instalar em

1952, provavelmente com o objetivo de conter os avanços da Missão Novas Tribos, que adentrou a região no final dos anos 1940 e deu início a um programa de evangelização.

Resguardadas tais particularidades, o movimento dos índios do Uaupés em direção à cidade deve ser entendido no contexto de um longo processo de contato entre os diversos grupos do Alto Rio Negro e os brancos que ali adentraram no século XVII. Não pretendo detalhar aqui essa história. Ela vem sendo recentemente estudada e discutida por autores como Wright (1991, 1992a, 1992b) e Meira (1994, 1996), de cujos trabalhos, aliás, faço extenso uso na exposição que se segue.[8] Meu propósito é apenas traçar a forma como se deu a interação entre índios e brancos na região, no que toca às estratégias e ações do colonizador, que podem ser facilmente discernidas na bibliografia existente. Mais à frente, precisamente no capítulo 5, após ter avançado em minha análise dos esquemas sociossimbólicos que sustentam as categorias de identidade *índio* e *branco*, estarei em condições de discutir alguns aspectos da percepção dos índios sobre um passado que, para nós, emerge da historiografia.

Os primeiros contatos dos brancos com os grupos indígenas do rio Negro foram estabelecidos a partir de meados do século XVII. Já em suas primeiras explorações na região, os colonizadores portugueses viram na população nativa uma fonte de mão de obra a ser explorada. Com o enorme decréscimo populacional do Baixo Amazonas em virtude das expedições de apresamento de índios e das epidemias de varíola, colonos e missionários passaram a incursionar pelos rios Amazonas e Negro à captura de escravos que seriam mandados para Belém, então capital da colônia do Grão-Pará e Maranhão. Na segunda metade do século, intensificou-se o fluxo de expedições de apresamento e de missionários na área. Era tempo das 'tropas de resgate' e das 'guerras justas'. A caracterização das tribos da região como belicosas e a ocorrência de guerras intertribais serviam como pretexto para legitimar a empresa escravista, que, contando com a conivência dos missionários, promovia

---

8 Agradeço a Geraldo Andrello por ter me disponibilizado um ensaio de sua autoria, ainda inédito, em que sintetiza boa parte da vasta bibliografia sobre a história do contato no rio Negro.

o massacre das populações que ofereciam resistência. Mas os colonizadores tinham também seus aliados entre a população indígena. Há registros de uma expedição de 1657 que subiu o rio Negro com quarenta soldados e quatrocentos índios em busca de cativos (Meira, 1996, p.128).

Em 1669, o governo português deu início a uma estratégia de ocupação e militarização do território, com a construção de fortificações como a de São José do Rio Negro, que posteriormente daria origem à cidade de Manaus. O objetivo era garantir a soberania do Estado na região e o controle sobre a atividade de apresamento de índios. A essa altura, com a deflagração da 'guerra justa' contra os Manao, que de aliados passaram a revoltosos, o rio Negro foi aberto às investidas das tropas de resgate. As entradas em busca de escravos resultavam também no estabelecimento de aldeamentos jesuíticos. Ao final do século XVII, estes passaram ao controle da Ordem Carmelita, que avançou rio acima e chegou até o Alto Rio Negro.

Sob domínio dos carmelitas, os aldeamentos missionários eram usados como entrepostos para o comércio de escravos. Estima-se que, até 1750, o número de indivíduos escravizados e descidos do Alto Rio Negro tenha chegado a vinte mil. Como, além disso, muitos índios morriam por oferecer resistência, podemos imaginar que a destruição promovida pelos colonizadores tenha alcançado proporções ainda maiores. Para completar o quadro desolador, entre os anos 1740 e 1760, epidemias recorrentes de varíola e sarampo assolaram a região, matando um grande número de indivíduos. O resultado de tudo isso, como registra Robin Wright (1992a, p.211), foi que, por volta de 1760, vastos trechos do Baixo e Médio Rio Negro estavam despovoados e vários dos grandes grupos indígenas, exterminados.

Em 1759, com a celebração do Tratado de Madri e a redefinição das fronteiras geopolíticas entre Portugal e Espanha, o governo português passou a empenhar-se em garantir a integridade do território. Foram construídas as fortalezas de São Gabriel da Cachoeira e Marabitanas e proibida a escravidão dos índios, que se tornaram 'vassalos de Sua Majestade'. Contudo, a verdade é que não cessaram os 'descimentos' e o trabalho forçado continuava a ser praticado, dessa vez, sob os auspícios da Coroa por intermédio de representantes denominados 'diretores de índios'. Os diretores contavam com a ajuda de lideranças indígenas, os chamados 'principais', que em troca de títulos e mercadorias cumpriam o papel de agenciadores da mão de obra para o trabalho agrícola e extrativo. Na década de 1780, o comando militar da região dedicou-se ao reconhecimento da rede hidrográfica do Alto e Médio Rio Negro e dos varadouros terrestres, identificando malocas nos rios Papuri, Tiquié, Apaporis, Xié e Curicuriari. Essa época de intensificação da presença colonial, referida na literatura como 'período pombalino', devido à influência exercida pelo marquês de Pombal nas diretrizes políticas de Portugal, distinguiu-se pelo aumento da quantidade de vilas e aldeamentos, e por revoltas e fugas de índios aldeados para as áreas interfluviais.

No século XIX, entraram em cena outros representantes da presença branca na região: os comerciantes ou 'regatões'. Eles começaram a operar por volta de 1830 e em 1850 já conduziam negócios prósperos com parceiros venezuelanos (Wright, 1992a, p.212). Suas relações com a população nativa reproduziram, em certa medida, o sistema de exploração econômica que desde o início caracterizara a interação entre brancos e índios no rio Negro. Os contatos iniciais foram estabelecidos por meio do escambo de mercadorias por produtos extrativistas. As primeiras já despertavam interesse nos índios, e a possibilidade de obtê-las direta e sistematicamente dos brancos exerceu sobre eles um forte apelo. Em contrapartida, os índios tinham sua mão de obra explorada pelos comerciantes. Assim, em pouco tempo, estabelecia-se um sistema de trabalho assentado no endividamento.

Muito embora a escravidão indígena houvesse sido abolida por lei, o trabalho forçado ocorria paralelamente ao sistema de geração de clientelas endividadas. As fontes históricas são pródigas em ilustrar os abusos de toda espécie cometidos pelos comerciantes em suas relações com a população indígena (cf. Meira, 1994). Muitos deles faziam valer sua autoridade criando um verdadeiro clima de terror, como mostra o relato do naturalista Alfred Wallace (apud Cabalzar & Ricardo, 1998, p.85), que esteve no Alto Rio Negro entre os anos 1850 e 1852:

> Sempre que aportam comerciantes, ocorre isso: temerosos de serem obrigados a acompanhá-los, alguns índios preferem manter-se ocultos. Muitos dos comerciantes desse rio são da pior espécie. Ameaçando matá-

-los, obrigam os índios a seguir viagem com eles. Costumam cumprir suas promessas, uma vez que se consideram fora do alcance daquela diminuta fração de lei que mesmo no rio Negro ainda luta para subsistir.

Famílias inteiras de moradores dos rios Uaupés, Içana e Xié eram levadas à força para trabalhar na extração do látex e de outros produtos, como cacau e piaçaba, no Baixo e Médio Negro (Meira, 1996). A partir de 1870, com o *boom* da borracha, o trabalho indígena na atividade extrativista passou a ser ainda mais requisitado. Os mecanismos ardilosos do endividamento, o incentivo dos patrões ao consumo de cachaça pelos índios, o abuso sexual de mulheres e o tráfico de meninos para ser vendidos como cativos em Manaus e Belém são alguns exemplos da violência perpetrada pelos brancos que transitavam na região nesse período. Somando-se a tudo isso as repetidas epidemias de varíola e sarampo, que voltaram a assolar várias partes do rio Negro, provocando mortes e deslocamentos populacionais, pode-se ter uma ideia do impacto que o encontro com os brancos teve então na vida dos índios.

De uma maneira geral, a conduta dos missionários carmelitas e franciscanos, que se sucederam no comando da atividade missionária até o final do século XIX, teve como marca a conivência com a exploração do trabalho indígena. E, como se não bastasse, a população nativa ainda precisava lidar com a violenta repressão às suas tradições e instituições. É célebre a história do frade franciscano Illuminato Coppi, que profanou várias vezes as máscaras e os instrumentos sagrados dos Tariana, instrumentos cuja visão é expressamente proibida às mulheres. Em certa ocasião, em mais um ato de desrespeito, que viria a ser o último, o frei reuniu as mulheres à noite na capela e expôs os objetos às suas vistas. Apavoradas, elas tentaram fugir, mas um outro missionário postou-se na porta, impedindo a saída. Dessa vez, porém, os homens reagiram e abriram a capela à força, permitindo a saída das mulheres. Os xamãs se apoderaram dos objetos sagrados e investiram contra Coppi e seus companheiros, que fugiram em debandada e deixaram a região (Koch-Grünberg, 1995 [1909-10]).

Foi nessa conjuntura histórica, marcada pelo trabalho forçado, pela violência dos brancos, por vultosas perdas demográficas e por fugas para os interflúvios, que, na segunda metade do século XIX, eclodiram os movimentos messiânicos no Alto Rio Negro. Os mais notórios foram liderados por Venâncio Kamiko, no rio Içana, e Alexandre Cristo, no rio Uaupés. Um artigo de Robin Wright (1992b) recupera a sequência dos acontecimentos e as características mais marcantes desses movimentos. Assumindo funções sacerdotais da liturgia católica, eles batizavam e casavam pessoas, além de presidir danças em que a cruz era ritualmente empunhada pelos participantes. Kamiko, um habilidoso xamã, fez seguidores entre os Baniwa profetizando o fim do mundo, que, segundo anunciava, seria causado por um incêndio cósmico no dia de São João (24 de junho de 1958).[9] Deus desceria à Terra, dando início então a uma era de felicidade. Kamiko também encorajava os discípulos a evitar os bens e ideias trazidos pelos brancos, pregando que o fim da opressão e a salvação só chegariam por meio da submissão completa à sua mensagem (ibidem, p.198). Apesar das tentativas das forças governamentais de sufocá-lo, o movimento se espalhou pelos rios Uaupés e Xié. Sempre escapando da repressão policial, Kamiko refugiou-se na Venezuela, onde morreria em 1902 (p.199).

Pouco tempo depois da repressão à rebelião do Içana, Alexandre, suposto discípulo de Kamiko, proclamou-se o Cristo e liderou um movimento no Baixo Uaupés. Talvez pelo fato de não ser um xamã tão respeitado como Kamiko, não obteve da parte dos discípulos tamanha reverência como seu antecessor. Contudo, a ideologia de Alexandre é particularmente profícua em nos revelar as conexões da 'religião da Cruz', como foram chamados tais movimentos, com a percepção da população indígena acerca de suas relações com os brancos. Alexandre pregava uma inversão nas relações de poder existentes, que se atualizavam na dominação econômica dos comerciantes e na autoridade política dos militares e dos prepostos do governo. Na nova ordem que estava por vir, os índios assumiriam o lugar de patrões e os brancos passariam de dominadores a dominados. A utopia de Alexandre incluía promessas de que mandioca, beiju e pólvora cairiam do céu (p.204-5).

---

9 Os festivais consagrados aos santos católicos, introduzidos na região pelos missionários carmelitas, eram então muito populares entre os índios, e ainda hoje o são.

Movimentos messiânicos continuaram a espocar no Alto Rio Negro até o final do século XIX. Eles podem ser entendidos como formas de agenciamento da experiência de contato por uma população que vivia, de um lado, sob a dominação econômica de brasileiros e colombianos, cuja prática principal em relação aos índios, como bem fraseou C. Nimuendajú (em correspondência de 1927), consistia em "arrumar-lhes nas costas um débito e cobrá-lo depois ou por bem ou por mal"; de outro, sob a autoridade política de funcionários movidos mais por interesses pessoais do que pela obrigação de fazer cumprir as diretrizes do governo que representavam. Foi em meio a tal situação que, depois de mais de um século de presença missionária intermitente e conivente com esse estado de coisas, os salesianos desembarcaram na região em 1914, dizendo-se dispostos a pôr fim à exploração dos índios pelos comerciantes. E aqui se iniciou outro capítulo da história das relações entre índios e brancos no Alto Rio Negro, em que, não obstante, podemos detectar a repetição de certos padrões.

Naquele momento difícil, em que se encontravam sujeitos à violência dos patrões, é possível que os índios tenham visto nos salesianos os seus salvadores. De fato, os salesianos reprimiram a ação agressiva dos comerciantes e tomaram para si a responsabilidade de integrar a população indígena à sociedade nacional por meio de um programa de civilização e catequese que contava com apoio financeiro do governo. A princípio, foram instaladas três sedes da missão, uma em São Gabriel da Cachoeira, no rio Negro, e as outras duas no rio Uaupés – Taracuá (1923) e Iauareté (1929). Posteriormente, foram estabelecidas as sedes de Pari-Cachoeira (1940), no Alto Tiquié, de Santa Isabel (1942), no Médio Negro, e de Assunção do Içana (1952), no rio de mesmo nome.

Segundo Oliveira (1995), a Missão Salesiana se propunha a fomentar o desenvolvimento da região investindo em três frentes: saneamento rural, educação fundamental e agrícola, e ampliação da comunicação com o restante do país. Tudo isso, é claro, tendo como ponto de partida a atividade religiosa, vista pelos missionários como a "base insubstituível de todo verdadeiro progresso e civilização" (D. Pedro Massa, apud Oliveira, 1995). Um dos artifícios utilizados para realizar esse projeto era o de minar as bases tradicionais de autoridade por meio da formação de lideranças jovens, educadas nas missões. Assim como seus antecessores, os salesianos adotaram uma atitude autoritária em relação à cultura nativa, reprimindo costumes e rituais, principalmente os cultos secretos masculinos. A grande casa comunal também foi alvo de férreo combate. Considerando-a insalubre dos pontos de vista higiênico e moral, os religiosos pressionavam os índios a organizar povoados compostos por casas enfileiradas, a ser ocupadas por famílias nucleares. E não descansaram enquanto não conseguiram colocar abaixo a última maloca do lado brasileiro do Uaupés, na década de 1960 (cf. Jackson, 1983, p.18).

Hoje, quando os índios falam sobre a atuação pregressa dos salesianos na área, sobram narrativas de atos de intransigência. De minha parte, tive oportunidade de ouvir várias histórias sobre padres adentrando as comunidades e quebrando panelas repletas de caxiri, ou praticando outros atos de autoritarismo, como obrigar os remadores indígenas das embarcações em que viajavam a vestir camisa em sua presença. Entretanto, como alguns desses episódios serão mencionados ao longo do livro, prefiro citar aqui um trecho do eloquente relato do etnólogo C. Nimuendajú (1927) numa carta a um amigo de Belém durante sua viagem pela região em 1927:[10]

> ... Em Urubuquara, encontrei índios Tariana no início de uma festa em estilo antigo: humildemente os chefes se chegaram a mim para me pedir desculpas que ainda assim procediam, pois esta dança seria a última, a despedida dos costumes antigos, e assim que a festa tiver acabado eles tratariam imediatamente de cumprir as ordens do governo aniquilando os seus enfeites antigos e tratando de construir casinhas em alinhamento em lugar da sua imponente maloca que media exatamente 30m X 40m; assim João Padre lhes tinha ordenado. Não pude deixar de protestar: expliquei-lhes que o Governo não lhes proibia absolutamente o uso de seu caxiri, contanto que não cometessem desordens; que tampouco ele proíbe as suas danças e cerimônias como aquelas dos brancos; que eu estimava muito vê-los honrar os costumes dos seus antepassados; que a sua grande maloca era muito mais bonita que as gaiolas dos civilizados, etc. Gastei os meus últimos filmes com esta gente divinamente bela na sua robusta nudez, no esplendor dos seus enfeites selvagens. Eram mais

---

10 Cf. também Nimuendajú, 1982 [1927], p.159-60.

de 120 índios, e não me fartei de observá-los durante a noite toda nas suas danças ao clarão da fogueira ao redor dos possantes esteios da enorme maloca, e quase chorei de indignação e de raiva impotente quando me lembrava que esta festa poderia ser a última. Porque eu ia me embora, e João Padre ficava...

Vemos, pois, que, se por um lado era a primeira vez que a empresa missionária lançava bases sólidas no Alto Rio Negro, responsabilizando-se pela condução das relações entre a sociedade nacional e os índios, por outro, os salesianos davam seguimento à atitude desrespeitosa de seus antecessores em relação à cultura nativa. Mas esse não foi o único ponto de continuidade. O desejo dos índios por mercadorias prosseguia como um suporte importante para a arregimentação de sua mão de obra. Em troca de farinha, produtos da roça e trabalho braçal na construção e manutenção das instalações da Missão, os salesianos forneciam aos índios mercadorias e educação escolar. Com a formação das primeiras turmas de alunos nos internatos, o afã de educação escolar viria a se tornar a principal fonte de motivação para que a população nativa consolidasse suas relações com esses missionários.

Com efeito, o projeto civilizatório e catequético dos salesianos teve na escola seu principal ponto de apoio e articulação. Os índios mais idosos contam que os padres percorriam as comunidades recrutando crianças de 6 ou 7 anos que seriam levadas para estudar nos internatos dos centros missionários. Quando relembram a época em que viveram sob a tutela dos religiosos, os ex-alunos costumam citar a rígida disciplina, a vigilância constante, a rotina de trabalho e estudo, a imposição de novas regras de higiene (como tomar banho no rio sem se despir), horários de alimentação rigorosamente administrados, entre outras formas de controle corporal. As crianças eram expressamente proibidas de falar as línguas nativas, e o sistema de policiamento e punição adotado pelos religiosos estimulava a prática da delação. Um aluno flagrado falando sua própria língua passava a carregar, pendurado ao pescoço, algo como uma tabuleta onde se lia a inscrição "não sei falar português"; e só se via livre do castigo quando apontava outro aluno que estivesse praticando a mesma infração, a quem passava, então, o distintivo infame. A língua portuguesa foi assim rapidamente disseminada entre os jovens.

De volta ao Lago de Leite

As alterações no modo de vida dos índios promovidas pelo encontro com os brancos e, em particular, com os missionários serão descritas adiante. Por ora, quero chamar a atenção para o fato de que, a despeito da truculência com que era levado a efeito, o projeto de educação dos salesianos foi muito bem acolhido pelos índios, que se desdobravam em esforços para ver os filhos estudarem. Um senhor Tuyuka contou-me, por exemplo, que, ao retornar à comunidade durante as férias escolares, os mais velhos o tratavam com admiração e deferência, pelo fato de ser ele um 'aluno' e, portanto, detentor do conhecimento dos brancos. Some-se a isso que, durante muito tempo, o ensino de segundo grau só foi oferecido em São Gabriel e, portanto, para completar os estudos, os jovens precisavam viver um período na cidade, ampliando ainda mais os seus conhecimentos acerca do mundo dos brancos e atuando como elo entre ele e os parentes que viviam nas comunidades.

Os internatos funcionaram até a década de 1980, quando começaram a ser gradativamente desativados devido aos cortes das verbas federais. Em 1980, os salesianos foram denunciados por crime de etnocídio no Tribunal Russel, em Amsterdã. A partir daí, começaram a reorientar as diretrizes políticas de sua atuação, aderindo à linha mais progressista da Igreja Católica, que, no âmbito da questão indigenista, tinha na ponta o Conselho Indigenista Missionário (CIMI), da Conferência Nacional dos Bispos do Brasil (CNBB). Atualmente, em convênio com a Secretaria Estadual de Educação, os missionários católicos administram as escolas dos centros missionários e o Colégio São Gabriel, na cidade, mas já não detêm o monopólio da educação na área. As comunidades ribeirinhas contam com escolas municipais de primeira a quarta série, que começaram a ser implantadas pelos próprios salesianos ao final da década de 1960, e cujos professores são indígenas em sua maioria. Em São Gabriel funcionam, além do colégio já citado, mais duas escolas estaduais, uma escola municipal de ensino fundamental e médio, e a Escola Agrotécnica Federal. Em 1994, como parte do projeto Interiorização da Universidade, a Universidade do Amazonas começou a oferecer na cidade cursos de graduação ministrados durante as férias. E a Universidade do Estado do Amazonas, criada em 2001, implantou recentemente outro polo, contando com instalações permanentes.

O fim dos internatos e o declínio da influência dos salesianos ocorreram paralelamente à entrada de outro representante da sociedade envolvente no cenário das relações entre índios e brancos – o Exército brasileiro. No início da década de 1970, no âmbito do Plano de Integração Nacional do governo federal, os militares passaram a atuar de forma mais intensa na região, com um programa de obras de infraestrutura que visava integrá-la ao restante do país. Isso incluía a construção da BR 307, que ligaria São Gabriel a Cucuí, na fronteira com a Venezuela, bem como a instalação de postos da Fundação Nacional do Índio (FUNAI), que viriam a substituir os do antigo SPI, desativados nos anos 1950. Um Batalhão de Engenharia e Construção (BEC) foi fixado em São Gabriel e a cidade desenvolveu-se do ponto de vista urbanístico, tornando-se um polo de atração para trabalhadores de outras partes do país e para um grande número de famílias indígenas, que desciam os rios em busca de trabalho assalariado e se instalavam ali para que os filhos pudessem estudar (cf. cap.3).

Contra o pano de fundo dessa nova configuração, as três últimas décadas viram a crescente organização política dos povos do Alto Rio Negro, que passaram a lutar pela demarcação de suas terras e pelo direito à preservação de sua cultura. O movimento em prol da demarcação iniciou-se em 1971, quando, estimuladas pelos missionários, algumas lideranças indígenas começaram a reivindicá-la (Cabalzar & Ricardo, 1998, p.98). Porém, tratou-se de um processo lento e acidentado. Reclamando uma área contínua, que incluía a faixa de fronteira, os índios repeliram uma série de propostas do governo porque envolviam a fragmentação do território. A partir de 1983, com a descoberta de ouro na Serra do Traíra (rio Tiquié), a região foi invadida por garimpeiros e passou a foco de interesse de empresas mineradoras, tornando a necessidade de demarcação ainda mais premente.

Por essa mesma época, o governo federal começava a implantar o Projeto Calha Norte (PCN), elaborado por uma comissão interministerial e aprovado pelo presidente José Sarney em 1985. O PCN foi concebido como "via de fortalecimento da expressão do poder nacional, verificação das fronteiras, integração e desenvolvimento da Região Norte", e abrangia a faixa que vai do Oiapoque a Tabatinga – território habitado por 63 mil índios distribuídos em 54 grupos étnicos (Ricardo, 1991, p.93). Foi nesse contexto político que se deu, em 1987, a criação da FOIRN, com o objetivo principal de lutar pela demarcação em condições consideradas satisfatórias pelas organizações indígenas. Contudo, foi preciso esperar até o ano de 1996, quando o governo federal declarou de posse permanente dos índios cinco terras contínuas na região do Alto e Médio Negro,[11] abrangendo 100 mil km². A FOIRN participou diretamente dos trabalhos de demarcação física, ao lado do ISA, que lhe presta assessoria (cf. Ricardo, 2000). Com a demarcação das terras indígenas, abre-se possivelmente um novo cenário nas relações entre índios e brancos no Alto Rio Negro. Sob a égide dos projetos de desenvolvimento autossustentável, a FOIRN vem desenvolvendo atividades com o intuito de garantir os direitos coletivos dos grupos indígenas da região.

Esta breve exposição teve por objetivo traçar, em linhas gerais, o contexto mais amplo em que se deram as relações entre índios e brancos no Alto Rio Negro. Embora eu esteja convencida de que essa forma de apresentar a história não reflete a visão dos índios acerca do processo de contato, delineada a partir de significados que lhes são particulares, creio, no entanto, que também em seu modo de ver as relações com os brancos estiveram marcadas desde o início pela dominação política e pela exploração econômica, e que, portanto, as guerras de apresamento, os aldeamentos forçados, as dívidas com os patrões e a convivência com os salesianos dificilmente deixariam de figurar como marcos a pontuar sua memória coletiva. Para obter mercadorias e, posteriormente, educação escolar, os índios estabeleciam relações com pessoas que procuravam submetê-los a seus desmandos e tirar proveito de sua força de trabalho, mas não demoravam muito a perceber as motivações desses estrangeiros. De todo modo, a historiografia do contato no Alto Rio Negro, por si só, não nos permite compreender o que levou os índios a realizar esse movimento coletivo em direção ao mundo dos brancos, em

---

11 São as seguintes: Terra Indígena Médio Rio Negro I, Terra Indígena Médio Rio Negro II, Terra Indígena Rio Téa, Terra Indígena Rio Apapóris, Terra Indígena Alto Rio Negro.

uma trajetória que, como terei oportunidade de mostrar, teve como consequências alterações significativas em seu modo de vida.

Essa questão mais geral se desdobra em uma série de outras, mais específicas, que deverão ser enfrentadas se quisermos chegar a uma compreensão não trivial do processo de contato com os brancos. Por que os índios desejavam tanto as mercadorias, cujo processo de aquisição os enredava num sistema de dívidas que, como eles próprios afirmam, os tornava sujeitos a um regime de semiescravidão? Por que, ao se ver livres dos comerciantes, eles deixaram as crianças ser levadas para os internatos salesianos, onde permaneciam apartadas dos parentes, distanciadas da vida em comunidade, sem poder sequer falar a língua nativa? E, finalmente, por que, ainda hoje, tantas famílias abandonam suas comunidades ribeirinhas para viver na cidade, onde suas filhas se casam com homens brancos e dão à luz crianças cuja identidade, como veremos, torna-se objeto de controvérsia e constrangimento? Em suma, por que essa aproximação com os brancos?

A pesquisa

A expectativa que me guiava durante a pesquisa de campo era chegar *o mais perto possível* daquilo que os índios pensam sobre as questões indicadas acima.[12] Como já disse antes, a opção de privilegiar o discurso e a experiência feminina no percurso da reflexão foi motivada por características atinentes ao objeto e a mim mesma. Assim, pode-se dizer que a perspectiva obtida aqui resulta da relação estabelecida entre uma 'sociedade' em processo de transformação, que tem na posição da mulher um de seus maiores pontos de tensão e ambiguidade, e uma pesquisadora que se propôs a extrair consequências desse fato.

---

12 Digo *o mais perto possível* porque, como escreveu Viveiros de Castro (2002b, p.123), "o meu ponto de vista não pode ser o do nativo, mas o de minha relação com o ponto de vista nativo. O que envolve uma dimensão de *ficção*, pois se trata de pôr em ressonância interna dois pontos de vista completamente heterogêneos" (destaque do autor).

De volta ao Lago de Leite

Minha abordagem dos processos vivenciados pelos índios do Uaupés envolvia, desde o início, uma recusa da oposição *tradicional/moderno*. Isso não significa que eu me furte ao uso eventual do termo *tradicional* para referir-me a uma situação histórica em que a interação com os brancos era mais difusa e as transformações decorrentes menos aceleradas. Os próprios índios costumam fazer menção a um passado algo idealizado, a "um tempo em que o chefe da maloca era respeitado, em que os jovens passavam pelos rituais de iniciação". Contudo, estou convencida de que o recurso à oposição tradicional/moderno é sempre desvantajoso, e mesmo ineficiente, se o que pretendemos é compreender o sentido que o processo de transformação possui para aqueles que o vivenciam. O objetivo que me move é menos identificar os possíveis efeitos do processo de colonização da região na vida da população indígena, e mais discernir os pressupostos sociocosmológicos que definem o modo como o material da dita 'civilização' tem sido por eles apreendido e apropriado. Em outras palavras, assumo como minha a tarefa de testemunhar de que formas os índios do Uaupés vêm levando a efeito aquilo que Sahlins (1997) chamou de "indigenização da modernidade".

No percurso, tive como fonte de inspiração constante o trabalho de Peter Gow (1991) entre os Piro (Baixo Rio Urubamba, Peru), um grupo indígena que, superficialmente, como o próprio autor ressalta, poderia ser visto como 'aculturado', uma vez que o contato prolongado com os brancos teria feito desaparecer muitos dos "diacríticos da cultura indígena amazônica" (ibidem, p.283). Como Gow em sua etnografia, procurei abordar a experiência social dos índios de modo que faça ressaltar a sua coerência interna, em vez de assumir, de antemão, que o encontro com os brancos promoveu ruptura e desintegração cultural (ibidem, p.284). Quero deixar claro que não se trata de desconsiderar o fato de os povos do Uaupés terem estado, em certos períodos da história do contato com os brancos, expostos a processos de dominação de que não podiam, mesmo que tentassem, escapar ou proteger-se de todo, e que envolveram deslocamentos forçados, perdas demográficas e esgarçamento das redes de relação social. Contudo, ainda que o eco desses momentos marcados pela ingerência mais agressiva do colonizador ressoem na experiência social dos índios hoje, qualquer trabalho imbuído da esperança de compreendê-la precisa estar atento, antes de mais nada, à forma como eles a organizam simbolicamente.[13] Assim, torna-se fundamental buscar chaves interpretativas que reflitam de modo mais denso as conceituações dos índios sobre o seu mundo vivido, o que inclui a sua própria visão da história do contato com os brancos.

Com isso em vista, optei por organizar minha etnografia a partir de um recorte espacial, privilegiando a distinção analítica que opõe 'comunidade' e 'cidade', palavras que no discurso indígena remetem a modos de vida distintos. Essa dicotomia aparece reiteradamente na fala dos índios como transformação de uma série de outras que sustentam simbolicamente a trama das classificações sociais, sobretudo no contexto urbano. Ali, o contraste entre a existência na comunidade e na cidade revela-se muito produtivo para a compreensão da diferenciação entre índios e brancos e, consequentemente, da própria experiência social dos índios hoje citadinos, para quem os padrões de socialidade ribeirinha continuam a representar uma referência moral importante. Ao longo desse livro, minha análise oscila constantemente entre o interior da região e a cidade, e a 'comunidade' faz as vezes de modelo de uma existência propriamente 'indígena', pois, como será demonstrado oportunamente, é assim que os índios a percebem. Ao privilegiar a metáfora espacial, portanto, estarei seguindo a tendência que observei no discurso nativo.

A etnografia se constrói, portanto, a partir de um diálogo contínuo entre os dados relativos à existência na comunidade e na cidade. No que concerne à primeira, minha reflexão nutriu-se extensamente das descrições disponíveis na literatura etnográfica sobre a região (principalmente Goldman, 1963; C. Hugh-Jones, 1979; S. Hugh-Jones, 1979; Chernela, 1983, 1993; Jackson, 1983) e também, ainda que em menor escala, de dados colhidos por mim. O trabalho de campo no interior limitou-se a

---

13 Para continuar com Sahlins: "[o] que se segue, portanto, não deve ser tomado como um otimismo sentimental, que ignoraria a agonia de povos inteiros, causada pela doença, violência, escravização, expulsão do território tradicional e outras misérias que a 'civilização' ocidental disseminou pelo planeta. Trata-se, aqui, ao contrário, de uma reflexão sobre a complexidade desses sofrimentos, sobretudo no caso daquelas sociedades que souberam extrair, de uma sorte madrasta, suas presentes condições de existência" (1997, p.53).

um período de um mês. No verão de 1996, quando visitei o Alto Rio Negro pela primeira vez, passei uma semana em Taracuá, hospedada na casa de uma família que havia conhecido dias antes em São Gabriel. Na segunda viagem a campo, em 1998, reencontrei meus antigos anfitriões, que nessa época estavam morando em Iauareté, na comunidade de São Pedro. A seu convite, subi novamente o rio e permaneci com eles por três semanas. O tempo que passei no Uaupés foi importante não só para que formasse minhas próprias impressões sobre a vida ribeirinha, ainda que de relance, mas também porque me tornou, aos olhos de meus informantes da cidade, uma interlocutora mais qualificada para os momentos em que eles exprimiam suas saudades e lembranças da comunidade em que haviam nascido.

Dos oito meses de trabalho de campo, que se dividiram em quatro estadas,[14] sete foram realizados em São Gabriel. Durante esse tempo, residi na sede do Instituto Socioambiental, onde dispunha de ótimas condições para trabalhar na organização dos dados, receber visitas dos índios e estudar o idioma tukano, hoje entendido e falado pela maioria dos índios do Uaupés, ao lado de suas próprias línguas. Concentrei minha atenção na trajetória e no discurso de um grupo de mulheres que nasceram na cidade ou ali chegaram ainda pequenas, vindas de comunidades ribeirinhas do Uaupés. Elas residem em bairros de ocupação relativamente antiga, o que inclui o bairro da Praia, onde a pesquisa etnográfica foi iniciada. São escolarizadas, exercem ocupações assalariadas, constituíram família com homens brancos ou pretendem fazê-lo. Mesmo as que chegaram em São Gabriel durante a infância ou adolescência possuem uma noção muito sólida da vida na comunidade, e suas memórias são continuamente alimentadas pelas histórias contadas pelos pais e pelo contato intenso com parentes vindos do interior, que se hospedam em suas casas quando estão em trânsito na cidade. No que se refere à experiência dos índios citadinos, é sobretudo a perspectiva dessas mulheres que vem representada aqui.

---

14 Da última semana de janeiro à primeira semana de março de 1996; do final de outubro de 1997 ao final de janeiro de 1998; de meados de junho a meados de setembro de 2000; da última semana de novembro à primeira semana de dezembro de 2001.

Mas devo dizer que o caminho não foi percorrido sem aflições. Trabalho de campo em cidade tem suas agruras específicas. Não há um ponto de observação em que se possa ter a noção do todo, algo como uma visão da aldeia, que dá ao etnógrafo, mesmo nas horas de maior isolamento, a sensação de estar em contato com o seu objeto de estudo, de ter alguma coisa para observar, de não estar perdendo o precioso tempo da pesquisa. Durante a fase inicial, sem conhecer ainda um só morador indígena além da jovem que trabalhava na casa do ISA, e pressionada pela ideia de que a data do retorno logo chegaria e eu não teria avançado quase nada em minha investigação, deixei-me vagar pelos bairros ditos 'indígenas', na esperança de uma ocasião propícia para puxar conversa com alguém. Cheguei a torcer para que caísse uma chuva torrencial; assim eu teria uma desculpa para pedir abrigo dentro de uma casa e lá me deixar ficar por alguns momentos, quem sabe horas, observando fragmentos de um modo de vida que desejava conhecer. Porém, a chuva esperada não chegou a cair e hoje penso que felizmente, porque essa tática 'jornalística' não só ia inteiramente de encontro às características de meu temperamento introvertido, produzindo sensações íntimas desagradáveis, como era em geral recebida com frieza e resistência por parte dos índios, que pareciam sempre ansiosos para se ver livres daquela branca completamente estranha que lhes interpelava na rua ou no quintal e se punha a fazer perguntas sobre as suas vidas.

Minhas possibilidades de pesquisa dependiam de estabelecer relações de camaradagem e conseguir criar contextos de convivência com os informantes. Hoje vejo que a ocorrência de um encontro espontâneo e mutuamente interessante era somente uma questão de tempo. Mas só comecei a me tranquilizar realmente no dia em que uma mulher Tukano bateu à porta do ISA procurando por Lucia van Velthem, antropóloga sua conhecida, que realizava uma pesquisa sobre o artesanato feminino na região e também estava hospedada na casa. Por uma feliz coincidência, no exato momento em que ela chegou, eu me preparava justamente para ir encontrar-me com a Lucia em algum local da cidade. Fizemos juntas a caminhada, e durante todo o trajeto foi a moça quem me entrevistou. Na despedida, ela disse que voltaria ao ISA para conversar comigo sobre a minha pesquisa, que muito a interessara. Tudo o que consegui saber a seu respeito é que havia nascido em uma comunidade do rio Uaupés e chegara a São Gabriel ainda menina. Dias depois, ela me visitou acompanhada de uma prima, que veio a se tornar uma de minhas principais informantes na cidade.

Durante os sete meses de trabalho de campo, passamos muito tempo juntas, eu e a prima da visitante. Eu a acompanhei várias vezes em seus afazeres e em suas visitas a parentes e colegas, o que me permitiu ir gradativamente ampliando minha rede de conhecidos na cidade e adensando meu conhecimento sobre a vida da população do Uaupés ali residente, principalmente das mulheres casadas. Quando eu ia ver minhas novas conhecidas em suas casas, procurava tornar minha presença de algum modo útil para elas. Atendendo às suas solicitações sempre sutis, tive a chance de ajudá-las a costurar roupas de festa junina para as crianças, ensinar receitas de culinária ocidental, dar aulas de gramática, entre outros serviços ligeiros.

Em novembro de 1998, em uma reunião de discussão que a antropóloga Marta Azevedo organizou tendo em vista a pesquisa sobre saúde reprodutiva que realizava entre as mulheres da cidade, e para a qual me convidou, conheci um grupo de moças do bairro da Praia e iniciei então minha incursão ao universo das jovens indígenas nascidas na cidade. Em várias ocasiões, elas se reuniram no ISA para ver TV e conversar comigo. Acompanhei-as também em muitas de suas atividades, travando contato com pessoas que faziam parte de seu círculo mais amplo de relações. Com o tempo, elas passaram a me incluir espontaneamente nas programações de final de semana. Pessoalmente ou por telefone, convidavam-me para ir à praia, preparar um almoço no sítio, dançar nas boates da cidade. Foi nessa fase de maior intimidade e descontração que comecei, realmente, a aprender alguma coisa sobre o seu mundo.

Quando conveniente, eu agendava com as mulheres sessões de entrevistas individuais ou em grupo no ISA, com a intenção, acerca da qual elas eram previamente avisadas, de abordar algum tema específico ou registrar histórias de vida. Sozinhas comigo em 'minha casa', as mulheres casadas ficavam mais à vontade para falar de temas por vezes delicados demais para serem tratados na presença do marido, dos filhos e de parentes agregados. Depois de conversar por boa parte da tarde, fazíamos um lanche e, não raro, éramos então procuradas pelas crianças, que adoravam observar os objetos de artesanato local dispostos na sala e depois subir ao terraço para ver a cidade do alto.

Foi sobretudo por intermédio das mulheres que conheci os homens indígenas, seus parentes. Porém, com eles a pesquisa transcorreu em bases menos etnográficas. Não os acompanhei em suas atividades pela cidade e, ao contrário do que ocorria com as mulheres, nossas conversas eram marcadas por um tom mais cerimonioso. Embora esse fato não me impedisse de tocar em assuntos sobre os quais a opinião deles me parecesse relevante, acabava imprimindo maior formalidade à abordagem dos temas. Havia entre nós uma espécie de embaraço relacional, cingido pelas diferenças que nos separavam: eles, homens indígenas, respondendo a perguntas de uma mulher branca que pesquisava as mulheres indígenas. Mas admito que as dificuldades de lidar com isso tenham sido tanto minhas como deles. Realmente, não me era fácil abordar com naturalidade certos tópicos centrais para a pesquisa, mas aos quais eu sabia que os homens indígenas eram particularmente sensíveis, como a inclinação das mulheres indígenas à associação sexual e conjugal com os brancos na cidade e a identidade das crianças nascidas dessas relações.

Não obstante, com alguns homens idosos consegui estabelecer relações mais estreitas e tratar tais questões com maior desenvoltura. Sua maior espontaneidade diante do tema do relacionamento entre as mulheres indígenas e os homens brancos contrastava com a atitude reservada adotada por seus filhos e sobrinhos. Creio que isso se deva ao fato de esses relacionamentos afetarem suas respectivas vidas de forma um tanto diversa, como terei oportunidade de demonstrar mais adiante. O resultado é que com os mais velhos eu conversava sobre uma ampla gama de temas, além de ter tido oportunidade de visitá-los em casa e conhecer suas famílias. Também foi com a esses informantes que coletei a maior parte dos dados sobre mitologia e xamanismo. Diante deles, eu podia relaxar e assumir uma atitude de estudante, ansiosa por ouvir suas opiniões e absorver seus conhecimentos. Em nossos encontros eles falavam mais do que eu, ao contrário do que costumava acontecer com os homens mais jovens.

Para a tradução das entrevistas e narrativas gravadas em tukano, tive a sorte de contar com a ajuda inestimável de um colaborador indígena a quem eu recorria também toda vez que me assaltava alguma dúvida ou hesitação de natureza conceitual (cf. Agradecimentos). Com a publicação, em 1997, do conjunto de três volumes de Henri Ramirez sobre a língua tukano, passei a dedicar-me ao seu aprendizado. Contudo, o processo foi dificultado pelos intervalos transcorridos entre um período de campo e outro, bem como pela pouca disposição dos informantes, a maioria deles fluente no português, a falar tukano com uma branca na cidade. Para completar, as jovens nascidas em São Gabriel alegavam não saber falar os idiomas dos pais, apenas os entender. Em suma, se as minhas oportunidades de treinar a audição eram escassas, imagine-se as de exercitar a fala. Porém, ainda que a comunicação com os informantes tenha se dado majoritariamente em português, estive o tempo todo atenta à necessidade de cotejar com o tukano, sobretudo quando entrava no terreno mais resvaladiço dos conceitos nativos.

Para finalizar esta introdução, quero dizer que a reflexão acumulada pelos etnólogos que estudaram os grupos do Uaupés ao longo das últimas décadas permitiu que eu adentrasse a cidade com uma visão já consistente sobre a vida dos habitantes do interior, o que facilitou a minha compreensão da experiência social dos índios na cidade. Ao longo de todo o trabalho, os meus dados de campo foram sendo alinhavados aos da ampla literatura existente, com a intenção de fazer que os dois conjuntos se instruíssem mutuamente. Ainda assim, desde o início, não deixei de experimentar várias vezes aquela sensação ambivalente que todo etnógrafo experimenta – a de estar ao mesmo tempo muito perto e muito longe. Mas a sensação foi atenuada pela boa acolhida dos índios que partilharam o seu tempo comigo. E, à medida que ia sendo construída a minha relação com cada um dos informantes, passei pouco a pouco a confiar na possibilidade de compreender. Convicção tênue, mas indispensável para que se possa vencer os momentos de hesitação e prosseguir nessa empresa arriscada que é falar sobre o mundo de outrem. Dele próprio, porém, o que se vai ler aqui é apenas um vislumbre.

Primeira parte
"Lá se vive como irmão"

Prólogo

Nesta primeira parte do livro, meu propósito é apresentar uma descrição da vida dos índios que habitam as comunidades ribeirinhas do Uaupés brasileiro, ressaltando os contextos em que as relações de identidade e de alteridade são assinaladas de forma mais eloquente. Esse olhar sobre o Uaupés nos ajudará a compreender em que medida a mudança das famílias indígenas para o contexto urbano pode implicar transformações na socialidade indígena. Assim, ele se faz metodologicamente necessário antes que possamos passar ao tema central do livro – o deslocamento para a cidade e a adoção de um novo modo de viver.

Há ainda outros motivos para começarmos pelas cabeceiras dos rios. Se o processo de deslocamento para a cidade é um fato, isso não impede que a vida ribeirinha continue a funcionar como uma referência simbólica importante para as pessoas que a deixaram – elas me relatavam suas lembranças do tempo em que moravam nas comunidades de forma que não deixasse dúvidas sobre o espaço significativo que tais recordações ocupavam em suas vidas. Também costumavam estabelecer comparações entre os estilos de viver próprios da comunidade e da cidade, muitas vezes para fazer críticas ao último, algumas vezes para explicar por que haviam optado por ele. Os valores da convivência, da comensalidade e da partilha eram citados com frequência como aquilo que define a vida comunitária, em oposição à vida urbana. Na comunidade, diziam os índios, conta-se mais com os parentes; na comunidade, vive-se como irmão. Porém, na comunidade "falta tudo": falta sabão, falta médico, falta escola.

Assim como foi fundamental conhecer o estilo de vida ribeirinho para dar sentido a muitas das falas dos índios hoje residentes na cidade, acredito ser igualmente importante que o leitor conheça a vida tal como é levada no Uaupés, para que possa, posteriormente, acompanhar meus movimentos analíticos rio abaixo. Compreender os significados atrelados à dicotomia interior/cidade é um passo fundamental para o entendimento dos princípios organizadores do universo social dos índios de São Gabriel. E, para tanto, é preciso saber do que eles estão falando quando se referem à vida na comunidade.

Inicio o primeiro capítulo com uma breve exposição dos modelos de estrutura social formulados pelos etnólogos que estudaram a região, principalmente Goldman (1963), C. Hugh-Jones (1979), S. Hugh-Jones (1979), Jackson (1983) e Chernela (1993). Apresento a estrutura social do Uaupés em suas linhas mais marcantes, com ênfase na forma como são concebidas as relações intra e intergrupos locais. A seguir, passo a uma descrição da vida ribeirinha em que busco, especialmente, iluminar os modos de socialidade que governam o dia a dia dos moradores, o significado da noção de comunidade, sua importância para a organização social do prestígio, e os espaços de abertura para o mundo dos brancos. No segundo capítulo, dedico-me aos temas do gênero e do casamento, discutindo as implicações da estrutura de aliança matrimonial, da regra de residência virilocal e do valor conferido ao grupo agnático para a inserção das mulheres estrangeiras na comunidade. No Epílogo da Primeira parte, procuro situar os temas tratados no quadro teórico mais amplo da etnologia ameríndia, discutindo-os à luz do debate mais recente sobre a questão da alteridade nas sociedades das terras baixas da América do Sul.

1
Visitando a comunidade

Um modelo de estrutura social

Entre os povos que habitam a bacia do rio Uaupés, o grupo local é a 'comunidade', mas a identidade social é igualmente reportada a totalidades mais inclusivas. O alto grau de complexidade apresentado pelo sistema social do Uaupés tem criado dificuldades para os etnólogos quando o assunto é definir as unidades sociais supralocais, denominadas na literatura ora "tribos" (Goldman, 1963), ora "grupos linguísticos" (Jackson, 1983), ora "grupos exógamos" (C. Hugh-Jones, 1979). Ao longo do livro, será seguida a opção de C. Hugh-Jones, e os grupos do Uaupés estarão aqui referidos como unidades exogâmicas recrutadas com base em um sistema de descendência patrilinear.

O grupo exógamo

Provisoriamente, direi que cada um dos grupos exógamos fala uma língua distinta. Por causa da regra de exogamia linguística, um homem deve se casar com uma mulher que fale uma língua diferente da dele, preferencialmente sua prima cruzada patrilateral (FZD) (S. Hugh-Jones,

1993, p.97). Como o padrão de residência é virilocal, as mulheres casadas de uma comunidade não pertencem a ela por nascimento, e o que temos, portanto, é uma situação em que os homens falam a mesma língua e as mulheres falam línguas diferentes. Isso não constitui necessariamente um problema, pois, além de muitas das línguas serem mutuamente compreensíveis, aprende-se a falar mais de uma durante a infância. A língua falada pela mãe costuma ser a primeira aprendida pela criança, que depois dos primeiros anos começará a falar a língua do grupo do pai, ao qual pertence. Desse modo, o padrão multilíngue torna-se desde cedo uma experiência familiar.

A terminologia de parentesco é do tipo dravidiano, cuja característica dominante é a divisão do campo de parentes em duas categorias distintas, as quais têm sido glosadas na literatura como os 'consanguíneos' e os 'afins'. Os primos paralelos de uma pessoa são classificados entre os primeiros e terminantemente proibidos como parceiros matrimoniais. Os primos cruzados, por sua vez, são classificados como afins, e considerados os cônjuges preferenciais. O casamento preferido é com a FZD, que deveria ser também uma MBD por conta de uma suposta troca de irmãs idealmente ocorrida na geração anterior. Quando isso ocorre, a mulher pertence ao mesmo grupo que sua sogra e, portanto, sua língua já será de conhecimento do marido, que a terá aprendido ouvindo a mãe falar.

A exogamia e a língua não são, contudo, critérios universais para a definição dos grupos do Uaupés como unidades discretas. Para a maioria dos casos, podemos dizer que o grupo linguístico é, ao mesmo tempo, um grupo exógamo, constituído por laços de descendência agnática. Mas nem sempre a unidade linguística corresponde à exógama. Os Kubeo, por exemplo, todos falantes de uma mesma língua, dividem-se internamente em seções que casam entre si (Goldman, 1963, p.26). A língua barasana também é falada pelos Taiwano, definidos como um grupo de descendência,[1] enquanto a categoria de descendência Barasana inclui

---

1 Gomez-Imbert (1996, p.442) explica: os Taiwano falam um dialeto da língua de seus afins Barasana, a principal diferença consistindo no sistema de acento tonal, mas afirmam falar uma língua diversa. Essa insistência em distinguir é perfeitamente consistente com o princípio de exogamia linguística.

De volta ao Lago de Leite

falantes da língua makuna (C. Hugh-Jones, 1979, p.12). Já foi notado acima que os Tariana, cuja língua pertence à família Aruak, vêm utilizando progressivamente o tukano em detrimento de sua própria língua; não obstante, casam-se com os Tukano. De uma maneira geral, porém, não seria infundado dizer que os índios recorrem à língua e à descendência mítica comum (da qual a exogamia é vista como um corolário) para demonstrar seu pertencimento a um grupo. A língua falada por uma pessoa é o traço mais imediatamente visível de sua identidade social.

Tão notável é a importância das línguas nativas como marcadores de identidade que os missionários salesianos logo trataram de proibir que fossem faladas pelos alunos nos internatos, compelindo-os a se expressar somente em português. A intenção era facilitar a comunicação entre brancos e índios e, ao mesmo tempo, enfraquecer as bases de identificação cultural. Com este último propósito, também procuraram retirar legitimidade da regra de exogamia, incentivando casamento entre membros de um mesmo grupo de descendência. De um modo geral, pode-se dizer que fracassaram em ambos os intentos.

O *sib*

A mitologia dos grupos do Uaupés tem como evento fundamental a viagem de uma grande cobra-canoa (*Pa'mîri Yukîsi* ou "Canoa da Fermentação") rio acima. Durante essa viagem, foram originados todos os grupos e fixados os seus territórios primordiais. Vinda do leste, do Lago de Leite (*Õpekõ -Ditara*), a cobra ancestral subiu o rio Negro, o Uaupés e, ao alcançar as cabeceiras, inverteu sua posição, de modo que a cabeça passou a estar voltada para o Leste e a cauda para o Oeste. Em determinado momento, os ancestrais dos diversos grupos emergiram do corpo da cobra, um por um.[2] Cada grupo recebeu uma língua, uma parafernália

---

2 Em uma versão desana, os ancestrais emergiram por buracos nas pedras da Cachoeira de Ipanoré, enquanto a cobra permaneceu submersa. Os buracos podem ser vistos até hoje (Pãrõkumu & Kehirí, 1995, p.38). Entre os Barasana, dependendo da versão, a cobra ancestral dá origem aos diversos grupos por vômito serial, seccionamento de seu próprio corpo, ou pelo desembarque por terra (C. Hugh-Jones, 1979, p.34).

ritual, um complexo de bens simbólicos como nomes, mitos, rezas xamânicas, músicas e o direito de fabricar um determinado item de cultura material especializada. Em resumo, o que ocorreu durante esse episódio foi a transformação gradual de uma pré-humanidade em seres humanos com identidade social demarcada pelo pertencimento a um grupo exógamo e a subgrupos, referidos na literatura como *sibs*. Cada grupo exógamo já se vê, portanto, desde a origem, dividido internamente em segmentos cujas relações se baseiam na hierarquia instituída a partir da ordem de nascimento de seus ancestrais míticos. As narrativas da origem dos *sibs* de um mesmo grupo exógamo podem ser vistas como versões localizadas da viagem da cobra de cujo corpo emergiu a humanidade.

A sequência da emergência dos ancestrais de cada *sib* fundamenta a escala hierárquica. Os *sibs* 'da cabeça' foram os primeiros a surgir, e os *sibs* 'da cauda' os últimos. Assim, a viagem mítica da cobra-canoa instaura a ordem sociotopográfica que organiza o sistema de prestígio dos *sibs*, constituído com base nas diferenças de *status* instituídas na origem. Mas as relações entre os *sibs* não reportam a diferenças qualitativas entre eles, mas a uma diferenciação quantitativa em termos de proximidade com a fonte de poder que é o mundo ancestral. O que diferencia os *sibs* 'da cabeça' dos *sibs* 'da cauda' é o grau de identificação com o todo, e não qualidades ou capacidades agentivas diversas.

A assimetria entre os *sibs* é expressa na forma como se referem uns aos outros. Eles se tratam como irmãos 'mais velhos' ou 'mais novos', formando, simbolicamente, um conjunto de *siblings* hierarquicamente relacionados por meio do princípio de idade relativa (*seniority*). Mas a classificação dos *sibs* intermediários na escala hierárquica pode depender em larga medida de quem a enuncia, e apenas as posições polares não são alvo de questionamento, isto é, as de primogênito e irmão caçula (C. Hugh-Jones, 1979, p.26; Buchillet, em comunicação pessoal). Disputas de precedência podem ocorrer, o que revela a importância da hierarquia como princípio de classificação. Hoje, mesmo em contextos em que se atualiza de maneira fraca, a hierarquia (e seus significados) continua a ser objeto de muita conversa entre os índios, como me observou Cabalzar em comunicação pessoal.

Entre os Barasana estudados por Stephen e Christine Hugh-Jones no início da década de 1970, a cada um dos *sibs* alocavam-se funções e prerrogativas especializadas: chefe, dançarino/cantor, guerreiro, xamã e servo, em ordem decrescente na escala hierárquica (C. Hugh-Jones, 1979, p.19). Um grupo exógamo pode compreender apenas um ou mais de um desses conjuntos. Mesmo quando os indivíduos não conseguem associar um grupo local concreto a uma das posições do conjunto, continuam a afirmar a existência do conjunto como tal, o que demonstra a prevalência de um modelo de coesão (ibidem, p.27). Entre os Desana, Buchillet, como me disse, identificou *sibs* de chefe, de xamã, de dançarino/cantor e de servo. Entre os Tariana da comunidade de São Pedro (Iauareté), encontrei dois *sibs* que se definiam como chefe e servidor. A distribuição espacial dos *sibs* ao longo do rio local parece ter estado relacionada ao exercício das funções de cada um, mas hoje essa especialização não é mais levada a efeito.

Chernela (1983) descreveu ainda, para os Wanana, um sistema de "classes de geração", que organiza as relações entre os diversos *sibs* de um grupo exógamo e, ao mesmo tempo, estrutura as relações entre os *sibs* de grupos exógamos diferentes. No interior do grupo exógamo, esse sistema funciona agrupando os *sibs* ao longo do *continuum* hierárquico que principia com o primeiro (irmão mais velho) e termina com o último (irmão mais novo). Os primeiros são denominados netos; os que se situam no segmento mediano do *continuum* são os tios; os últimos são os avós. As posições das três classes de geração são absolutas, ou seja, uma pessoa será sempre classificada como avô, tio ou neto, não importa o lugar ocupado por quem o classifica. O sistema de classes de geração funciona também como um princípio regulador das relações matrimoniais entre os grupos exógamos. Em condições ideais, como o casamento é um tipo de relação que só se estabelece entre grupos que ocupam posições equivalentes na hierarquia e a estrutura dos grupos é sempre a mesma, os *sibs* netos trocarão mulheres com *sibs* netos, tios com tios, e assim por diante. Isso é coerente com o *ethos* igualitário que informa as relações entre os grupos exógamos afins e abre espaço para a afirmação da identidade e da autonomia de cada um em relação aos outros.

O pertencimento de um indivíduo ao *sib* é efetivado por meio da posse de um nome cerimonial (*basé'ke wame*). Ao nascer, a criança é submetida a uma série de ritos xamânicos durante os quais recebe um nome proveniente da segunda geração ascendente (para as meninas, de uma FFZ; para os meninos, de um FFB). Ao portar esse nome, ela passa a ser depositária da alma do parente falecido. O termo em tukano para 'alma' é *ehêri põ'ra*, que os índios traduzem para o português também como 'coração'. A associação entre alma e coração é esclarecida no comentário de C. Hugh-Jones (1979, p.112) sobre a noção de alma entre os Barasana: "do ponto de vista anatômico, o *isi* se situa no coração e nos pulmões. O termo também denota a respiração e está relacionado com o que anima o corpo".

A autora sugere ainda que, em alguns contextos, a noção de 'alma' pode ser coextensiva à noção de 'vida' (ibidem, p.118). O nome garante ao indivíduo uma conexão com o mundo ancestral, fonte de todo poder criativo, permitindo-lhe, assim, participar da essência espiritual do *sib*.

A fratria

Ocorre que nem todos os grupos exógamos do Uaupés podem trocar mulheres. As unidades exogâmicas formadas por grupos exógamos que não casam entre si são chamadas por alguns autores de "fratrias" (C. Hugh-Jones, 1979; Jackson, 1983). Não é possível observar uma organização universal dos grupos do Uaupés em fratrias, unidades não nomeadas e vagamente definidas. O que parece se dar é a consolidação da estrutura de fratria em contextos nos quais as relações entre os grupos atingem um nível considerável de estabilização (C. Hugh-Jones, 1979, p.22).

Em geral, os índios costumam explicar tais interdições de casamento pelo fato de os grupos em foco considerarem-se irmãos. Essa lógica sobressai, por exemplo, no modo como os Barasana formulam a questão. Eles classificam os grupos exógamos de acordo com seus respectivos "hábitats cósmicos" – água, terra e ar. Cada um desses hábitats remeteria a uma cobra ancestral, avatar da *pa'mîri yukîsi*. Por compartilhar a mesma ancestralidade, os grupos originários de um mesmo

De volta ao Lago de Leite

hábitat seriam proibidos como parceiros matrimoniais (ibidem, p.36). Os Bará fazem coro à explicação barasana da interdição pela descendência comum quando afirmam que os membros de uma mesma fratria falaram a mesma língua em algum momento do passado (Jackson, 1983, p.171). Como se vê, isso tudo é perfeitamente coerente com um modelo de identidade social fundado na vinculação entre língua, descendência e exogamia. Invertendo o sentido do raciocínio, podemos dizer que esses dados sinalizam a concepção da afinidade efetiva como uma relação que só deve se estabelecer entre grupos possuidores de identidades sociais diferentes.[3]

* * *

A estrutura social do Uaupés foi descrita de forma breve e simplificada, constrangendo inevitavelmente sua complexidade, mas algumas considerações importantes já podem ser feitas. Certos princípios básicos resistem não só às incongruências entre o estatismo do modelo e o dinamismo da prática social, mas também às transformações mais recentes, ocorridas ao longo do último século. Comecemos pelo fato de todas as narrativas da origem compartilharem a mesma estrutura formal básica. O surgimento das fratrias, dos grupos exógamos e dos *sibs* remete, como vimos, à viagem da cobra-canoa, que, vinda do Lago de Leite, subiu o Uaupés e, em um determinado ponto de seu território, deu origem aos ancestrais da humanidade.

---

3 C. Hugh-Jones (1979, p.21) esclarece ainda que, para os Barasana, a relação de fraternidade que une os grupos no interior da fratria nem sempre vem acompanhada de uma fórmula hierárquica. Eles pensam essas relações como hierárquicas quando os grupos consideram-se ligados por via agnática, e como igualitárias quando o parentesco entre eles é concebido como uterino. Para enfatizar a vinculação entre hierarquia e agnatismo no Uaupés, trago também o exemplo da terminologia de parentesco, em que uma pessoa se refere a seus primos paralelos patrilaterais como irmãos 'mais velhos' (masc., *ma'mí*; fem., *ma'mió*) ou 'mais novos' (*aka-bihí*; *aka-bihó*), de acordo com a ordem de senioridade entre F e FB. Quando os primos paralelos matrilaterais são também ligados a ego por via patrilateral, o laço agnático tem precedência (ibidem, p.77). Em caso contrário, eles pertencem a outro grupo, falam outra língua e são reportados por uma pessoa pelo termo *pakó põ'ra*, que significa "filhos de mãe" (fem., *pakó makó*; masc., *pakó makɨ*), sem referências de natureza hierárquica.

Qualquer que seja o nível de inclusão do relato, conta-se que os primeiros humanos desembarcaram sucessivamente da canoa e foram se estabelecendo em pontos diversos da bacia do Uaupés. No que se refere à origem dos grupos exógamos, tomada em suas diferentes versões narrativas, não é possível inferir uma ordem fixa de emergência dos ancestrais e, por conseguinte, uma classificação hierárquica. A sequência do desembarque varia, em larga medida, com a perspectiva do grupo a que pertence o narrador. Porém, há indícios de que, se pudéssemos delinear um modelo geral, os Tukano ocupariam a posição de irmãos maiores dos outros grupos (cf. Ribeiro, 1995, p.22; Goldman, 1963, p.35), ao passo que os Maku estariam situados nos níveis mais baixos de uma suposta hierarquia pan-Uaupés. Em uma narrativa desana da origem da humanidade, por exemplo, Doethiro, o ancestral dos Tukano, é o primeiro a desembarcar da canoa (cf. Pãrõkumu & Kẽhirí, 1995, p.39), seguido por Boreka, o ancestral dos Desana. Contudo, a ideia de uma precedência universal dos Tukano, e de uma possível disputa por posição entre os outros grupos exógamos, torna-se elusiva demais se confrontada com o discurso e a prática dos índios, prática marcadamente igualitária. Os parceiros na troca matrimonial devem pertencer a grupos exógamos diferentes, porém a *sibs* de posição equivalente na escala hierárquica. O ideal de troca simétrica afirma a independência e a autonomia dos parceiros, e estende-se para o contexto das relações rituais e comerciais que se estabelecem entre os afins. Pode-se dizer que, no Uaupés, é justamente a ética de reciprocidade inerente às relações entre os grupos exógamos que mantém o sistema social global em funcionamento.

Porém, nas versões mais localizadas da narrativa, que se referem à origem dos diversos *sibs* de um mesmo grupo exógamo, a ordem de emergência das unidades marca de forma inequívoca sua posição na escala hierárquica. A relação de fraternidade está de tal modo instruída pelo princípio hierárquico que as posições de 'mais novo' ou 'mais velho' parecem definir a condição de 'irmão'. Sinalizando a estreita associação entre os temas da hierarquia e da agnação, as relações no interior do grupo agnático são desenhadas, na mitologia da origem, como eminentemente assimétricas, e isso se reflete em vários contextos da prática social, como será oportunamente demonstrado.

A combinação dos princípios hierárquico e igualitário que, do ponto de vista do sistema global, incidem respectivamente sobre as relações internas ao grupo agnático (no nível da fratria, do grupo exógamo, do *sib*...) e sobre as relações entre grupos parceiros na troca matrimonial e entre grupos que se concebem ligados por laços uterinos é replicada no seio da comunidade local. Se, por um lado, o discurso da hierarquia é investido de ampla significação na esfera do mito e do ritual, de outro, apresenta pouca efetividade no plano da vida cotidiana.

A incongruência entre o forte colorido hierárquico do modelo nativo de estrutura social e a realidade da vivência comunal já foi objeto de discussão na literatura. C. Hugh-Jones (1979, p.105) observou a disparidade entre o "modelo ideal indígena" e os fatos revelados em campo (*"facts on the ground"*), ao mesmo tempo que apontava a inutilidade teórica de um investimento em tal oposição. Goldman (1963, p.92) chegou a sugerir que os Kubeo possuem *"the skeleton of an aristocratic system that is fleshed out with an egalitarian ethos"* [o esqueleto de um sistema aristocrático, recoberto por um *ethos* igualitário]. Apesar de reconhecidas as duas tendências, as descrições da prática social sugerem ênfases em uma ou outra, e essa oscilação pode ser explicada, por exemplo, por diferenças características entre os grupos locais do Alto e do Baixo Uaupés, como nota Chernela (1983, p.67). Dada a organização sociotopográfica, os *sibs* de mais alta hierarquia tendem a se localizar rio abaixo, e a ênfase na assimetria poderia ser então explicada por seu alto *status*: "parece provável que as estruturas hierárquicas serão preservadas onde estão em jogo privilégios relacionados à hierarquia" (ibidem). É possível encontrar, nessas regiões, *sibs* de chefes acompanhados de *sibs* de servidores. Isso também explicaria a ausência de *sibs* ocupando essas posições entre os Barasana pesquisados por Stephen e Christine Hugh-Jones no rio Pirá-Paraná, afluente do Apapóris localizado no Uaupés colombiano. É significativo também que Goldman (1963, 1981) tenha dado relevo ora a características igualitárias, ora à hierarquia, ao trabalhar com *sibs* kubeo de baixo e alto *status*, respectivamente. Porém, de uma maneira geral, podemos deduzir das descrições dos autores que a complementaridade entre os dois princípios é uma característica da vida social no Uaupés.

O sistema de prestígio dos *sibs* produz um modelo de distribuição diferencial do acesso a determinados recursos naturais, mediante a alocação espacial dos grupos locais. Os grupos de mais alta hierarquia tendem a residir nos cursos mais baixos dos rios, mais piscosos, mas não se pode dizer que o sistema origine diferenças concretas de riqueza material e legitime mecanismos coercitivos de controle sobre a força de trabalho, mesmo naquelas regiões nas quais a hierarquia pode ser apreendida de forma mais substantiva. Os valores e práticas da reciprocidade permeiam as relações entre as unidades sociais em todos os níveis e promovem uma redistribuição dos recursos assimetricamente alocados. Note-se, aliás, que entre os *sibs* de um grupo exógamo, o ideal de reciprocidade sofre uma inflexão própria à natureza hierárquica de suas relações, que se traduz na etiqueta que determina que os grupos de alto *status* devem dar mais do que recebem de seus irmãos mais novos. As relações matrimoniais entre os grupos exógamos, por sua vez, desdobram-se em relações rituais e de troca de bens, e caracterizam-se pela rigorosa simetria. Em suma, em todos os níveis da estrutura social, observa-se a pregnância de uma ética generalizada de reciprocidade, e é à luz de uma filosofia social que concebe a reciprocidade como a *forma de se relacionar* por excelência que se deve entender o englobamento da hierarquia pelo igualitarismo na vida cotidiana.

O papel conferido à reciprocidade como princípio organizador da socialidade é característico das sociedades ameríndias. Em artigo publicado no início da década de 1980, Joanna Overing sustentava que tais sociedades, a despeito de sua grande variedade morfológica, apresentariam em comum uma mesma filosofia da sociedade, na qual estaria subsumida a concepção de que a vida social só é possível quando entes diferentes são postos em relação. De acordo com essa visão, um mundo onde só houvesse identidade, onde todos os seres fossem de mesmo tipo, seria sem dúvida um mundo pacífico; contudo, não seria propriamente *social*. A alteridade é, assim, constitutiva da sociedade. Porém, como o contato com o Outro é potencialmente perigoso, é preciso controlá-lo, dar-lhe forma mais segura. A reciprocidade aparece como o modelo da relação com a alteridade, e justamente em seu descumprimento reside o perigo. Diante disso, a autora pode dizer que nos regimes sociocosmológicos ameríndios, a reciprocidade adquire o caráter de princípio metafísico (Overing, 1984, p.150).

De volta ao Lago de Leite

Segundo Overing, essa concepção do social como um estado engendrado pela mistura e pela relação entre elementos diferentes se revelaria em vários domínios das sociedades das terras baixas, por exemplo, nas estruturas de aliança, no simbolismo dos gêneros, na cosmologia, na mitologia. E em todos esses níveis o princípio da reciprocidade estaria manifesto como a forma de relação mais apropriada. Nesse sentido, poderíamos falar em "estruturas elementares de reciprocidade" que atravessam e ordenam o universo social ameríndio (ibidem, p.151), em um jogo no qual o *cosmos* e o *socius* aparecem subordinados à mesma lógica.

Voltemos, agora, ao Uaupés para situar nossos dados no quadro teórico ao qual acabo de aludir. Eu dizia que, no plano formal da estrutura de aliança, as relações entre grupos exógamos caracterizam-se pela rigorosa simetria e autonomia dos parceiros. Podemos entender, assim, que o sistema social do Uaupés tenderia à horizontalização e à mutualidade das relações entre unidades concebidas como diferentes. Porém, a regra virilocal e a ênfase valorativa no grupo agnático produz uma espécie de efeito colateral, introduzindo nesse sistema um ingrediente de assimetria: a posição das mulheres. Enquanto vive com seus parentes, a situação da mulher nunca deixa de estar marcada pelo fato de que um dia vai deixá-los para unir-se a um grupo estranho. Ela deverá ceder parte de suas qualidades e capacidades ao grupo do marido, ao qual pertencerão seus filhos, e isso a coloca em posição ambígua desde sempre. Uma vez casada, ela é uma estranha entre os afins, e a suspeição, então, se inverte: introduzida nos liames do grupo de irmãos, representa uma ameaça à solidariedade entre eles. No Uaupés, a mulher é o signo da diferença no interior do grupo local, metaforizando a alteridade e seus perigos. Isso explica, por exemplo, por que um ancião Tukano, receoso de que o seu conhecimento das narrativas da origem se perdesse por causa da falta de interesse dos filhos homens em aprender, recusava-se a passá-lo à sua querida filha. As narrativas são propriedade do *sib*, dizia (em outras palavras) o velho, "e ela vai ensinar para quem? Para seus filhos...", que pertencem a outro *sib*, a outro grupo exógamo...

As mulheres representam uma ameaça pela alteridade que personificam, e esse potencial diruptivo precisa ser mantido sob controle. Com esse propósito, o grupo lança mão de uma série de estratégias – as quais teremos oportunidade de discutir mais adiante – que têm como escopo a manipulação dos conflitos cotidianos em prol de sua unidade. Paralelamente, por meio de processos de consubstanciação, como a corresidência, a comensalidade e o contato sexual, promove-se a diluição das diferenças no ambiente do grupo local. As mulheres tornam-se parte da comunidade, a quem deram filhos, a cujos homens alimentam. Porém, a cada vez que os homens reificam sua unidade, a exterioridade feminina deve ser novamente afirmada.

Em meio a essa dialética, o ponto crucial, a meu ver, é que as mulheres, que certamente compartilham com os homens a visão da alteridade como, ao mesmo tempo, um perigo e uma necessidade, não podem, contudo, conceber-se inteiramente como Outro, e essa posição descentrada deve ter implicações. Por isso, acredito que o jogo da identidade e da diferença no Uaupés possua um rendimento particularmente rico e interessante para se pensar a questão do gênero.

A comunidade ribeirinha

Makâ é a palavra tukano que designa 'povoado' ou 'lugar habitado' (cf. Ramirez, 1997). Tudo indica que a ampla utilização regional do termo 'comunidade' deve-se à atuação dos missionários salesianos. Com a implementação, no final da década de 1960, do projeto de organização dos grupos locais nos moldes das Comunidades Eclesiais de Base (cf. Oliveira, 1981, p.31; 1995, p.150),[4] o termo passaria a ser utilizado pelos índios para designar os povoados que se espalham pela região do Alto Rio Negro. Na bacia do rio Uaupés somam hoje mais de duzentos, contando-se também os dos grupos Maku (Cabalzar & Ricardo, 1998, p.6). Na descrição que se segue, procuro oferecer um panorama da vida social nessas comunidades discutindo os padrões de socialidade que organizam as relações entre seus moradores.

---

4 Cada paróquia contava com tantas Comunidades de Base quantos eram os povoados ribeirinhos sob sua esfera de influência. Segundo Oliveira (1981), na paróquia de Iauareté, por exemplo, havia aproximadamente setenta Comunidades de Base no início da década de 1980.

De volta ao Lago de Leite

Os índios costumam dizer que, no passado, todos os membros de um *sib* ocupavam a mesma maloca. Atualmente, o que se verifica é uma distribuição em vários pontos residenciais e um fluxo contínuo de fissões e fusões. No processo de dispersão, os homens que deixam um grupo local não se veem privados da condição de membros de seu *sib*. Isso também vale para as mulheres, que se casam fora e vão residir com o grupo do marido.

Goldman (1963, p.27) observou entre os Kubeo, no final dos anos 1930, a seguinte dinâmica reversível de separação: um segmento de um grupo local podia mudar-se da maloca para uma casa, menor, próxima, mas relativamente fora da jurisdição do chefe, ou afastar-se ainda mais do território ocupado pelo grupo, embora continuasse a reconhecer a maloca como ponto de convergência dos membros do *sib*. Aos primeiros Goldman chamou de "independentes", e aos segundos, de "satélites". C. Hugh-Jones (1979, p.41) também faz menção a um "contínuo estado de fluxo", notando ainda a presença de visitantes, residentes eventuais, e descrevendo grupos locais compostos por uma única família nuclear.

Processos de fissão e fusão, que ocasionalmente podem envolver mudança de identidade social dos segmentos (cf. Goldman, 1963, p.23, 26), são, assim, parte de uma dinâmica intrínseca à sociabilidade na região. Em artigo recente, Brandhuber (1999) aborda o fenômeno da migração para os grandes centros regionais nos dias de hoje e aponta como uma das principais causas da mudança de residência os conflitos internos ao grupo local. Goldman (1963) já nos fazia entrever a influência dos conflitos no desenrolar dos processos de fissão grupal e, como decorrência, no fenômeno da mobilidade espacial entre os Kubeo. Os conflitos ocorreriam por motivos variados, como disputas de autoridade, acusações de adultério e sovinice, podendo desdobrar-se em acusações de feitiçaria. Contudo, é preciso considerar que, em muitos casos, o conflito pode ser o motor de um deslocamento espacial que já vinha sendo determinado por motivos de outra ordem. Nas últimas décadas, por exemplo, fatores como a busca por assistência médica, educação escolar ou trabalho assalariado, citados pelos próprios índios como motivação para a mudança de residência, têm concorrido para intensificar os fluxos migratórios, que se orientam sobretudo rumo aos centros missionários (Taracuá, Iauareté, Pari-Cachoeira) e núcleos urbanos (São Gabriel da Cachoeira, Santa Isabel do Rio Negro, Manaus).

Espaço e socialidade

Os padrões de socialidade no âmbito do grupo local têm como referência primeira a ideia de comunidade de interesses, e grande parte dos conflitos se origina em acusações de comportamento antissocial. Idealmente, o grupo local é formado por um grupo de irmãos, suas irmãs solteiras, suas esposas e seus filhos. Um grupo com essa composição é fortemente estruturado e seus membros estarão mais motivados a manter sua coesão. Os valores do parentesco sustentam a convivência entre os moradores de uma comunidade: todos devem se tratar como parentes, o que significa, antes de mais nada, compartilhar alimentos, bens e propósitos. Para que esse ideal se concretize, é preciso que se conte com um líder forte, capaz de agregar e influenciar os agnatos, neutralizando as disputas políticas e as desavenças pessoais em nome da unidade do grupo. Além disso, o casamento dos homens e a consequente entrada de mulheres de fora pode ensejar um conflito de interesses que confronta, de um lado, as famílias nucleares, unidades produtivas autônomas, e, de outro, o conjunto de *siblings*. O líder precisa administrar a tensão latente entre o ideal de coesão do grupo agnático e sua dispersão em unidades autorreferenciadas.

A questão é delicada: um equilíbrio deve ser mantido, por exemplo, entre a parte da produção econômica de uma família nuclear a ser consumida por seus membros nas refeições individuais e a parte destinada ao consumo coletivo. Ao não respeitar esse preceito, uma pessoa pode estar deixando vir à tona sua insatisfação com o grupo ou com alguns indivíduos. Porém, ressentimentos individuais de origem variada costumam ser expressos por acusações de sovinice. Em suma, a matemática da distribuição de alimentos fornece a linguagem para a expressão de conflitos no interior do grupo local (C. Hugh-Jones, 1979, p.51), e os conflitos costumam ter como base uma desarmonia entre o ideal de unidade do grupo de irmãos e a realidade das cumplicidades conjugais e parentais cotidianas, que têm na distribuição e no consumo de alimentos um importante campo de efetivação. O valor de partilhar alimentos estende-se para os objetos possuídos individualmente. Os membros de um mesmo grupo local não devem trocar, mas oferecer gratuitamente seus pertences (S. Hugh-Jones, 1992, p.60).

Embora a coesão residencial do grupo de irmãos e a virilocalidade possam ser considerados princípios assentes no modelo indígena de comunidade, elas estão longe de representar fatos universais na região. Grupos locais estruturados com base antes em relações de aliança do que em vínculos agnáticos não são exceção no Uaupés. Como veremos mais adiante, as relações locais de prestígio podem explicar em larga medida a configuração de uma comunidade. Porém, as variações na prática da residência pós-marital costumam ser justificadas, pelos índios, por fatores contingenciais de ordem pragmática, como a necessidade de acompanhar os filhos quando eles atingem a idade de frequentar a escola secundária, a busca de trabalho assalariado e de acesso à medicina ocidental. Uma pessoa pode juntar-se a uma comunidade de afins para residir mais próximo a um centro missionário, por exemplo.

Dos princípios que conformam o modelo de estrutura social do Uaupés, o que parece apresentar maior estabilidade é o da exogamia linguística. Eu poderia contar nos dedos os casais endógamos que conheci ou que me foram apontados. Curiosamente, alguns índios idosos costumam afirmar o contrário. Não é incomum que os pesquisadores sejam logo noticiados de que "agora todo mundo casa com todo mundo, irmão casa com irmão". Acredito que ao fazer tal afirmação, incompatível com a baixa incidência de casamentos entre membros de um mesmo grupo exógamo, essas pessoas estejam utilizando a linguagem da exogamia para emitir um juízo de valor sobre o conjunto de transformações que se descortinam a seus olhos. Entre tais transformações, que os índios costumam incluir no pacote genérico da propalada "perda da cultura", poderíamos destacar a intensificação da mobilidade espacial e sua orientação na direção dos centros urbanos, a consequente dispersão espacial dos parentes, o menor investimento dos jovens no aprendizado dos mitos e das rezas xamânicas e na realização dos rituais tradicionais, a alta incidência de casamentos entre índias e brancos na cidade, e o nascimento de crianças sem identidade étnica definida. Na verdade, se o fenômeno dos casamentos endógamos fosse tão corriqueiro quanto protestam alguns, os indivíduos que fizeram tal opção não seriam recriminados e não se mostrariam tão pouco à vontade quando o assunto é trazido à baila. Os partícipes de uma união endógama são chamados de "traíra" (*doê*) porque, segundo dizem os índios, "traíra come traíra".

Mas voltemos à comunidade. Pode-se dizer que o padrão de exogamia origina um recorte do campo social sobre o qual se organiza a socialidade: de um lado, os membros do grupo agnático; de outro, as mulheres vindas do exterior. Trata-se de uma distinção basilar no ordenamento das relações cotidianas entre os moradores. A análise da disposição arquitetônica da maloca barasana, por C. Hugh-Jones (1979), mostrou que a estrutura básica 'homens de dentro/mulheres de fora' está ali refletida. Às mulheres é alocado o espaço mais periférico da casa, e aos homens, representantes do grupo agnático, o espaço do centro. Hoje, não há mais malocas habitadas no lado brasileiro,[5] mas uma observação cuidadosa do croqui das comunidades e da organização do espaço interno das construções atuais não deixa dúvidas de que certos aspectos fundamentais da estrutura da antiga residência comunal aparecem ali reeditados.

A vida na maloca era organizada a partir de três princípios básicos: hierarquia entre *siblings*, separação espacial de homens e mulheres, oposição entre uma esfera doméstico-familiar e outra público-cerimonial. Ela possuía duas portas: a porta dos homens, de frente para o rio princi-

---

5 As poucas malocas que podem ser encontradas foram construídas recentemente no contexto de um movimento de resgate e valorização cultural, e não são utilizadas como residência, servindo apenas para fins rituais. Como relatei na Introdução, a casa comunal foi intensamente condenada pelos missionários salesianos, que, considerando-a insalubre e imoral, se referiam a ela como a "casa do diabo" (Béksta, 1988, p.35). As últimas malocas do lado brasileiro foram abandonadas na década de 1960. Muito embora não se deva jamais minimizar a responsabilidade dos padres no processo de destruição desse importante símbolo cultural, é importante lembrar que em áreas e épocas nas quais a influência missionária era ainda muito difusa já se encontravam residências de outro tipo. Em 1850, antes da presença de franciscanos e salesianos, Wallace constatou a existência de casas de taipa que abrigavam a família nuclear (Béksta, 1988).

pal da localidade, e a porta das mulheres, situada na extremidade oposta. Cada família ocupava um dos compartimentos distribuídos ao longo das paredes laterais, onde eram feitas as refeições familiares. Os compartimentos dos irmãos mais velhos ficavam mais próximos à porta das mulheres, na parte posterior da casa. Os homens solteiros e os visitantes dormiam fora dos compartimentos familiares, perto da porta dos homens. A parte da frente da maloca era domínio masculino, onde os homens se sentavam, trabalhavam e conversavam, e onde se concentrava a atividade ritual. Conceitualmente, tratava-se de um espaço ao mesmo tempo sagrado e social. A parte dos fundos da casa, por sua vez, era domínio feminino. Era ali que ocorriam o processamento e o preparo da mandioca e que permaneciam as mulheres e crianças durante certos momentos dos rituais das flautas, quando os homens tocavam os instrumentos cuja visão é interditada às mulheres (S. Hugh-Jones, 1979, p.108).

Christine Hugh-Jones (1979, p.246) sugere uma estrutura de organização do espaço interior da maloca baseada na articulação de dois princípios que perpassariam todos os domínios da vida social barasana:

> Há um eixo linear masculino-feminino que atravessa as duas portas, bem como um padrão concêntrico em que a periferia representa a vida familiar e doméstica, e o centro representa a vida pública, comunal. ... Esses princípios não são independentes, uma vez que, nas situações concretas, existem associações entre a atividade masculina e a comunalidade, por um lado, e a atividade feminina e a privacidade doméstica, por outro.

De acordo com a descrição da autora, a organização interna da maloca pode ser vista como expressão de um princípio geral de ambivalência sexual. S. Hugh-Jones (1993) explora esse ponto, argumentando que a casa comunal barasana assume conotações ora femininas, ora masculinas. Durante os rituais das flautas,[6] prevalece a representação da maloca como uma figura humana masculina. Nessas ocasiões, uma etiqueta rígida marca a divisão entre a parte dos fundos e a da frente. No desenrolar da vida cotidiana, porém, o espaço interior da casa, principalmen-

---

6 Para uma análise da estrutura litúrgica e simbólica desses rituais, ver o trabalho clássico de S. Hugh-Jones (1979).

te a parte de trás, adquire um ar informal e relaxado. Estaria em jogo então a integração entre os moradores que pertencem ao grupo agnático e aqueles que vêm de fora, e a casa assumiria a acepção de um útero, em seu aspecto protetor e nutridor (cf. ibidem, p.112).[7]

A essas duas projeções generizadas da casa comunal conectam-se duas formas distintas de socialidade. A primeira, ancorada nos princípios culturais de descendência agnática e de hierarquia, encontraria sua expressão mais acabada durante os rituais de iniciação, ocasiões em que os homens se reúnem para uma atividade concebida como masculina, cuja finalidade última é garantir a continuidade do *sib* por meio do contato com os ancestrais. Embora se vejam envolvidas em todo o ritual, as mulheres devem se ausentar da casa onde se realiza a cerimônia durante a execução das flautas sagradas.[8] Em suma, no momento em que os homens fazem contato com o mundo ancestral, a alteridade, representada pelas mulheres, é deslocada para a periferia da cena.

Pode-se dizer que o afastamento ritualizado das mulheres é condição da cerimônia, que se vê ritmada por sua ausência ou presença.[9] Não

---

7 Como me esclareceu Dominique Buchillet, a construção da maloca costumava ser precedida por uma operação xamânica realizada em cima da cavidade onde viria a ser fincado o esteio principal. O rito associava simbolicamente a nova casa ao útero da mulher e ao osso do homem que ali habitariam, propiciando a fertilidade do casal e assegurando a continuidade do *sib* no tempo.

8 A pena para a mulher que manipula ou vê os instrumentos sagrados é o estupro coletivo. De acordo com uma narrativa mítica comum à maioria dos grupos do Uaupés, um episódio de roubo das flautas sagradas pelas mulheres no passado teria estabelecido um período de caos social. Os homens passaram a executar as tarefas femininas e a menstruar, até conseguirem retomar os instrumentos e o controle da situação (cf. S. Hugh-Jones, 1979, p.264; Pãrõkumu & Kẽhirí, 1995, p.102-5; Diakuru & Kisibi, 1996, p.153-5). Em algumas versões, as mulheres infratoras têm as flautas enfiadas em suas vaginas, como punição. A instituição do estupro coletivo aparece também em outras regiões etnográficas das terras baixas da América do Sul, em todos os casos como castigo para infrações femininas consideradas graves (cf. McCallum, 1994, para o Alto Xingu; e Murphy & Murphy, 1974, para os Mundurukú). Todavia, tudo leva a crer que, no Uaupés, ele funciona hoje mais como ameaça simbólica do que como ocorrência real (cf. Jackson, 1990).

9 Agradeço a Dominique Buchillet por ter chamado minha atenção para este ponto.

se trata de excluí-las pura e simplesmente da cena ritual; cuida-se, sobretudo, de simbolizar essa exclusão. O ponto é importante: a exclusão das mulheres não nega a importância da alteridade para a reprodução social; antes, trata de marcá-la. Um sentido importante do ritual seria, assim, simbolizar a exterioridade das mulheres que residem na comunidade, reafirmando sua alteridade e, ao mesmo tempo, a alteridade dos grupos aos quais elas pertencem. Esse aspecto da socialidade, de viés androcêntrico e conectado à ideologia da descendência, parece ganhar relevo em todos os contextos de objetificação da identidade do grupo agnático. Afirmar tal identidade é justamente lembrar que existe diferença no interior da comunidade.

O segundo tipo de socialidade, que podemos definir como uma 'sociabilidade', permearia as relações cotidianas entre os membros do grupo local, efetivando-se ritualmente durante as festas que agregam grupos afins, das quais falaremos mais adiante. Nessas ocasiões, dois grupos locais se encontram, desempenhando a princípio papéis rituais generizados e, ao final do rito, as diferenças entre eles vão sendo diluídas pela atmosfera de congraçamento produzida pela ingestão coletiva de grandes quantidades de bebida fermentada. De caráter eminentemente igualitário e fundamentada nos valores da partilha e da corresidência, essa outra forma de socialidade teria nas relações conjugais um modelo e um campo de efetivação. Um modelo porque, no Uaupés, assim como em muitas sociedades indígenas das terras baixas da América do Sul, a relação social entre marido e mulher é o *locus* paradigmático da interdependência simétrica e da complementaridade; um campo de efetivação porque a família nuclear é o contexto primeiro para o exercício da corresidência e da partilha.

Da simetria inerente às relações entre cônjuges decorre que a diferença de posição entre homens e mulheres em relação ao grupo seja de certo modo eclipsada no plano da vida cotidiana. O processo de consanguinização levado a efeito por meio da corresidência e da comensalidade oblitera as diferenças entre os 'de dentro' e os 'de fora', e os moradores da comunidade vêm a se conceber como um só corpo simbólico, como uma comunidade de parentes. A consanguinização dos estrangeiros pela consubstanciação é tornada manifesta de várias maneiras. Exemplos:

uma FZD crescida na comunidade provavelmente deixará de ser vista como uma esposa adequada para um de seus membros, e o casamento entre eles rechaçado por seu sabor incestuoso (Goldman, 1963, p.43); homens e mulheres evitam o uso dos termos de afinidade e preferem usar a tecnonímia para referir-se a seus esposos (S. Hugh-Jones, 1993, p.117). Mas o processo de construção da comunidade de parentes como comunidade de 'similares' depende, em larga medida, de um investimento na conciliação entre os interesses individuais (ou familiares) e o interesse comunal.

Não obstante a importância da maloca como síntese material de relações conceituais e espaço codificador dos padrões de socialidade que estruturam a vida social dos habitantes do Uaupés,[10] não se pode dizer que seu desaparecimento no lado brasileiro tenha produzido algo como uma ruptura. Para explorar as continuidades, tomaremos como referência o caso da comunidade de São Pedro, onde permaneci por três semanas em 1998. São Pedro, assim como Santa Maria, são considerados bairros de Iauareté, embora estejam situados na margem oposta à Missão Salesiana. A fundação do centro missionário de Iauareté, localizado na confluência dos rios Uaupés e Papuri, data de 1927, e desde então as famílias indígenas do entorno têm se estabelecido progressivamente ali.[11]

A travessia de canoa, necessária para que os habitantes de São Pedro e Santa Maria cheguem ao núcleo de Iauareté, requer uma certa perícia e algum dispêndio de energia por causa das cachoeiras que imprimem violência às águas naquele trecho. Isso concorre para o relativo isolamento da população dessas duas comunidades, em comparação com os bairros localizados do outro lado do rio, onde funcionam o pelotão de

---

10 Em um artigo de 1993, S. Hugh-Jones fez uso da noção de "casa" (*maison*) – elaborada inicialmente por Lévi-Strauss para descrever e situar teoricamente os sistemas cognáticos – como instrumento heurístico para tentar dissolver a ambiguidade saliente no caráter andrógeno da casa e no duplo *ethos* da vida comunal tukano. Uma importante contribuição de Hugh-Jones em seu artigo foi direcionar o foco da discussão para as relações entre a estrutura arquitetônica da maloca e os princípios de classificação do universo sociológico tukano.

11 O centro misisonário de Iauareté possui atualmente 2.659 habitantes (ISA-FOIRN, 2001).

De volta ao Lago de Leite

fronteira do Exército, o hospital e o colégio administrados pelos religiosos, e onde ocorre a maior parte da atividade comercial, atualmente controlada inteiramente por comerciantes indígenas. Alguns moradores de São Pedro acreditam que esse maior distanciamento é benéfico, entre outros motivos, porque dificulta a aproximação entre as moças e os soldados "de fora", aquartelados em Iauareté. As pessoas que não trabalham ou estudam costumam fazer a travessia apenas por uma necessidade ou por um propósito específicos, podendo assim permanecer dias sem sair da comunidade, afastadas do burburinho mais tipicamente urbano. A escola frequentada pelas crianças pequenas de São Pedro funciona em Santa Maria.

A ocupação masculina original do território de Santa Maria é tariana, mas hoje vive ali também uma quantidade expressiva de homens de outros grupos exógamos. São Pedro é ocupada majoritariamente por homens Tariana e suas mulheres. Ambos os bairros eram um só até que uma parte dos habitantes de Santa Maria constituiu São Pedro. Já no final da década de 1970, as duas patrilinhas de São Pedro (os Aguiar e os Pinheiro) ocupavam o seu território atual, separados dos outros moradores de Santa Maria por uma pinguela sobre um igarapé (Oliveira, 1981, p.136), mas a criação oficial e a nomeação do novo bairro são fenômeno recente. Seguindo a pista deixada por Oliveira, podemos imaginar que a cisão tenha sido motivada por antigas disputas de precedência hierárquica em Santa Maria entre os Aguiar e os Araújo, que competiam pelo título de 'irmão maior'. Moradores de São Pedro, porém, preferem uma outra versão para os fatos. Segundo me contaram, a separação oficial dos dois bairros deveu-se à insatisfação dos padres com a forma como os índios referiam-se ao território hoje ocupado pela comunidade de São Pedro. Este era chamado tradicionalmente, em tukano, *Kõrê Yõa*, por causa de uma pedra de forma arredondada na parte de baixo e pontuda na parte de cima. O significado de *yõa* é 'ponta', denotando o acidente geográfico; *kõrê* é o termo para o pássaro 'pica-pau', mas possui uma conotação erótica, de caráter vulgar, referindo-se ao órgão genital feminino.

Os cerca de cem moradores de São Pedro são considerados habitantes de Iauareté, frequentam o comércio e participam das atividades da

73

Igreja católica local. Além disso, utilizam a energia fornecida pelo gerador da CEAM (Companhia de Eletricidade do Amazonas). Quando um aviso ou recado dos padres é transmitido pelo alto-falante a toda a população do povoado, os moradores de São Pedro interrompem suas atividades para prestar atenção à mensagem transmitida. Todavia, eles concebem-se primordialmente como uma comunidade de parentes, com vida social autônoma, e cujo cotidiano é apenas tangenciado pelo calendário da Missão e pelas atividades profissionais que alguns deles exercem do outro lado do rio.

As casas habitadas pelas famílias nucleares ou extensas de São Pedro reproduzem em sua disposição interna alguns princípios organizativos básicos da grande casa comunal de outrora. Possuem, em geral, uma área frontal interna, reservada a visitantes ou hóspedes. (Todas as vezes em que estive hospedada em comunidades ou sítios no Uaupés, minha rede foi estendida pelos anfitriões próximo à porta de entrada.) É nessa parte que os visitantes costumam ser recebidos e servidos de comida ou bebida. Em uma área nos fundos da casa, ou em uma construção anexa, funciona a cozinha, onde ficam o forno e os outros instrumentos de processamento da mandioca. As habitações podem possuir cômodos ou não. Quando possuem, eles abrigam famílias nucleares ou indivíduos. Uma preocupação constante de minha anfitriã em São Pedro é viabilizar financeiramente a ampliação da casa, visando à construção de quartos separados para os filhos, pensando no futuro não muito distante em que haverá noras residindo com ela. Assim como, no passado, os compartimentos familiares da maloca iam se multiplicando à medida que os casamentos tornavam-se sólidos – durante um tempo inicial, o jovem casal podia dormir no compartimento dos pais do rapaz (C. Hugh-Jones, 1979, p.48) –, as residências tendem a aumentar de tamanho até que um homem resolva construir uma casa separada para morar com sua mulher e seus filhos.

A organização do espaço por sexo, que determinava a forma de utilização da área interna da maloca sobretudo durante a atividade ritual, incide hoje com mais evidência sobre o lugar destinado às reuniões, festas e refeições comunais: o centro comunitário. Trata-se de uma estrutura de tamanho variável, quadrangular ou circular, porém ampla o suficiente para comportar toda a comunidade e permitir a realização de festas. Possui duas portas: a principal, para os homens, e a secundária, para as mulheres. A rigidez na utilização das duas portas varia de acordo com o lugar e com a ocasião. Onde essa etiqueta é severamente observada, uma menina pequena pode ser publicamente repreendida por ter usado a porta errada. As mulheres de São Pedro raramente fazem uso da porta a elas destinada, e a comunidade tende a se reunir perto da porta principal, masculina. Não obstante, a linha imaginária que liga as duas entradas funciona como eixo em torno do qual a ocupação do espaço é organizada, como terei oportunidade de mostrar. Em geral, uma vez no centro comunitário, marido e mulher não se sentarão lado a lado, mas o princípio de segregação sexual não opera com a mesma intensidade em todos os contextos de reunião.

Eis alguns exemplos que ilustram como pode variar a ênfase na ocupação diferencial do espaço por sexo. Durante a semana, uma parte dos adultos da comunidade reunia-se de manhã bem cedo no centro comunitário para rezar. A composição do grupo não era sempre a mesma: alguns indivíduos deixavam por vezes de comparecer por conta de compromissos profissionais, domésticos, ou simplesmente por não estarem dispostos a participar. Sob a direção da catequista e do capitão da comunidade,[12] os presentes cantavam músicas cristãs e rezavam. Não se observavam padrões rígidos de ocupação do espaço, apenas uma tendência a que homens e mulheres sentassem separados. Dito de outro modo, havia sempre espaços em que predominavam os homens e outros em que predominavam as mulheres. Terminada a oração, o grupo mantinha conversas descontraídas e animadas. Algumas mulheres, entre as quais sempre estava a mulher do capitão, depositavam no chão panelas com beiju e quinhapira (caldo de peixe apimentado). Realizava-se então uma refeição comunal, da qual os homens em geral se serviam primeiro. O capitão aproveitava a ocasião para falar sobre algum assunto de interesse comum, exortando as pessoas ao trabalho coletivo para a construção de uma capela ou de um poço para captação de água da chuva.

---

12 Os cargos de liderança comunitária serão apreciados de forma mais detalhada adiante. Por ora, basta registrar que o capitão ocupa uma posição de chefia.

Durante o período que antecedeu o Natal, os moradores da comunidade dedicaram-se a uma novena. Em cima de uma pequena mesa eram dispostas diariamente, à tardinha, a imagem de Nossa Senhora com o Menino Jesus no colo, uma vela acesa e um jarro com flores. As famílias se revezavam na arrumação do centro para os encontros. Os bancos, normalmente encostados nas paredes, eram dispostos em fila, em frente ao altar improvisado. O capitão presidia a novena, com base no livreto distribuído pelos missionários para esse fim (Centro de Pastoral Popular, 1998). Lia em português os textos especificados para cada um dos nove dias e traduzia para o tukano, fazendo uma espécie de preleção sobre o assunto abordado. Assim como durante as rezas matinais, observava-se uma organização apenas difusa em linhas sexuais (Figura 3, página seguinte).

A organização do espaço em linhas sexuais ganhava contornos mais nítidos em determinados eventos, como numa refeição comunitária após uma bem-sucedida pescaria coletiva com timbó, em um igarapé próximo. Cada família destinou parte do peixe coletado ao consumo comunal. À tarde, as mulheres depositaram no chão do centro comunitário panelas com beiju, quinhapira e mujeca (prato à base de peixe) que haviam preparado em suas casas. O grupo dos homens serviu-se primeiro e logo depois o das mulheres, segmentado em dois: casadas e solteiras. Os três grupos, homens, mulheres casadas e mulheres solteiras, nessa ordem, dispuseram-se ao longo do eixo porta dos homens–porta das mulheres (Figura 2, idem).

Outro evento em que alocação diferencial dos sexos no espaço assumiu ares mais rígidos foi a festa em comemoração à formatura de três jovens da comunidade que haviam concluído o segundo grau no Colégio São Miguel, de Iauareté. Realizado no final da tarde, o evento foi organizado e patrocinado pelas famílias dos homenageados. Postados nos bancos dispostos ao longo das paredes – homens de um lado, mais próximos à porta principal, mulheres do outro, perto da porta secundária –, os moradores da comunidade ouviram atentos o elogio aos formandos proferido pelo capitão. Após uma oração iniciada pela catequista, homens e mulheres serviram-se, ao mesmo tempo, da refeição arranjada em cima da mesa. Os talheres, copos e pratos haviam sido previamente arrumados, estes últimos já servidos de arroz, feijão e frango. Em cima da mesa havia também uma jarra com refresco de groselha e recipientes repletos de balas. As crianças almoçaram depois dos adultos, do lado de fora da construção, próximo à porta das mulheres (Figura 1).

Terminada a refeição, todos voltaram a seus antigos lugares para aguardar o início das inúmeras rodadas de caxiri, bebida fermentada produzida pelas mulheres. Dessa vez, os homens foram os primeiros a ser servidos. Segurando as panelas cheias, as mulheres da comunidade faziam fila na frente de cada participante oferecendo-lhe uma cuia. Nos últimos dois ou três dias, elas haviam investido boa parte de seu tempo no preparo do caxiri, e era notável seu orgulho pela qualidade da bebida que produziram. Porém, nem todas as mulheres prepararam bebida para a ocasião. Mais adiante, farei algumas considerações a respeito, sugerindo uma explicação que remete à estrutura de prestígio da comunidade.

Podemos concluir a partir de nossa exposição que alguns princípios ordenadores da vida social aparecem reproduzidos no contexto da comunidade ribeirinha. O centro comunitário ocupa, hoje, o espaço físico e conceitual da parte central da casa coletiva, lugar de realização das cerimônias. Embora as oportunidades de observação não tenham sido suficientes para arriscar qualquer formulação mais conclusiva, gostaria

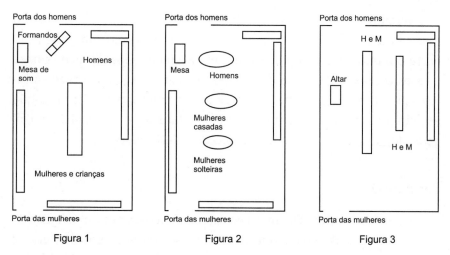

Obs.: os desenhos não estão em escala.

de fazer algumas considerações sobre o papel da separação espacial dos sexos nos eventos acima descritos. Como vimos, nas duas ocasiões em que uma divisão do espaço em linhas sexuais pôde ser observada de forma quantificável – a festa de formatura e a pescaria com timbó –, os moradores de São Pedro estavam reunidos no centro comunitário para celebrar algo que era concebido como de interesse comum. Nesses momentos, investia-se fortemente na ideia de que todos compartilham expectativas e propósitos. Na festa de formatura, por exemplo, o discurso do capitão reconhecia o esforço dos três formandos e de suas famílias, mas a obtenção do diploma era citada também como matéria de orgulho para todos os moradores da comunidade. Além disso, a preparação e a realização desses eventos requereram um grau de formalidade que não seria possível se o ânimo coletivo não tivesse sido estimulado a contento. A oração diária e a novena de Natal, por sua vez, são procedimentos habituais, que fazem parte da rotina dos moradores que se envolvem com as atividades da Missão, e cuja realização depende bem menos do investimento na noção de comunidade. Se é verdade, então, que a separação dos sexos adquire contornos mais rígidos nas ocasiões em que a comunidade se reúne *como comunidade,* é possível tomá-la como expressão da ideia de que a comunidade só é possível porque ali dentro existe diferença, a oposição homens/mulheres metaforizando a oposição interno/externo.

Veremos, a seguir, que a ênfase na separação conceitual entre o masculino e o feminino, atualizada no Uaupés como uma distinção entre o interior e o exterior, é um tema frequente nas festas de caxiri. Nesses contextos, em que o objetivo perseguido é muitas vezes a integração entre grupos cujas relações são marcadas pela diferença que ao mesmo tempo os separa e os une, o estatuto da mulher não deixa, contudo, de estar marcado pelo signo da exterioridade.

Festa de caxiri

As festas de caxiri são um traço característico da cultura indígena do Alto Rio Negro. A bebida, que costumava ser servida também durante os rituais de iniciação, as cerimônias de luto e de nominação (Goldman,

1963, p.203), é atualmente preparada para eventos comemorativos e para as festas periódicas de dádiva, denominadas regionalmente pelo termo em língua geral[13] *dabucuri*. Em Tukano, diz-se *po'ó*, que significa 'fazer oferta' (cf. Ramirez, 1997). Os *dabucuris* dão ensejo à ingestão do alucinógeno *kapí* (*Banisteria caapi*) e ao consumo de *ipadu* (*Erythroxylum cataractum*) e de tabaco (Ribeiro, 1995, p.25). Seu evento central é o oferecimento de alimentos e presentes artesanais especializados por parte de um dos grupos que se encontram, que são em geral afins efetivos. Os anfitriões recebem os convidados com a maior quantidade possível de caxiri. Os convidados, por sua vez, oferecem a seus hospedeiros produtos do trabalho masculino, como frutas, peixe e carne, que serão reciprocados em outra ocasião. Nesse ritual, as relações de afinidade entre os dois grupos são representadas por meio de uma imagística de gênero, inspirada na relação de complementaridade econômica entre esposos: a comunidade anfitriã comporta-se como a mulher que transforma a mandioca em caxiri, enquanto a comunidade convidada atua como o marido que provê a família de carne ou peixe (S. Hugh-Jones, 1993, p.101). No decorrer do evento, a diferença entre os grupos que se encontram vai sendo desmarcada pela comensalidade, assim como ocorre com marido e mulher no curso da vida cotidiana.

A bebida fermentada produzida pelas mulheres possui um papel de extrema relevância nos *dabucuris* do Uaupés. Receber os hóspedes com grandes quantidades de bom caxiri é um índice de abundância de recursos (entre os quais mandioca e trabalho feminino) e de alta moral coletiva, ao mesmo tempo refletindo e conferindo prestígio. Mulheres descontentes não se disporiam a trabalhar o tanto que é necessário para produzir caxiri; por conseguinte, uma comunidade que recebe seus convidados com muita bebida demonstra um grau considerável de harmonia interna. Além disso, é o estado de embriaguez pelo consumo de caxiri produzido pelas mulheres que cria o ambiente de relaxamento

---

13 A língua geral ou *nheengatu* tem sua base em línguas do tronco tupi e foi utilizada na comunicação entre índios, missionários e militares na época colonial; atualmente é falada por populações indígenas e não indígenas da Amazônia. É a língua usada pelos Baré e por parte dos Baniwa do rio Negro.

propício para que os visitantes sejam temporariamente integrados à comunidade, como se a ela pertencessem.

Vejamos a descrição fornecida por Ribeiro (1995, p.61) de um *dabucuri* "de antigamente", em uma maloca desana:

> ... duravam três dias. O grupo convidado, ao encostar as canoas no porto, era recebido pelo grupo hospedeiro com paneladas de caxiri ... Só depois de consumirem isto, eram instados a entrar na casa. Enquanto tomavam caxiri, pintavam-se e adornavam-se. Instalados no setor de hóspedes da maloca, voltavam ao porto para levar as oferendas, que eram depositadas no pátio central interno. O caxiri continuava a ser servido ao longo do dia, à noite e no dia seguinte até o entardecer, quando todos se recolhiam a suas redes. Ao mesmo tempo executava-se danças de homens e mulheres ao som da flauta *japurutu* ... No terceiro dia, pela manhã trocavam-se e consumiam-se as comidas ... Após essa refeição, o grupo convidado se retirava. Às mulheres, principalmente às mais velhas, e às crianças, era servida uma refeição no primeiro e [no] segundo dias.

O grupo que visita é o *doador*, pois o que se considera como dádiva, nesses eventos, são os produtos comestíveis oferecidos. A troca não é imediata: os doadores aguardarão a retribuição das oferendas em outra ocasião, quando seus parceiros na troca irão visitá-los em sua própria comunidade, para levar a contraprestação e consumir o caxiri que será produzido pelos então anfitriões. Os itens reciprocados devem ser equivalentes em quantidade e valor aos itens recebidos. Mas esse modelo pode sofrer algumas modulações, como sinalizou Chernela (1993, p.116) ao descrever a troca cerimonial entre comunidades ligadas por vínculos agnáticos. A relação hierárquica entre *sibs* de um mesmo grupo exógamo estabelece acesso diferencial a recursos naturais. Segundo a autora, as convenções das festas de dádiva entre agnatos, pela promoção de uma espécie de redistribuição, reduzem o potencial de conflito que a alocação desigual dos recursos pode incitar. A troca ali também não é imediata, mas, ao contrário do que aconteceria entre grupos afins, apresenta caráter assimétrico. Na troca formalizada, e em outros contextos de interação social, espera-se sempre que os *sibs* de maior prestígio sejam generosos com seus irmãos mais novos. Esse é o princípio que governa o valor dos itens trocados na festa. O *sib* de mais alta hierarquia deve dar início à troca e fazer doações cujo valor ultrapasse o dos itens que receberá. Por tudo isso, as festas de dádiva podem ser entendidas como eventos em que se sublinha a natureza das relações entre os grupos que se encontram.[14]

Há ainda um outro tipo de evento, muito comum, designado pelo termo *caxiri*, por causa do papel central conferido à ingestão da bebida de mesmo nome. Os caxiris são atualmente organizados para comemorar a realização de trabalhos coletivos ou datas festivas, como dias santos, dia dos pais etc. Cada família da comunidade contribui com a comida de que dispõe e com a bebida que é capaz de produzir. "Dança-se ao som do cariço (flauta de Pã). Os homens mais idosos se reúnem para conversar, cantar, e tomar *ipadu*" (Ribeiro, 1995, p.62).

Goldman (1963, p.203-18) forneceu uma descrição detalhada e vívida de uma festa de caxiri observada entre os Kubeo. Embora reunindo *sibs* do âmbito da seção exógama, e portanto não parceiros nas trocas matrimoniais, a festa kubeo apresentava uma feição marcadamente erótica. Homens e mulheres esforçavam-se por se tornar atraentes, mas os homens concebiam a performance feminina como mais aberta e agressiva. Isso é condizente com uma representação bastante pervasiva entre os Tukano: vista como elemento social diruptivo, a mulher é culpada pelos relacionamentos adúlteros e percebida como ameaça potencial à solidariedade entre os irmãos. Esse assunto será discutido no próximo capítulo, mas faz-se oportuna uma breve descrição das formas de investimento na sedução sexual de que homens e mulheres lançavam mão no contexto das festas.

Ainda segundo Goldman (ibidem, p.215), entre os Kubeo, mulheres solteiras e casadas enfeitavam os cabelos com pequenos ramos de flores. No entender dos homens, isso funcionava como uma declaração

---

14 Chernela (1993) fala ainda de um terceiro modelo de troca cerimonial que vigora nos *dabucuris* realizados entre índios ribeirinhos e índios Maku. A prestação e a contraprestação (produtos cultivados por carne de caça e cestos cargueiros) são realizadas no decorrer do mesmo evento, pois o caráter assimétrico das relações entre os parceiros institui um padrão de relação não duradoura – assimetria, aliás, de natureza distinta daquela que organiza as relações entre *sibs* irmãos, uma vez que, do ponto de vista dos grupos de língua tukano, os Maku não compartilham plenamente com eles uma mesma humanidade.

de intenções sexuais. Os homens não sabiam dizer, contudo, se o enfeite possuía poderes afrodisíacos inerentes, tal como certas plantas entre as conhecidas genericamente como puçangas (*bará*), usadas por homens e mulheres para fins eróticos variados, ou se retirava sua força da atitude provocativa que simbolizava. Os homens jovens banhavam-se no rio e retornavam à maloca com ramos de ervas aromáticas presos pelo cinto no dorso, na altura do quadril. Uma senhora Tukano, hoje residente em São Gabriel, cujo prazer em rememorar sua juventude rendeu-me deliciosas conversas, lembrava com saudade o tempo em que podia sentir "aquele cheiro bom dos rapazes quando entravam na festa com a puçanga presa no quadril [isto é, no cinto] e o rosto pintado de carajuru". Durante a dança do *cariço*, recordava, o rapaz apertava a mão da moça para demonstrar seu interesse, ao que ela podia ou não retribuir.

Relações sexuais pré ou extraconjugais são desdobramentos característicos dessas festas. Nas ocasiões que reúnem pessoas de dois ou mais grupos exógamos, as possibilidades se alargam significativamente, alavancadas pela atmosfera de enlevação sensual que pouco a pouco se generaliza à medida que os participantes se embriagam mais e mais. Porém, em um caxiri frequentado apenas por mulheres da própria comunidade, o leque de opções para um homem se torna mais estreito. É verdade que relacionamentos sexuais com esposas de agnatos ocorrem, e por vezes se tornam relativamente estáveis, mas são uma fonte potencial de ressentimento e conflito no interior do grupo local. No caxiri de São Pedro, por ocasião da festa de formatura, os casais que observei dançarem no início da festa compunham-se de primos paralelos patrilaterais ou tios e sobrinhas. O forró erotizado com a prima solteira – roçar de coxas, ventres colados – pode ser menos comprometedor do que dançar de forma cerimoniosa com a cunhada. Das mulheres casadas, apenas as mais idosas dançavam, em muitos casos aos pares.

Com a ajuda da bebida fermentada – e da cachaça que presumo ter sido consumida por algumas pessoas fora do centro comunitário –, a festa foi rapidamente evoluindo para um clima inebriante de contentamento, ao som do forró que tocava no aparelho de som colocado na entrada principal do centro e que pouco a pouco movimentava cada vez mais casais improvisados na pista de dança. Depois de horas de dança

De volta ao Lago de Leite

ininterrupta e inúmeras rodadas de caxiri, já alta madrugada, as mulheres de São Pedro começaram a improvisar cantigas que versavam basicamente sobre o fato de serem casadas com homens Tariana, descritos ali como "homens fortes, que bebem mas não ficam bêbados". Do lado de fora do centro comunitário, uma mulher casada exclamava repetidamente: "eu sou índia, sou mulher do Tariano, mulher do *Ka'yaáro* [alusão ao *sib*]". Outras faziam-lhe coro, tecendo loas a seus próprios maridos.

Homens e mulheres tornam-se mais expansivos em noite de festa, numa inversão bastante visível do padrão de moderação que regula o comportamento cotidiano. Mas nem tudo são flores em uma festa de caxiri: a mesma comoção que faz ecoar em bom som o orgulho das mulheres pelo marido que têm, pode extravasar ressentimentos há muito recônditos, ou transformá-los em fantasias de desrespeito e traição. Cada caxiri é uma reedição de conflitos eclipsados cotidianamente pelo ideal de controle e restrição. Cada festa fornece novo contexto para catarse emocional: *"The drinking party roils up feelings to the point where what has been latent erupts forcefully into the open"* [A festa turva as emoções até o ponto em que aquilo que estava latente irrompe com força] (Goldman, 1963, p.215). Na euforia de uma festa, todos muito embriagados, rusgas de ciúme entre marido e mulher derivam para a troca de denúncias e violências físicas. Contendas entre parentes ou afins se desenvolvem com base em acusações de vários tipos: adultério, sovinice e outras formas de comportamento social inadequado. Hoje, importantes fontes de conflito familiar são o alcoolismo de jovens e adultos e a atividade sexual das moças. As mães solteiras costumam ser vítimas de hostilidades durante as festas, em geral por parte de suas próprias famílias. Um dos conflitos de consequências físicas e morais mais marcantes que presenciei desenrolou-se entre uma moça nessa condição e sua mãe.

Homens que residem permanentemente em comunidades às quais não pertencem por nascimento também podem ser alvo de ataques verbais que expõem a ilegitimidade de sua condição de morador. Uma acusação desse tipo é muito desconcertante por causa do papel crucial que os índios do Uaupés conferem à noção de 'pertencimento' na constituição da identidade social. Os direitos ancestrais de residência num determinado ponto do território – direitos que, como vimos, remontam ao tempo da criação dos humanos no bojo da grande cobra-canoa – não estão apenas relacionados a questões de ordem econômica, como a possibilidade de explorar este ou aquele recurso. Eles evocam outras noções carregadas de valor social, como a ideia de estar no lugar certo, de viver no lugar ao qual se pertence. Para traduzir a palavra *wanana* que designa o indivíduo que reside com seu grupo de origem, Chernela (1993, cap. 6) utiliza o termo "aquele que pertence" (*"the belonging one"*) em oposição a "aquele que vive misturado" (*"the mixed one"*).

Como já vimos, uma série de circunstâncias pode levar um homem a deixar seu grupo de origem. Quanto às mulheres, por conta da regra de residência virilocal, seu destino é viver misturadas. Quando uma mulher casa-se com seu MBS ou com outro homem do grupo local onde nasceu sua mãe, o problema pode ser relativamente atenuado, uma vez que ela vai residir em uma comunidade onde possui parentes. Nesse caso, seu *status* é menos marcado pela ideia de mistura, pois ela possui ligações que lhe garantem uma certa dose de pertencimento. Mas para as mulheres que se casam com homens pertencentes a grupos nos quais elas não possuem tios ou tias, torna-se mais difícil reduzir a angústia de morar longe de sua comunidade de nascimento. Nas litanias *wanana*, analisadas por Chernela (1993), tais sentimentos são expressos de forma contundente. Os pequenos textos cantados soam como lamentos. Em uma dessas cantigas, duas mulheres Tariana se alternam para falar sobre o fato de viverem "misturadas": "... Nós sofremos. Nascemos para ficar junto de nossos pais. Nascemos para sofrer assim. Minha irmã menor,[15] nós que padecemos, só as mulheres Tariana passam tristeza assim. Atadas aos lugares, cheias de sofrimento" (ibidem, p.77-8).

A exterioridade das mulheres também aparece como tema recorrente nas cantigas femininas analisadas por Piedade (1997) em uma comunidade de homens Tukano. As cantoras assumem-se deslocadas em meio aos parentes do marido, ao mesmo tempo que afirmam categoricamente sua identidade étnica. Isso fica muito claro nos seguintes trechos de uma das performances registradas pelo autor: "Como sou mulher, vivo

---

15 Chernela explica que as duas cantoras não são irmãs reais. Tratam-se como irmãs por pertencerem ao mesmo grupo, e o termo "menor" faz referência à diferença de *status* entre os respectivos *sibs*.

perdida por aqui, vivo perdida por aqui. Se fosse homem, viveria nas terras de meu pai, transformada em esteio eu estaria" (ibidem, p.86).

As cantigas femininas são parte integrante da estrutura litúrgica do encontro festivo de duas comunidades. Enquanto serve caxiri a uma das convidadas, uma mulher residente na comunidade anfitriã oferece-lhe um improviso, que deverá ser retribuído logo depois que a porção de bebida tenha sido consumida.[16] A cantiga é executada na língua da cantora e, em geral, faz referência à proximidade/distância entre esta última e os diversos segmentos de sua audiência, codificando, assim, relações de identidade e alteridade.

Uma situação que vivenciei em Iauareté é bastante ilustrativa. A certa altura do caxiri em São Pedro, minha anfitriã me chamou para um canto onde se encontravam outras três mulheres e disse: "liga o seu gravador que agora eu vou cantar para você", improvisando em seguida, em tukano:

> Minha nora, minha norinha. Fala para você a esposa do Tarianinha ... Fala a nora da Wanana, fala a pequena esposa do Tariana. ... É minha nora, eu a tenho por minha nora ... Digo para você, Cristiane: que farei com a mulher que vem de longe? "Não te tratarei como minha parente", respondeu-me a mulher branca, a mulher branca, a mulher branca ...[17]

O que se vê aqui é a cantora fazendo deslizar em minha direção os atributos de exterioridade que modelam sua relação com a comunidade em que vive. Enquanto me chama de *nora*, define-se também como *nora* de outra mulher. Assim, em um primeiro momento, nossas respectivas posições 'estrangeiras' nos aproximam. Vinda de fora, eu estava morando em sua casa. Porém, enquanto uma nora poderia vir a tratá-la como parente, ao longo e por meio da convivência cotidiana, parece que minha identidade de mulher branca definitivamente nos afastava. A metá-

---

16 Cf. Chernela (2003) para uma análise recente da estrutura semântica e linguística dessas performances. Nesse trabalho, a autora também demostra que, por intermédio das cantigas, as mulheres "articulam suas próprias experiências aos processos da sociedade, como também as complexas formas de conexão e separação entre diferentes entidades sociais" (p.31).

17 Foram suprimidos trechos que se repetem.

fora espacial, cuja força vem indicada no improviso da cantora, aparece, no Uaupés, em vários contextos de conceituação das diferenças, seja entre membros de grupos exógamos distintos, seja entre brancos e índios. Mas reservemos essa ideia para outro momento, pois ela de certo modo antecipa nossa discussão principal.

Por ora, notemos que, se por um lado, vir de longe – e deve estar claro que me refiro aqui à distância tanto social como física – constitui um problema para as mulheres, por outro, elas capitalizam o fato de seu marido e seus filhos pertencerem ao lugar em que a família mora. Em São Pedro, durante as festas, as mulheres pareciam aliviar-se do incômodo provocado pelo aspecto estrangeiro de sua própria identidade por meio da exaltação da identidade do marido. Embora seja melancólica a situação de quem se vê afastada de seu grupo de origem, acompanhar o marido é parte da 'carreira' feminina e aspecto importante da identidade cultural de esposa e mãe. Nos casos em que a regra virilocal não é observada, o problema da incompatibilidade entre identidade social e lugar de residência pode afetar o prestígio de toda a família, inclusive o da mulher, sobretudo quando o casal vai habitar uma comunidade fortemente estruturada pelo princípio de descendência agnática, como é o caso de São Pedro. Pelos mesmos motivos, filhos de mães solteiras que nascem e/ou crescem com o grupo materno têm seu *status* social comprometido. O problema não é minimizado se o pai da criança é branco. Ao contrário, a opacidade de sua identidade social e a ilegitimidade da condição de morador tornam-se até mais ressaltadas: "ele tem que ir para junto do pai", ouvi de uma mulher que se referia a uma criança em tal situação.

O papel da agnação em São Pedro

A organização do espaço reflete não só a oposição interior/exterior, mas também o vigor dos nexos agnáticos que fundamentam o pertencimento à comunidade. Na época em que estive lá, São Pedro era composta por dezesseis famílias constituídas em torno de homens Tariana, pertencentes a dois *sibs*. A localização das casas expressava nitidamente a segmentação social da comunidade, em que a afiliação ao *sib* era o princípio operante. Numa inversão intrigante do modelo de organização sociotopográfica, as casas dos homens do *sib* inferior, os Ka'yaáro, ficavam mais a jusante, e logo acima situavam-se as casas dos Oáparo po'rã, seus chefes.

Ao mesmo tempo que o pertencimento a *sibs* diferentes promove um recorte espacial da comunidade, todos os homens dizem considerar-se irmãos e procuram afirmar esse vínculo sempre que possível (por exemplo, chamando as esposas dos homens de sua geração de "cunhadas" e sendo tratados da mesma forma por elas). Ao fazer referência à classificação hierárquica dos dois grupos, os moradores insistiam em remeter sua efetividade ao passado. Na fala de um Ka'yaáro: "antigamente minha tribo era escrava da tribo deles [dos Oáparo po'rã], eles eram nossos chefes. Mas hoje em dia ninguém é melhor do que ninguém, pois agora o estudo é que importa, quem tem estudo é que é superior".

Embora hoje o acesso à escola e às mercadorias configure uma via alternativa de obtenção de prestígio, como veremos mais adiante, há ainda assim indícios de que a hierarquia entre os diversos *sibs* Tariana continua a permear as suas relações, em muitos contextos. Vejamos alguns exemplos. Os Tariana hoje usam o tukano como sua própria língua. Recentemente, dois *sibs* 'de servo', cujos membros ainda conheciam o idioma tariana, tomaram a iniciativa de criar um Centro de Valorização da Língua e Cultura Tariana, em Iauareté, com o objetivo de ensinar a língua e as narrativas míticas às gerações mais jovens. *Sibs* de alta posição na hierarquia, cujos membros são tukano-falantes, inicialmente apresentaram certa resistência em participar do movimento de resgate liderado pelos 'servos', questionando a legitimidade destes para falar em nome do povo Tariana, como observou-me pessoalmente Dominique Buchillet.

Outro exemplo é o da prerrogativa da chefia em São Pedro. À época de minha estada, o capitão e seu vice, irmãos reais, pertenciam ao *sib* Koivathe, e assim tem sido desde que São Pedro desmembrou-se de Santa Maria. Mas até onde compreendi, ser Koivathe é condição necessária, porém não suficiente para que um homem seja eleito capitão da comunidade. Também é preciso que ele possua recursos materiais para pagar a conta de luz do centro comunitário e oferecer boa parte da merenda nas ocasiões de trabalho coletivo. Os índios explicam que, nos dias de hoje, o estudo é tão importante quanto o *status* relativo do *sib* para que um homem se torne capitão, pois quem não tem estudo encontra mais dificuldades em conseguir emprego e, consequentemente, obter uma renda mensal fixa. As famílias que não possuem rendimento razoável em dinheiro, proveniente de trabalho assalariado ou aposentadoria, geralmente precisam recorrer a expedientes como a venda ou troca de farinha para adquirir produtos industrializados, roupas, sapatos, utensílios domésticos etc. É preferível que o capitão esteja liberado dessa necessidade para que possa destinar parte da capacidade produtiva de sua família à produção de comida a ser servida nas reuniões coletivas.

Chernela (1993, caps.7 e 9) descreve para os Wanana uma situação em que o exercício da chefia pressupõe o controle sobre três aspectos cruciais da vida social: o produto da pesca, o trabalho coletivo e a atividade ritual. Quanto ao primeiro aspecto, o chefe detém, com base no usufruto, o controle sobre determinados implementos de pesca que lhe garantem o monopólio de grande parte da produção do grupo. Mas controle, ali, implica a obrigação de distribuir. Um chefe notório por sua capacidade de distribuir o produto satisfatoriamente obtém mais êxito em coordenar o trabalho coletivo. A chefia é uma prerrogativa do homem de mais alto *status* na comunidade, o irmão mais velho de todos, aquele que representa a 'cabeça' do grupo. A metáfora tem duplo sentido. Ele é a 'cabeça' porque organiza, lidera e fala pelo 'corpo' (ou pelo todo), e também porque, entre todos, está mais próximo da cabeça da cobra grande ancestral (ibidem, p.126-7).

Não obstante a legitimidade da posição do chefe, seus subordinados podem recusar-se a empreender projetos coletivos sob sua coordenação. Com a reputação abalada, é provável que ele tenha sua posição questionada pelo grupo. No passado, um indicador claro do prestígio de um chefe na comunidade era seu sucesso no comando da construção de uma nova maloca. A quantidade e a intensidade de esforço coletivo e espírito comunal requeridas para uma empreitada desse vulto a tornavam impossível para um chefe fracamente apoiado (Jackson, 1983, p.31).

De volta ao Lago de Leite

A principal tarefa do capitão de São Pedro é manter a comunidade unida. Para tanto, ele preside as reuniões no centro comunitário, incitando os ânimos para a realização de festas e organizando o trabalho coletivo. O exercício da chefia recai inteiramente em suas mãos, mas em outros lugares pode-se dividir entre a figura do capitão, representante reconhecido pelos missionários, em geral investido no poder com o apoio deles, e uma liderança de molde tradicional, recrutada com base no sistema de descendência, e da qual os padres podem nem mesmo vir a tomar conhecimento (cf. ibidem, p.67; Chernela, 1993, p.134).

O capitão de São Pedro parece reunir qualidades que ao mesmo tempo legitimam sua autoridade com referência ao sistema de descendência e preenchem as expectativas dos missionários. Sua mulher está sempre entre as primeiras a depositar panelas com beiju e quinhapira para as refeições que se seguem às reuniões comunitárias. Na festa de formatura antes mencionada, ela produziu uma boa quantidade de caxiri, seguida por outras mulheres cujos maridos também pertenciam ao *sib* Koivathe. Algumas esposas de homens do *sib* Kayaroa também produziram bebida, mas a maior parte foi trazida do outro lado da comunidade. A diferença de compromisso com a produção de caxiri – o maior envolvimento dos Koivathe e de suas famílias – é coerente com a conformação do sistema de prestígio dos *sibs*, o de mais alta hierarquia possuindo a obrigação de dar mais do que recebe de seu irmão mais novo.

Porém, tudo leva a crer que a organização do prestígio no Uaupés esteja sofrendo inflexões significativas nos últimos tempos, por conta da crescente valorização da capacidade de consumir bens ocidentais, sejam eles energia elétrica, frangos congelados ou tamancos de salto para as meninas. Indivíduos com maior grau de escolarização contam com mais possibilidades de acesso a uma renda mensal proveniente de trabalho assalariado. Com isso, podem adquirir mercadorias e incorporar alguns traços bastante valorizados do estilo de vida dos brancos. Entre os bens de consumo ocidentais possuídos por boa parte das famílias de São Pedro estão geladeira, fogão, televisão, aparelho de som, fitas cassete, utensílios de cozinha, certas peças de vestuário. Muitos itens alimentares vistos pelos índios como 'comida de branco' são hoje parte integrante de sua dieta. O frango e o arroz, por exemplo, são consumidos cotidianamente pelas famílias de São Pedro que têm condição de obtê-los no comércio local. Além de configurar um estilo de vida cobiçado, as mercadorias são trocadas ou oferecidas aos parentes como sinal de generosidade, e desse modo os indivíduos que pertencem a *sibs* de baixo *status* podem incrementar sua posição no sistema de prestígio da comunidade.

Um episódio observado em São Pedro ilustra bem esse ponto. A esposa de um determinado homem Kayaroa não apresentou comida ou bebida em nenhuma das reuniões coletivas seguidas de consumo de comida tradicional, com exceção da comemoração da pescaria com timbó, ocasião em que, por assim dizer, o peixe foi produzido coletivamente (embora processado individualmente). Outras esposas de Kayaroa comportaram-se da mesma forma, e a explicação para esse fato, como vimos, remete provavelmente ao sistema de prestígio e de obrigações correlatas dos *sibs*. Não obstante, o casal em foco, que conta com uma renda fixa mensal proveniente de trabalho assalariado, doou um enorme bolo e algumas caixas de cerveja para a festa de Natal da comunidade. Acompanhei a mulher às compras, participei da feitura do bolo, e posso testemunhar a satisfação e o orgulho com que a oferta foi feita.

Nenhum etnógrafo do Uaupés teria dúvidas em afirmar que a possibilidade de adquirir bens ocidentais, redistribuí-los e trocá-los configura uma via alternativa de reconhecimento social. Contudo, seria enganoso supor que ela esteja substituindo o sistema de prestígio dos *sibs*. A organização social do prestígio no Uaupés constitui-se na interação dinâmica de sistemas concorrentes mas independentes que, embora estruturados em torno de formas específicas de avaliação social, fazem referência, no fim das contas, a um mesmo valor cultural: a vida comunitária. Essa ideia é desenvolvida a seguir.

A organização social do prestígio

Voltemos agora nossa atenção para a forma como os índios do Uaupés pensam a comunidade. Revelando os significados que eles conferem a essa noção, pretendo mostrar sua importância para o entendimento dos sistemas vigentes de organização do prestígio. Antes disso, porém, faz-

-se necessário um esclarecimento conceitual. Minha ideia do que vem a ser um sistema de prestígio segue a formulação de Ortner & Whitehead (1981, p.13). As autoras entendem por uma estrutura desse tipo

> os conjuntos de posições ou níveis de prestígio resultantes de uma avaliação social específica, os mecanismos pelos quais os indivíduos ou grupos atingem determinadas posições ou níveis, e as condições gerais de reprodução do sistema de *status*.

Um sistema de prestígio, isoladamente, não esgota os meios de acesso ao reconhecimento social no Uaupés nos dias de hoje. Os indivíduos têm à sua frente mais de um canal, cada um deles reportando-se a princípios específicos de avaliação. Com isso em vista, descrevo a seguir os sistemas de prestígio em operação, buscando iluminar os valores culturais que sustentam, mas sem me preocupar com seus mecanismos de funcionamento e de reprodução. Procuro também revelar alguns aspectos da interação dinâmica entre os diversos sistemas; para tanto, as observações precedentes sobre a posição do capitão da comunidade de São Pedro fornecem um bom ponto de partida.

Na época de minha estada em Iauareté, o capitão e o vice-capitão de São Pedro eram irmãos reais, pertencentes a um dos *sibs* Tariana superiores, e assim havia sido desde que a comunidade se separou de Santa Maria. Mas suas posições também eram legitimadas por outro sistema de prestígio delineado pela ação missionária no contexto da implantação das Comunidades Eclesiais de Base no final da década de 1960, o qual vou chamar de 'sistema de cargos comunitários'. Ao que tudo indica, o preenchimento dos cargos comunitários é feito de forma independente, sem conexão necessária com o sistema de prestígio dos *sibs*, embora na figura do capitão os dois sistemas geralmente se entrecruzem.

Além de um capitão e de um vice-capitão, cada comunidade possui idealmente um professor, um catequista e um ou dois animadores de trabalho coletivo e de festas. Podemos inserir nesse conjunto também a figura mais recente do agente de saúde, responsável pela administração da farmácia comunitária e pela interação formal com as instituições que prestam assistência médica às comunidades. Os indivíduos que ocupam tais cargos compartilham o objetivo de zelar pela união do grupo e pelo desenvolvimento comunitário. Por desenvolvimento comunitário os índios entendem, entre outras coisas, a melhoria nas condições sanitárias (construção de poços para a captação de água, por exemplo), a edificação ou reforma de prédios coletivos, como o centro comunitário, a capela, a escola, e a implementação de projetos de geração de renda em parceria com instituições governamentais ou ONGs. Na prática, os indivíduos que ocupam os cargos comunitários se especializam em estimular a realização de eventos que reúnem toda a comunidade, como reuniões deliberativas, festas ou trabalho comunitário, e assumem um compromisso com a mitigação dos conflitos internos. Eles atuam, portanto, como agentes instituídos da sociabilidade cotidiana. A noção de comunidade, na acepção moral do termo, adquire papel central na forma como são concebidas suas funções, e é justamente isso o que garante espaço para o exercício da autonomia do grupo diante desses representantes e diante da Missão.

Os capitães, animadores e catequistas, assim como os agentes de saúde, são indicados pelo capitão e pelos outros membros da comunidade. Entretanto, não se deve esquecer o papel dos missionários salesianos na instauração desse sistema de prestígio, tampouco minimizar a influência exercida por eles na escolha dos indivíduos e na definição de suas funções. Quando cheguei a Iauareté, todos os catequistas do entorno estavam reunidos para um encontro coordenado por um padre no Colégio São Miguel. O objetivo das palestras era basicamente orientá-los em seu trabalho na comunidade. O grau de influência dos missionários sobre a escolha das pessoas e o desempenho das funções varia, contudo, de acordo com a proximidade da comunidade com o centro missionário regional e a inclinação dos índios em aceitar a interferência dos religiosos. Porém, mesmo nos casos em que o vínculo com a Missão é estreito e as relações intensas, hoje não seria mais pertinente afirmar, como fez Berta Ribeiro (1995, p.246), que os indivíduos investidos dos cargos comunitários sejam "prepostos dos missionários e agentes da mudança aculturativa". Se, por um lado, como sugere Oliveira (1981, p.32), tais cargos deram expressão social e religiosa às Comunidades Eclesiais de Base, e continuam a servir como elos entre as comunidades e a Missão, por outro, a forma como esses papéis são apropriados pelos índios torna difícil o controle efetivo dos missionários. Para fazer justiça à complexidade do tema, seria preciso historiar a presença e a influência dos salesianos desde o início do século até os tempos atuais, do monopólio da educação escolar ao fim dos internatos, da ascensão ao declínio de seu poder e de sua influência, tarefa que se afasta de meus objetivos. Minha contribuição aqui se limita a algumas impressões pessoais, que passo a expor.

O capitão, o animador, o catequista, figuras devotadas à união e à prosperidade coletivas, podem ser vistos como avatares especializados da liderança tradicional, ocupando atualmente um espaço simbólico significativo na forma como os índios do Uaupés concebem a comunidade. O exercício dessas funções é orientado por um *ethos* comunitário que está longe de ser mera reprodução de um modelo católico-civilizador. Se prestamos atenção às qualidades que os índios enumeram para descrever o adulto exemplar, percebemos que, ao lado do valor conferido à educação escolar, eles estão afirmando a importância de princípios culturais e de costumes que foram duramente combatidos pelos salesianos, como as práticas xamânicas e as festas de caxiri. O adulto idealizado tem estudo, conversa bem, conhece sua própria língua. Se homem, tem espírito de liderança, é bom pescador e bom agricultor, respeita (leia-se respeito sexual) suas "irmãs". Também conhece as rezas xamânicas e, assim, possui a competência necessária para proteger e cuidar da saúde dos parentes. Se mulher, vive em harmonia com o marido, faz bom caxiri para animar as festas e é capaz de garantir, com o trabalho na roça, a subsistência de sua família. E, sobretudo, os homens e as mulheres estimados como corresidentes honram as regras e os valores do parentesco, tratando os parentes com consideração, compartilhando alimentos. Esses são os talentos e qualidades necessários para a vida em comunidade.

É verdade, no entanto, que a feição atual da comunidade ribeirinha exprime sua interface com o mundo dos brancos. Embora possamos observar ali uma continuidade estrutural com a organização espacial da maloca de outrora, o aspecto físico da comunidade é, em larga medida, resultante do contato prolongado com os brancos. Hoje, os moradores das comunidades querem capela, escola, poço de água potável, cobertura de zinco para as casas. Contudo, como terei oportunidade de demonstrar aqui na Segunda parte, nada disso é incompatível com o sentido moral da comunidade, que remete à posição paradigmática dos valores do parentesco na forma como os índios concebem a vida social. É precisamente para a visão da vida em comunidade, como o modo de construir identidade, que eles estão acenando quando atrelam o exercício dos cargos comunitários à produção da sociabilidade cotidiana.

O lugar da escola

Entre os cargos comunitários, eu destacaria o do professor, por tratar-se de um profissional remunerado pelo governo e pelo valor específico que lhe é atribuído. Vimos anteriormente que o estudo e o acesso a uma profissão representam avenidas de prestígio, o trabalho assalariado possibilitando a obtenção de mercadorias que serão usadas, dadas ou trocadas. Nos centros missionários, ao lado de ofícios como o de carpinteiro, cozinheiro e faxineiro, uma pequena parte dos índios tem oportunidade de exercer profissões mais qualificadas no tocante ao grau de escolarização exigido, como auxiliar de enfermagem, auxiliar de escritório, entre outras. Essas ocupações, assim como a do magistério, além do acesso a recursos materiais, garantem um capital simbólico de que os indivíduos podem fazer uso para se reposicionar na estrutura de prestígio. Mas essa dimensão pragmática não resume toda a importância do professor. O elogio cultural da escola remete a um conjunto de representações que confere à educação escolar um valor em si. É por meio dela que se adquire um tipo de conhecimento concebido como intrinsecamente poderoso. No capítulo 5, analiso as concepções indígenas acerca dos brancos e o lugar do conhecimento escolar nesse sistema de representações. Por ora, limito-me a notar o espaço ocupado pelo professor no sistema de valores do Uaupés: ele destaca-se pela posse do saber branco em seu aspecto formalizado, e por seu papel de transmissor. O professor representaria, na comunidade, um espaço de abertura para o mundo dos brancos.

Em uma perspectiva ampla, a organização social do prestígio no Uaupés pode ser vista como um contexto de interação e negociação entre os valores da comunidade e as demandas da escola. Mas, na prática, a escola que tem sido oferecida até hoje acaba por chocar-se com as solicitações da vida em comunidade. A rotina escolar impõe obstáculos à socialização das crianças para o trabalho na roça e para as outras atividades produtivas que garantem o sustento da maior parte das famílias no interior. Ocorre, porém, que na maioria dos casos, o trabalho na roça se torna a única alternativa de sobrevivência para muitos alunos recém-formados, pois o mercado de trabalho nos centros missionários absorve apenas uma pequena parcela dos indivíduos qualificados.

A oposição roça/escola é evidenciada na forma como os índios expressam suas próprias expectativas em relação ao futuro dos filhos. Disseram-me que a criança que não demonstra vocação para os estudos deve permanecer na comunidade para aprender a trabalhar na roça. Embora a carreira escolar seja muito valorizada, não é vista como a única alternativa. Adolescentes estudiosos são liberados da lida agrícola para que possam dedicar-se à escola, mas se um filho dá mostras de que não levará o estudo adiante, é provável que comece a ser preparado mais intensamente para o trabalho de subsistência. Segundo acreditam os pais, uma ou outra das propensões tenderá a sobressair, e é seu dever observar e decidir em qual delas investir mais. Outro fator levado em conta é o comportamento sexual dos adolescentes. Moças muito ardentes, que, segundo comentam os adultos, "gostam de ficar atrás de homem", costumam ser encaminhadas mais cedo para o casamento, para, assim, evitar que se tornem mães solteiras. Uma vez destinadas à carreira de esposa, devem ser capacitadas para o trabalho na roça.

A necessidade de tomar tais decisões em relação ao futuro dos filhos é vivenciada com angústia pelos pais, que costumam expressar esse sentimento por meio de uma crítica ao modelo salesiano de educação, que percebem como desvinculado das necessidades efetivas da vida em comunidade. "De que vale todo esse estudo se depois muitos não conseguem emprego e têm que voltar? É melhor ficar logo na comunidade, aprendendo a trabalhar bem na roça."[18]

---

18 Crítica que, ao que parece, os próprios salesianos vêm assimilando. Quando estive em Iauaretê em 1998, a participação no trabalho comunitário contava como hora--aula. Na época do Conselho de Classe, o capitão da comunidade relatava às freiras a participação dos alunos e estes ganhavam presença.

A opção pela carreira escolar, no entanto, tem também outros desdobramentos importantes. Algumas pessoas me disseram que é na vivência comunitária que se forja a integridade moral de um indivíduo, isto é, sua capacidade de enfrentar situações adversas sem se fragilizar. Contudo, como o segundo grau é oferecido somente em Iauareté e em São Gabriel, em muitos casos o afastamento do aluno ou de toda a sua família da comunidade se torna inevitável. A alegada fraqueza de caráter dos jovens indígenas da cidade, comumente estigmatizados pelos habitantes do interior por condutas tidas como antissociais (caracterizadas pelo alcoolismo, pelo consumo de drogas, e pela "prostituição"[19]), seria explicada pela falta dessa referência. A vida na comunidade é vista como uma espécie de reserva moral, via privilegiada de conexão com um passado idealizado, com uma época em que "o chefe da maloca era respeitado, e os jovens passavam pelos rituais de iniciação".

A experiência comunitária como valor

Em sua reflexão sobre a organização social do prestígio, Ortner & Whitehead (1981, p.16-7) observam uma tendência à convergência simbólica entre os diversos sistemas em operação. Isso significa, entre outras coisas, que as diferenças de posição serão fundamentadas ideologicamente, qualquer que seja o sistema de prestígio em questão, pelas mesmas escalas e polaridades. Assim, em uma dada sociedade, certa oposição, natureza/cultura, por exemplo, pode legitimar escalas de prestígio fundadas em critérios de avaliação social diversos. Transpondo essa observação para o Uaupés, poderíamos dizer que, embora a obtenção de prestígio possa ser uma empresa individual, familiar ou comunitária, de uma perspectiva global a organização social do prestígio é sustentada ideologicamente pelo valor aferido à vida em comunidade, em oposição a uma situação na qual imperariam os interesses autorreferenciados. Isso se aplica de forma inequívoca à organização dos cargos comunitários:

---

19 A palavra *prostituição*, quando utilizada pelos índios do Uaupés, em geral não possui a acepção de comércio sexual, limitando-se a denotar a conduta sexual feminina que se desvia dos preceitos da moralidade sexual hegemônica.

embora eles sejam fonte de prestígio individual, veem-se legitimados pela subordinação dos interesses de seus representantes aos interesses da comunidade.

O sistema de prestígio dos *sibs* não é exceção. Vimos que ele apresenta uma conexão direta com a ideologia de descendência e é sustentado por uma associação estreita entre posição hierárquica e ordem de *senioridade*. Se, por um lado, o caráter hereditário da transmissão do *status* reprime as possibilidades de mudança de posição na escala (vale lembrar que as tentativas de negociação de posição implicam reivindicar o remanejamento da ordem de nascimento e contar o mito nessa nova ordem), por outro, um grupo possui meios de reforçar ou intensificar seu prestígio diante daqueles com quem interage sistematicamente. Por meio da demonstração pública de sua capacidade produtiva, expressa na prática pela realização de grandes festas, com caxiri abundante, uma comunidade sinaliza às demais um alto índice de moral coletiva (Goldman, 1963, p.52-3). Para tanto, é fundamental que o grupo conte com um foco de liderança forte, que fale pelo todo, capaz de somar esforços para empreitadas comunitárias, e competente no manejo dos conflitos de modo que eles não cheguem a perturbar o ambiente de união dos moradores. Nas palavras de Goldman, "em geral, uma comunidade improdutiva não é desprivilegiada por causa de sua localização geográfica ou de seus utensílios, mas sim em virtude de sua baixa moral comunitária" (ibidem, p.53). Os índios do Uaupés costumam elogiar uma comunidade limpa, bem cuidada, cujos habitantes estão sempre dispostos para o trabalho. Demonstrações de alta moral coletiva são fontes seguras de reconhecimento social. Portanto, no que tange ao sistema de prestígio dos *sibs*, uma das possibilidades de incremento de *status* para um grupo reside majoritariamente na avaliação pública da comunidade pela qual ele se apresenta aos outros.

Pode-se alegar que faço uma associação artificial entre *sib* e comunidade, uma vez que toda comunidade conta, necessariamente, com mulheres vindas de fora. É verdade também que um *sib* pode estar disperso em várias comunidades ribeirinhas; e que muitas comunidades atuais são compostas por mais de um *sib*, ou até por membros de mais de um grupo exógamo, ligados por relações de afinidade. Porém, estou certa de que, do ponto de vista analítico, a dissociação das noções de *sib* e de comunidade seria menos interessante que o procedimento contrário. No trabalho de constituição da comunidade, o grupo agnático funciona, por um lado, como um modelo de identificação, um polo de atração centrípeta. E, por outro, se a conexão vertical dos membros do *sib* com a fonte generativa é concebida como dada nas origens, o princípio de unidade entre seus membros precisa ser constantemente reiterado. Nesse processo, a ética comunitária exerce um papel central, pois é ela que opõe resistência à dispersão dos irmãos depois que se casam.

Em suma, a noção de comunidade funciona, em vários planos, como uma referência de base para todos os canais sistemáticos de prestígio abertos aos habitantes do Uaupés. No discurso dos índios, a opção por uma ou outra via de acesso ao reconhecimento social é fundamentada ideologicamente no valor da vida comunitária. Seguindo parte das formulações de Overing em "A estética da produção: o senso de comunidade entre os Cubeo e os Piaroa" (1991), poderíamos afirmar que a estética social no Uaupés apoia-se fortemente no "senso de comunidade, enquanto senso do certo e do bem comum". A autora chama a atenção para o peso atribuído à autonomia individual no 'senso de comunidade', que torna ainda mais necessária a agência talentosa da liderança: a manutenção do ânimo coletivo é condição *sine qua non* para a existência da comunidade como tal.

Assim, é nessa acepção que a noção de comunidade revela-se fundamental para a atualização permanente do sistema de relações entre os membros de um *sib*, do valor dos cargos comunitários e, em certa medida, do sistema de prestígio que posiciona diferencialmente quem tem estudo e quem não tem. Porque, embora, como sugeri acima, a opção pela carreira escolar possa ser vista em certa medida como descontinuidade, tanto por sua alegada incompatibilidade com a vida em comunidade, como, talvez, por tornar manifesta a possibilidade de reconhecimento social independente do grupo e fora dele, não é raro ouvir os índios dizerem que, graças ao estudo, os jovens poderão lutar pelos direitos e pelo bem-estar de seus parentes. Essa ideia revela, ao mesmo tempo, um esforço para unir os dois polos do sistema de prestígio vigente e o poder legitimador da noção de comunidade de interesses. É importante notar que, conforme o contexto, o termo "parente"[20] estende-se a todos os habitantes da comunidade, do grupo exógamo, a todos os índios do rio Uaupés, do rio Negro, ou do Brasil. A militância política no movimento indígena, outra via de obtenção de prestígio, atualiza esse projeto, levando-o às últimas consequências. Os indivíduos que ocupam os cargos de liderança nas diversas associações indígenas filiadas à FOIRN representam, na maioria dos casos, os interesses de um grupo de comunidades localizadas em uma determinada faixa geográfica, sem consideração à filiação ética ou de *sib*.

Por fim, resta mencionar um outro personagem, de aparição também mais recente, que se insere no complexo cenário da organização social do prestígio no Uaupés: o soldado indígena. Desde que o Exército passou a recrutar pessoas da própria região, a carreira militar vem se abrindo como via de prestígio para os jovens do Uaupés. Em 1998, segundo reportagem do jornal *O Globo*, 85% do efetivo do V Batalhão de Infantaria na Selva de São Gabriel da Cachoeira eram formados por homens indígenas da região do Alto Rio Negro (*O Globo*, apud Ricardo, 2000). A carreira militar, assim como as outras ocupações assalariadas, possibilita o acesso às mercadorias e à sua redistribuição, esta uma forma de demonstrar generosidade para com os parentes.

---

20 Refiro-me ao termo em português. Em tukano, a palavra para parente do mesmo grupo linguístico é *aka-werégi*, e *bahi* é o termo genérico para irmão, usado como categoria inclusiva de todos os índios, em oposição aos brancos. Parece, contudo, que o termo *aka- werégi* vem sendo utilizado, na cidade, em referência ao parentesco entre todos os índios.

2
Gênero e (re)produção no cotidiano da comunidade

A posição feminina

Finalizei o capítulo anterior sustentando que, direta ou indiretamente, todos os códigos de avaliação social operantes na distribuição de prestígio têm na moral comunitária um referencial importante. Os valores da comunidade são os valores do parentesco. Nesse sentido, o adulto ideal para a vida em comunidade é aquele que respeita e trata com consideração os parentes, compartilha alimentos e bens, é capaz de refrear seus impulsos individuais quando estes podem ameaçar o bem-estar coletivo e a integridade da comunidade. Disputas de autoridade e lealdade entre *siblings*, conflitos de interesse entre famílias nucleares, desavenças pessoais, todos esses fatores concorrem para esgarçar o tecido comunitário. A comunidade precisa, assim, ser permanentemente construída por meio do investimento coletivo na boa convivência e na partilha.

No plano da vida cotidiana, o ideal de controle e restrição que modela o comportamento das pessoas inibe a expressão do descontentamento e da raiva, mas nem sempre é eficiente o bastante para dissolver o potencial de conflito. É durante as festas, em meio ao estado geral de embriaguez, que as desavenças são tornadas públicas e acontecem os enfrentamentos. As festas podem ser vistas como contextos privilegiados para tanto, pois uma série de mecanismos é ativada para amortecer o potencial disjuntivo das brigas. Ofensas proferidas por uma pessoa embriagada podem ser assimiladas com menos gravidade. Os índios acreditam que as pessoas costumam dizer o que pensam quando estão bêbadas, mas o ofensor sempre pode alegar que perdeu o controle sobre suas palavras e ações e por isso agiu inapropriadamente. A capacidade de beber e manter o autodomínio é um traço valorizado nos adultos. Lembro da mulher que, na festa de caxiri de São Pedro, entoava, orgulhosa, uma cantiga na qual dizia que era esposa de um Tariana, "homem forte, que bebe muito mas não se embriaga".

O uso de uma língua estrangeira também pode atenuar a carga de agressividade de um insulto. Goldman (1963, p.19) testemunhou a utilização do português e do espanhol durante as brigas violentas entre homens Kubeo embriagados. Em suma, o ideal de controle que vigora no dia a dia, bem como a existência de um contexto relativamente controlado para a expressão da insatisfação de uma pessoa com seus corresidentes, sinalizam o alto investimento realizado pelos índios na manutenção da harmonia comunal. Como os ressentimentos são eclipsados e os conflitos evitados até o limite, o fenômeno das fissões grupais deve ser visto não como resultado de uma contradição entre ideologia e prática, mas como demonstração de que a boa convivência é condição de existência da comunidade. Quando os descontentamentos tornados públicos por ofensas pessoais, acusações de envenenamento,[1] ou violência física mostram-se inexpugnáveis, é provável que a parte menos apoiada pelo grupo o deixe temporária ou permanentemente. No dia a dia comunitário, não há espaço para o confronto aberto.

Entretanto – e aqui entramos no assunto que nos interessa mais diretamente –, no Uaupés, nem todos os moradores ocupam a mesma posição estrutural diante do que poderíamos chamar de compromisso com a integridade da comunidade. As mulheres casadas não pertencem

---

1 As pessoas podem ser envenenadas por substâncias colocadas na comida ou na bebida, e por ataques xamânicos levados a efeito por seus desafetos (cf. cap.5).

ao grupo agnático que forma o seu núcleo e, como já vimos, isso lhes confere *status* de "estrangeiras", marcado pela ideia de "mistura" (Chernela, 1993, cap.6). No entanto, a existência da comunidade depende da constante produção e reprodução de pessoas, assim como da manutenção de um estado de equilíbrio de interesses – para tanto, a postura assumida pelas mulheres adquire uma importância crucial. Mas a associação metonímica entre o grupo agnático e a comunidade alimenta a visão de que os homens possuem um compromisso maior com a manutenção da harmonia coletiva. Acredita-se, assim, que as mulheres estariam mais predispostas a fazer valer seus interesses particulares, mesmo quando estes se mostram contrários aos interesses do grupo como um todo. Desse modo, em uma situação de conflito, a lealdade de uma mulher à comunidade de seu marido será mais prontamente colocada sob suspeita e a culpa pelas fissões tenderá a incidir sobre ela. Mas isso também se estende às solteiras, que logo sairão para morar em uma comunidade estranha. Teríamos aqui uma equação similar àquela encontrada por Marilyn Strathern (1980) entre os nativos de Mount Hagen, em que as mulheres aparecem associadas simbolicamente ao domínio do interesse individual (*self-interest*), e os homens ao domínio do interesse comunal (*social good*).

No Uaupés, há uma série de representações que descrevem as mulheres como seres perigosos e antissociais, que, por sua própria natureza, seriam capazes de colocar em risco a estabilidade da comunidade em que vivem. Entre os Uanano, por exemplo, elas são tidas por licenciosas e adúlteras, em contraposição à sexualidade masculina, vista como mais moderada: "a mulher é quem seduz, é quem procura o sexo ... é o reservatório de libido" (Chernela, 1984, p.29). Essa concepção reduziria o potencial de conflito entre os irmãos no interior do grupo agnático: quando um deles se envolve em relacionamento sexual com a cunhada, a culpa costuma recair sobre ela, uma vez que a mulher é vista como o polo ativo no jogo da sedução.[2] Pesa também sobre as mulheres a acu-

---

2 Sorensen (1984, p.185), ao contrastar o comportamento de homens e mulheres no Uaupés, corrobora essa representação da sexualidade feminina: "resumindo o contraste entre os traços masculino e feminino ..., é a mulher ... quem, à primeira vista,

sação de abusar do uso das puçangas e com isso produzir (como efeito colateral) transtornos psíquicos em seus parceiros, deixando-os de "cabeça fraca". Homens submetidos constantemente ao efeito dessas plantas ficam "tontos", "sem juízo". Esse argumento pode ser usado pelos índios para explicar, por exemplo, por que um marido agride fisicamente a esposa.

A visão da mulher como detentora de um poder que ameaça a ordem social é comum a muitas sociedades ameríndias. Esse assunto foi muito discutido nas análises do tema do gênero feitas durante as décadas de 1970 e 1980, nas quais as representações do feminino como hostil e perigoso apareciam como discursivamente atreladas à noção de dominação masculina. Embora não houvesse entre os autores um acordo quanto ao grau efetivo de poder concentrado nas mãos das mulheres, poder na maioria dos casos exercido por meio de recursos supostamente ilegítimos, como a fofoca e a manipulação afetiva no interior do grupo doméstico, de uma maneira geral, eles concordavam que o poder formal era prerrogativa masculina. A discussão sobre o jogo de forças entre as duas formas de poder disponíveis respectivamente para homens e mulheres acabou por desembocar num certo consenso em torno da ideia de que a dominação dos homens sobre as mulheres só poderia ser definida em termos precisos como uma ideologia masculina. Essa posição, inaugurada no trabalho de Robert e Yollanda Murphy sobre as mulheres Munduruku (1974), tinha como parâmetro etnográfico inicial uma sociedade uxorilocal e patrilinear. Se, de um lado, as 'matricasas' serviam às mulheres Munduruku como ambiente privilegiado para o exercício da solidariedade e da influência femininas, representando, portanto, um território de ação política, o espaço central da aldeia era domínio das instituições masculinas totalizadoras. Os autores resolveram a contradição postulando que a superioridade masculina era uma ficção, subscrita pelas mulheres. Como sugeriu Fausto (2001, p.245) ao discutir os casos Kaiapó e Munduruku, a fragilidade de tal posição resi-

---

parece manifestar o comportamento sexual mais agressivo, ao passo que o homem parece ser sexualmente passivo". Sobre a representação da sexualidade feminina como mais ativa, cf. também Jackson (1983, p.130).

de em procurar esvaziar a contradição em vez de aceitá-la e lidar com ela: "Não há nada ... que nos impeça de afirmar simultaneamente que as matricasas são depositárias de direitos e deveres, e que a sociedade se apresenta como totalidade na praça masculina, em oposição ao espaço feminino da 'periferia'".

Voltando ao Uaupés, parece então que ali a ideia de que as mulheres possuem um poder que ameaça a ordem social instituída na origem é levada às últimas consequências. Embora a conceituação da mulher como elemento socialmente disjuntivo possa estar efetivamente relacionada à ameaça potencial que ela representa para a coesão do grupo agnático, seus referentes não se esgotam no nível das disputas interfamiliares e da competição cotidiana entre os homens do grupo por favores sexuais. No plano sociocosmológico, a mulher representa a Alteridade, com toda a ambiguidade de que a noção aparece revestida. Diante desse quadro, tornam-se mais nítidas as implicações sociológicas e ideológicas da regra de residência virilocal, que se associam ao valor conferido ao grupo agnático para determinar a condição feminina no Uaupés. Esse ponto será retomado no Epílogo da Primeira parte.

Casamento e aliança

Uma mulher se refere ao dia em que o marido a buscou em sua comunidade como "o dia em que meu pai me deu para ele". A ideia da mulher 'dada' ao marido é verbalizada por ambos os sexos. Mas o uso dessa terminologia, pelos índios e por mim, não significa que as mulheres sejam vistas, no Uaupés, como meros objetos a serviço da estratégia política masculina, destituídos de vontade própria. Um observador diligente não demora a perceber quanto as mulheres podem e sabem fazer valer seus desejos. Acrescente-se a isso que, hoje, é cada vez mais comum que os jovens passem por uma fase de namoro antes do casamento, o que garante tanto às moças como aos rapazes mais experiência e tempo hábil para tomar uma decisão matrimonial informada. E, via de regra, não há como obrigar uma mulher a continuar casada caso ela não queira.

Além disso, alguns princípios norteadores da aliança matrimonial no Uaupés também contribuem para minimizar o desconforto emocional que o deslocamento espacial pode representar para a mulher. Um exemplo é o ideal de casamento de primos cruzados bilaterais, a troca de irmãs reais vista como o caso mais perfeito da troca simétrica (cf. Goldman, 1963, p.122, 137; C. Hugh-Jones, 1979, p.85). Adotando aqui o ponto de vista masculino (uma vez que na maioria dos casos se espera que a família do noivo tome a iniciativa formal da transação), no casamento ideal um rapaz vai se casar com a prima cruzada que, por causa de uma troca de irmãs ocorrida na geração anterior é, ao mesmo tempo, sua FZD e sua MBD. Para as mulheres envolvidas na transação, a vantagem desse tipo de casamento estará em residir na comunidade de origem de sua mãe, onde possui parentes cuja língua provavelmente já fala. Para o homem, na considerável estabilidade que a replicação de alianças anteriores e a troca de irmãs em uma mesma geração garantem a um casamento. A deserção de uma mulher pode ser vista pelos afins como uma quebra de contrato, o que os deixaria mais à vontade para reclamar a parenta cedida em troca, sobretudo nas fases iniciais de um casamento. Assim, nesse tipo de transação, os homens possuem motivações e argumentos fortes para convencer suas irmãs a continuar casadas.

Examinando alguns aspectos que diferenciam as carreiras conjugais feminina e masculina no Uaupés, podemos supor que o estado de casado seja mais atrativo para os homens que para as mulheres. Não se trata de dizer que as mulheres não desejem se casar, mas que os homens possuem mais motivos para insistir em um casamento insatisfatório. Além do casamento não trazer ao homem a desvantagem do deslocamento espacial, outros fatores, como a divisão sexual do trabalho, vêm reforçar a diferença de perspectiva.

O casamento representa sem dúvida um incremento na autonomia feminina. Uma vez casada, a mulher terá sua própria roça, sua própria casa. No entanto, terá sua carga de trabalho multiplicada. Ainda que uma mulher solteira tenha de lidar com o incômodo de depender de seu pai ou de seus irmãos para a obtenção de serviços que o casamento lhe garantiria em forma de direitos, como a abertura da roça ou o suprimento de peixe e caça, a mulher que não se casa é um ente querido que não se foi, e cuja presença no grupo será sempre estimada.

Já a situação dos homens é diferente. Muito embora hoje eles acompanhem suas mulheres com muita regularidade à roça, a maior parte das atividades envolvidas no cultivo e no preparo da mandioca possui uma forte conotação feminina, o que faz que, em geral, um homem precise que uma mulher lhe prepare diariamente a comida. Após a morte de sua mãe, o solteiro passará a depender de suas cunhadas, provavelmente já sobrecarregadas em suas responsabilidades diárias. Além disso, temendo a competição sexual, os outros homens podem se aborrecer com a presença de adultos solteiros na comunidade. Todos esses fatores tornam problemático o *status* do celibatário. Faz-se assim compreensível a afirmação de Jackson (1963, p.128): "os índios do Uaupés acham que todos os homens casariam, se pudessem, e que todas as mulheres poderiam casar, se quisessem".

Para um homem, conseguir manter um casamento em seus primeiros anos é tão decisivo quanto encontrar uma esposa. A troca de irmãs torna-se, por isso, um arranjo muito almejado, embora razões de várias ordens (sobretudo demográfica) diminuam as possibilidades de que ela se realize na maioria dos casos. De todo modo, as outras transações matrimoniais, em que se trocam irmãs classificatórias ou em que se espera uma geração para que uma transação seja concluída (ibidem, p.127), continuam a nos reportar ao modelo da troca simétrica. Na prática, o ideal genérico de casar próximo assume a forma de uma hierarquia de preferências, apresentada por C. Hugh-Jones (1979, p.85): a esposa preferencial seria a prima cruzada patrilateral genealogicamente próxima (FZD), seguida pela prima cruzada matrilateral genealogicamente próxima (MBD), ambas seguidas pelas outras primas cruzadas classificatórias. A preferência pela FZD explica-se justamente pela dominância do princípio da troca simétrica. Esse casamento é visto como continuidade e fechamento da transação iniciada quando FZ foi cedida na geração anterior. O casamento com a MBD, por sua vez, pareceria replicar o casamento de M, caracterizando assim uma transação unilateral e sendo por isso menos prestigiado na escala das preferências. Tão importante quanto receber uma mulher por outra cedida é ceder uma mulher por outra recebida, e o ideal de igualitarismo que envolve as relações entre grupos afins próximos compete para inibir o procedimento a que os índios se referem como "sovinar mulher". Um grupo que reiteradamente não cumpre sua parte nas transações matrimoniais corre o risco de ver seu prestígio abalado.

Além da proximidade genealógica, a proximidade geográfica atua como um critério importante na escolha do cônjuge. Casar uma filha com um grupo residencial vizinho facilita a observação do tratamento a ela dispensado e permite maior controle sobre a disposição dos afins em ceder uma mulher em troca. Além disso, é importante poder contar com afins geograficamente próximos. A adoção sistemática do padrão do casamento próximo dá origem à formação de nexos endogâmicos, definidos por Cabalzar (2000, p.66) como "constituídos por grupos residenciais próximos espacialmente e que estabelecem relações econômicas, políticas, rituais e matrimoniais estreitas" (cf. também Arhem, 1981).

Porém, o casamento próximo nem sempre é visto como a opção mais interessante. Estabelecer novas alianças pode servir para ampliar a rede de relações de afinidade de uma família, garantindo hospitalidade em outras regiões e acesso a recursos diversos. Casar uma filha com alguém que reside em um centro missionário, por exemplo, cria facilidades sedutoras para pessoas que moram em uma comunidade afastada. A família passa a contar com uma base residencial que será de grande importância caso um de seus membros precise permanecer ali para estudar ou fazer tratamento de saúde. O recurso a esse tipo de estratégia pode explicar, em alguma medida, os casamentos de índias com brancos residentes em São Gabriel da Cachoeira, que serão objeto de nossa análise no capítulo 4.

Levando adiante a proposta de Arhem (1981) de focalizar o papel das relações de aliança no sistema social do Uaupés, Cabalzar (2000) formulou recentemente um modelo socioespacial de organização das estratégias matrimoniais em que estas aparecem vinculadas à preponderância dos idiomas da descendência ou da aliança na estruturação dos grupos locais. Com base em dados estatísticos obtidos em uma região de concentração de comunidades Tuyuka no Alto Tiquié (afluente do Uaupés), o etnólogo observou que metade dos casamentos se efetuava com grupos locais próximos e a outra metade com grupos geograficamente distantes. Observou também que a maior incidência de casamentos próximos ocorria entre as comunidades situadas na periferia do espaço delimitado pela pesquisa, enquanto, na maioria dos casos, os parceiros matrimoniais dos grupos locais do centro residiam longe. As comunidades centrais apresentavam-se mais estáveis em sua configuração, formadas por parentes agnáticos próximos, em geral pertencentes a *sibs* de alta hierarquia. Ali, a valorização da memória genealógica, a importância das referências territoriais e a posse de prerrogativas rituais importantes indicavam a relevância do princípio da descendência como fator de organização interna. As comunidades localizadas na periferia, por sua vez, apresentavam maior mobilidade geográfica e menor preocupação com a memória genealógica. Elas desempenhavam papéis rituais secundários e constituíam-se por segmentos de *sibs* de baixa hierarquia em processo de dispersão, ou por segmentos de *sibs* de alta hierarquia em processo de declínio populacional ou dispersos por razões políticas.

Cabalzar concluiu que, ali onde as relações agnáticas cumprem o papel de estruturar as relações internas, se depende menos dos afins e, portanto, torna-se mais interessante e viável a constituição de alianças matrimoniais com afins distantes geograficamente. Os grupos menos estruturados pela ideologia da descendência dependem mais das relações de afinidade para sua coesão interna e, por isso, tendem a estabelecer casamentos com afins próximos, chegando a dar origem, em muitos casos, a situações cognáticas no âmbito do grupo local. O esquema apresentado mostra que entre os Tuyuka do Alto Tiquié as relações de descendência e de aliança podem se alternar como princípios estruturantes da morfologia social, ao mesmo tempo que ilustra a relação entre a hierarquia e a tessitura das estratégias matrimoniais. Na região estudada, são os grupos superiores que se casam longe, fato que pode indicar ser esse tipo de casamento um privilégio de quem tem prestígio. Os grupos menos favorecidos no sistema dos *sibs*, por sua vez, precisam recorrer a estratégias alternativas para garantir sua sustentabilidade política, e a aliança matrimonial pode servir a esse fim.

Muito embora no Uaupés o casamento próximo tenha estatuto de modelo genérico, o simbolismo construído em torno da aliança com estranhos não deixa de ser poderoso o suficiente para contagiar a forma como o casamento em si é conceituado. A busca da noiva em sua comunidade, mesmo que se dê em decorrência de negociações e acordos, costuma assumir, no discurso dos índios, conotações de um ato de captura. Quando discorrem sobre as dimensões sociológicas do casamento, eles frequentemente fazem menção ao roubo de mulheres, todavia remetendo a prática ao passado. Esses episódios são geralmente descritos da seguinte forma: na calada da noite, um grupo de rapazes, formado em geral pelos parentes agnáticos do noivo, invadia a casa e agarrava a moça à força, levando-a para o porto onde estavam atracadas as canoas. Quando os parentes da noiva percebiam o que estava acontecendo, corriam para a beira, onde então se travava uma luta entre os dois grupos. É provável que, no passado, tais atos de captura fizessem parte de um padrão de socialidade entre os grupos no qual havia espaço até mesmo para a guerra, mas em épocas mais recentes sua ocorrência deve ser entendida como expressão da suspeição e do antagonismo latente entre os afins (Jackson, 1963, p.134).

As relações entre afins próximos e entre afins distantes conformam-se a padrões distintos, claramente manifestados na forma como a transação matrimonial é retratada em cada caso. É possível observar essa diferença em vários contextos discursivos. Ela fica evidente, por exemplo, no conteúdo de dois desenhos sobre o tema do casamento, de uma série de dez produzida por Feliciano Lana, notório artista Desana. A série faz as vezes de um quadro sinóptico das representações de Feliciano sobre essa instituição, no qual a um só tempo é apresentada a sua dimensão aliancista e esquadrinhada a natureza da relação conjugal (cf. Caderno de ilustrações 1). As dez cenas foram concebidas pelo artista por solicitação minha.[3] Aos desenhos, Feliciano anexou notas explicativas, as quais tivemos oportunidade de discutir. A descrição que se segue incorpora suas ideias. Para começar, observemos os dois primeiros desenhos, que representam a transação matrimonial, desdobrando-a.

---

3 Além dos desenhos sobre o casamento, Feliciano Lana também produziu seis desenhos sobre os wa'î masa (cf. Caderno de ilustrações 2), os seres que habitam o fundo dos rios, dos quais trataremos na Segunda parte. A reprodução dos desenhos neste livro foi autorizada pelo artista.

As duas primeiras cenas referem-se, respectivamente, aos casamentos próximo e distante. No primeiro tipo de casamento (desenho 1), a transação é realizada por famílias que já possuem vínculos matrimoniais anteriores. Os dois jovens prestes a se casar são primos cruzados e o pedido formal é feito pelo rapaz, ou por seu pai, ao pai da moça. Na cena que representa o casamento com estranhos (desenho 2), a noiva é capturada pelos companheiros de seu futuro marido. A princípio, os dois desenhos foram apresentados por Feliciano como a descrição de ações realizadas no contexto da mesma negociação. Em suas notas, ele escreve o seguinte: "enquanto os dois estão na discussão, os companheiros do rapaz já levam a moça embora". A condensação desses dois tipos de casamento em um só evento sinaliza a ambiguidade inerente à situação descrita: mesmo o casamento próximo pode ser concebido como uma captura. No entanto, tão logo pôde discutir o assunto comigo, Feliciano apressou-se em explicar que somente na primeira cena os noivos seriam primos cruzados.

Hoje, não é incomum que os jovens do Uaupés passem por uma fase de namoro antes que a moça se mude definitivamente para a casa do rapaz. Nos centros missionários, essa tendência vem sendo intensificada por causa da proximidade espacial entre as famílias. Em um povoado como o de Iauareté, que reúne indivíduos de vários grupos exógamos e possui alta densidade demográfica, podemos encontrar casais que namoram por meses a fio, dormindo eventualmente juntos nas casas de suas famílias, até que os pais do rapaz decidam fazer o pedido formal. Se os pais da moça concordam com o arranjo, ela se muda para a casa dos sogros. Depois disso, marca-se a cerimônia na Igreja.

Os desenhos de Feliciano, contudo, retratam um outro tipo de situação, mais comum no passado: os noivos não possuem nenhuma convivência ou intimidade sexual prévia. Os rituais de sedução e corte sempre exerceram um papel importante no desfecho das negociações matrimoniais, mas é muito provável que o namoro, tal como existe hoje, seja uma prática recente no Uaupés. Os índios relatam que no tempo dos internatos salesianos, era comum a troca de bilhetes entre meninos e meninas. Ao mesmo tempo, porém, afirmam que antigamente, "ou o rapaz levava à força, ou via a moça, gostava, pedia para o pai e pronto".

Nas ocasiões em que a comunidade recebia convidados para uma festa, as meninas eram aconselhadas pelas mães a não sair desacompanhadas da casa onde estavam sendo realizadas as danças embaladas a caxiri. De uma mulher, ouvi o seguinte: "as mães falavam para as filhas: 'olha, são outras pessoas, são estranhos, vocês não podem sair, ficar fora, sozinhas'. Se a moça falasse, só conversasse, daqui a uma semana já vinham buscá-la. Se ia urinar, tinha que chamar a mãe para ir junto". Havia ainda o perigo de o rapaz "pegar" (yẽ'ê) a moça, ou seja, levá-la para longe da casa para ter relações sexuais: "Quando eles pegavam, iam logo ter relação. Muitas vezes isso acontecia. Se um rapaz fosse pego fazendo isso, tinha que ficar com a menina. Mas muitas vezes o próprio pai não queria dar a filha".

O destino matrimonial dos filhos é desde cedo um tópico de preocupação dos pais. Normalmente, além de qualidades pessoais, como a aptidão para o trabalho, costuma-se levar em conta o grupo exógamo a que pertencem a nora ou o genro prospectivos. Com efeito, os pais exercem muita influência sobre a escolha do cônjuge, algumas vezes impondo critérios que tornam virtualmente impossível encontrar um pretendente adequado. Um homem Tukano e sua mulher Tariana, já falecidos, são frequentemente lembrados pelos parentes como pessoas notórias por sovinar suas filhas. A história da mais velha me foi contada por uma prima. Durante sua juventude, ela gostou de um rapaz Tariana "muito bem formado, [que] tocava harmônica na missa, estudava", e desejou casar-se com ele, mas os pais opuseram-se terminantemente ao casamento. O jovem casal namorou por um tempo em segredo, até que a inflexibilidade dos pais da moça os venceu e ele se casou com outra. Anos mais tarde, já viúvo, ele procurou a antiga namorada e, supondo que a morte do pai da moça pudesse ter enfraquecido a resistência de sua mãe, pediu-a novamente em casamento. Porém, a mulher se manteve irredutível, argumentando que a filha já era muito velha para se casar. Das três filhas do casal, só uma se casou, e graças à interferência decisiva de seu tio paterno, que, na ocasião de um pedido formal feito por um pretendente, enfrentou o irmão mais velho, dizendo que ele tinha que dar a moça porque "mulher é para casar, não é para estar sovinando".

De volta ao Lago de Leite

Quando a decisão é tomada por um rapaz sem consulta prévia a seus pais, o que pode ocorrer, por exemplo, se estiver em viagem, é de bom-tom que eles visitem os pais da moça para formalizar o pedido, dando início ao relacionamento entre as duas famílias. Em um caso de que tive conhecimento, um rapaz Tukano (de mãe Tariana), cuja família residia em São Gabriel, conheceu em Assunção do Içana uma moça Tariana (de mãe Tukano) nascida em Iauareté, e levou-a para morar com ele em São Gabriel, na casa em que vivia com os pais. Logo em seguida, viajaram a Iauareté para visitar os sogros do filho, levando presentes. A filha de 8 anos pediu para ir junto, mas eles não permitiram, temendo precisar dá-la em troca para o irmão da nora.

O tema da sovinice é comum nos relatos de projetos matrimoniais malsucedidos. Muitos casamentos deixam de acontecer por conta da interferência dos pais. Durante uma viagem ao Uaupés colombiano, um rapaz de Iauareté conheceu uma moça de quem gostou muito.[4] Ele pretendia se casar com ela mas, ao ser informado sobre o namoro dos dois, o pai da moça expulsou-o da região com a explicação sumária de que já tinha outros planos matrimoniais para a filha. Antes de conhecer a namorada sovinada pelo pai, esse mesmo rapaz teve um rápido *affaire* com uma moça de outro grupo exógamo que residia temporariamente em sua comunidade, na casa de uma tia. Como ela engravidou, ele se dis-

---

4 O termo em tukano para o sentimento recíproco entre namorados ou pretendentes, cônjuges e amantes é *a'mêri íá*, cuja tradução seria "gostar um do outro". Essa expressão alude a um sentimento que inclui atração física (cf. Caderno de ilustrações 1, desenhos 3, 5 e 6). O significado conferido pelos índios se aproximaria de algo como "desejar ter alguém para si". A conotação de posse me foi explicitamente apontada por homens e mulheres, e algumas vezes os informantes chegaram a recorrer a analogias com objetos estimados, como roupas, canetas, ou mesmo animais domésticos, para explicar-me o sentido exato de "gostar de alguém": "esta caneta é minha, ela não é sua e não é de mais ninguém. Foi assim quando eu gostei do meu marido. Eu queria que ele fosse meu". Nessa visão, se uma pessoa gosta de seu parceiro, vai recusar-se a cedê-lo para outrem, ou seja, vai "soviná-lo". A mulher desejada, ou a namorada, é chamada de *íagó*, que significa "minha", sendo *íagi* o correspondente masculino. Um homem pode dirigir-se a uma mulher desse modo quando quer demonstrar seu interesse sexual e provocar uma reação por parte dela. O sentido erótico do termo é muito marcado, mas algumas pessoas afirmaram que ele não deve ser usado entre esposos como vocativo, salvo em tom de brincadeira.

pôs a casar. Apesar de apoiado pela família da moça, não resistiu, contudo, à oposição de sua própria mãe, uma viúva que alegava ser a menina muito fraca para o trabalho na roça.

Os critérios de preferência para a escolha do cônjuge podem remeter à posição do candidato na estrutura de prestígio. Variáveis como o *sib* a que pertence, a comunidade de residência e a posição ocupada ali, a renda mensal e o nível de escolaridade influenciam a decisão matrimonial. Muitos dos critérios de avaliação sobre os quais pode se fundamentar uma decisão apresentam-se na forma de estereótipos. Acredita-se, por exemplo, que os homens de certo trecho do Uaupés não ajudam suas mulheres no trabalho da roça, deixando-as sobrecarregadas em sua rotina diária. Diante disso, e principalmente aos olhos das sogras prospectivas, eles se tornam pretendentes fracos. Em São Gabriel, muitas mães incentivam o casamento de suas filhas com homens brancos, argumentando que elas não seriam boas esposas para um homem indígena, pela falta de aptidão para o trabalho na roça, entre outras coisas.

Para os jovens, a atração física é um critério a ser levado em conta na escolha do cônjuge, e representa um fator importante para o sucesso de um casamento nas fases iniciais. Os rituais de corte e sedução são por vezes decisivos para o bom desfecho de um processo de negociação matrimonial. Vejamos a descrição do que Goldman (1963, p.139) observou entre os Kubeo:

> Se um jovem está contente com sua futura noiva, ele e seus companheiros prolongam a estadia na comunidade dela. Se não, todos vão embora logo. Tendo decidido ficar, o noivo aguarda um sinal de aceitação da moça. Ela dá uma das primeiras indicações de seu interesse sexual quando corre diante dele, ao invés de caminhar. Quando os mais velhos veem uma moça correndo, em uma situação onde normalmente estaria caminhando, trocam sorrisos cúmplices. Certo dia a noiva atira um punhado de massa de mandioca no rosto do rapaz, diante de outras pessoas, e ri para ele. Ele se faz de furioso e corre para cima dela. Ela se faz de assustada e foge para a roça, onde ele facilmente a alcança. Ali fazem sexo, selando o compromisso mútuo.

Há que se mencionar, por fim, a influência dos missionários salesianos no destino matrimonial dos índios, sobretudo no que diz respei-

De volta ao Lago de Leite

to às uniões realizadas no tempo dos internatos. Uma senhora Tukano, órfã criada pelas freiras, cuja história de vida conheceremos em detalhes no capítulo 4, contou-me como tornou-se noiva de seu marido: "a irmã [a freira] me disse: 'você vai casar com ele. É homem bom, trabalhador, vai ser bom marido'. Ele me visitou no internato e três meses depois a gente casou". Muitos casamentos também deixaram de se realizar ou foram dissolvidos por intervenção dos religiosos, que sempre se opuseram às segundas núpcias de pessoas que não haviam enviuvado. É exemplar o caso de uma mulher que foi insistentemente pressionada por um padre a abandonar o segundo marido, com quem já tinha filhos. As crianças foram criadas pelo pai e pela avó paterna.

Aspectos da conjugalidade

Um dos sinais mais eloquentes da boa relação entre marido e mulher é a disposição de ambos de cumprir seu papel na divisão de tarefas (desenhos 7 e 8, Caderno de ilustrações 1). A mulher que se recusa a cozinhar para o marido, por exemplo, pode estar expressando aborrecimento ou insatisfação. Por isso, a conduta da jovem recém-casada a esse respeito costuma ser objeto de preocupação e comentários na comunidade.

Na literatura etnográfica sobre as sociedades ameríndias, os temas do gênero e da conjugalidade são frequentemente abordados sob o ângulo da divisão sexual do trabalho. Isso se deve ao fato de que, nessas sociedades, a divisão de tarefas fornece a matriz simbólica para a constituição das identidades sexuais. A associação entre trabalho produtivo e identidade feminina no Uaupés pode ser notada em vários contextos, entre os quais eu destacaria os rituais de iniciação feminina, que ocorrem por ocasião da primeira menstruação. Eles têm por finalidade proteger a saúde da neófita por meio de rezas xamânicas, preparando-a para uma nova fase de sua vida.

A menstruação é concebida como uma troca de pele, que confere às mulheres mais longevidade (C. Hugh-Jones, 1979, p.140). Contudo, a mulher menstruada é alvo fácil para os *wáîmasa*, a gente-peixe que, por inveja da fertilidade dos humanos, costuma fazer-lhes mal, enviando doenças. Por isso, no período que se segue à menarca, a moça é submetida a um conjunto de ritos protetores. Ela é mantida reclusa no interior de um cercado feito de pari e deve obedecer a uma série de restrições alimentares, que serão gradativamente suspensas à medida que os alimentos forem sendo benzidos para o consumo. A reclusão pode durar duas semanas ou mais, período durante o qual a moça é instruída acerca de uma variedade de assuntos concernentes à sua futura vida de mulher adulta e casada, principalmente a seu papel como dona de uma roça de mandioca. Os ensinamentos são passados, preferencialmente, por sua avó ou por outra parenta mais velha; na falta destas, por seus próprios pais.

Ela tem os cabelos cortados, o que simboliza o início de sua nova vida. Após o término do fluxo menstrual, o rezador defuma com breu a casa, o caminho que leva ao porto, o próprio porto; em seguida, a neófita é benzida para que possa se banhar. Após o banho, no qual se esfregou com uma casca vegetal que serve de sabão, ela tem o rosto e o corpo pintados com carajuru e jenipapo também previamente benzidos. Em seguida é finalmente entregue aos pais (se não está sob os cuidados deles), que a esta altura já se ocuparam de convidar os moradores de comunidades vizinhas para a festa de caxiri que será realizada para celebrar a ocasião.

O nexo simbólico entre a identidade feminina, a menstruação e o trabalho na roça é evidenciado na mitologia dos grupos do Uaupés. O mito do roubo das flautas sagradas pelas mulheres é particularmente ilustrativo. Ao se apoderar dos instrumentos, as mulheres passaram a realizar os rituais secretos nos quais se trava contato com o mundo ancestral. Os homens, por sua vez, 'viraram mulheres': passaram a menstruar e a cultivar mandioca, até que a ordem das coisas fosse novamente estabelecida (S. Hugh-Jones, 1979, p.127).

Tornar-se mulher no Uaupés significa antes de tudo tornar-se senhora de uma roça de mandioca brava, e os ensinamentos passados à moça durante seu período de reclusão versam principalmente sobre essa nova responsabilidade de dona das plantações. O relato da índia Tuyuka Catarina Borges, que me foi gentilmente apresentado e traduzido por

Flora Cabalzar,[5] retrata belamente essa mudança de *status* e revela a conexão plena entre o cultivo da mandioca e a identidade feminina:

> Sendo mulheres, somos acompanhadas, assistidas, por nosso pai, nossa mãe.
> Não sabíamos o que dizer e chorávamos para nossa mãe...
> – Como te sentes (dizia a mãe)?
> Estou sentindo mal-estar...
> – Então resguarde (fique sentada), senão *waimasã* vai te atacar...
> Tendo dito isso nosso pai benzia o carajuru (para untar o corpo inteiro, com carajuru benzido).
> – Fique sentada, resguarde muito bem pois tu és mulher, provedora de alimento, mãe das plantações, resguarde...
> Me mandaram resguardar durante uma lua... Terminada esta lua, benzeram.
> Todos os benzimentos.
> Chegou o meu dia de caxiri. Feito o caxiri, ele foi benzido primeiro.
> Terminado o resguardo, banhávamos.
> Dois dias depois do resguardo ele rezava frasco de rapé para a gente aspirar:
> – Vá banhar, pegue a folha de abiu e esfregue (como sabão), vomite.
> Avisava que eles, homens, não são como nós mulheres, temos almas/corações[6] diferentes.
> – A folha de abiu está ali no sol, desça e vomite.
> No dia que tinha peixe, ele benzia, benzia peixe, pimenta (só comia depois de benzido).
> Sopra nas pernas, fazendo espalhar, e manda ficar quieta ainda, e ir na roça no dia seguinte:
> – Isso é para vocês não contraírem *waimasã*, quando *waimasã* surra as pernas doem, o corpo todo dói.
> Por isso tínhamos medo.
> No dia seguinte, untada com carajuru, íamos à roça.
> – Vá arrancar mandioca, disse, pague o nosso benzimento fazendo caxiri e nos oferecendo, disse. Suas mãos são seu poder, as roças são como as mãos de vocês.
> As manivas são como os seus dedos, são como o nosso poder.

---

5 O relato encontrasse hoje publicado no livro *Marĩya dita Iñanunuse Masirẽ*, de autoria dos Tuyuka, para servir como material de leitura na escola. O livro foi produzido no contexto do Projeto de Educação Indígena/FOIRN-ISA.

6 Em tukano, *ehêri põ'ra*: coração, alma, força vital, transmitida à pessoa com o seu nome cerimonial. Cf. p.58.

Em suma, a mulher é a 'mãe de suas plantações', a roça o seu domínio e a preparação dos produtos culinários à base de mandioca brava, vegetal que sustenta a dieta indígena, tarefa essencialmente feminina, que dita o ritmo do cotidiano. Ao raiar do dia, ela prepara o mingau feito com farinha de mandioca e água e deixa-o em cima do fogão, para que o marido e os filhos se alimentem enquanto ela parte para a roça, em uma caminhada que pode ser longa e solitária. Em muitos casos, é necessário fazer um trecho de rio a remo antes de entrar na mata. Se ela tem um bebê em fase de amamentação, leva-o consigo e realiza o trabalho com ele enlaçado a seu corpo, ou dormindo à sombra de uma palmeira. Quando a criança já não tem sua dieta baseada inteiramente no leite materno, pode ficar na comunidade sob os cuidados de uma irmã, do pai, ou da avó paterna, caso esta também não esteja envolvida em sua lida cotidiana. Quando se separa do bebê por algumas horas, a mulher retorna ansiosa para vê-lo, entrar no rio com ele, divertindo-o com brincadeiras como mergulhar a sua cabecinha na água e em seguida levantá-lo nos braços, repetidas vezes, para depois aconchegá-lo ao peito e dar-lhe de mamar. Depois disso, ela prepara uma refeição para a família e volta ao trabalho, dedicando-se então ao processamento da mandioca e ao preparo do beiju ou da farinha.[7]

Ainda criança, a menina aprende a trabalhar acompanhando a mãe e ajudando-a em suas atividades na roça e na casa. À roça ela provavelmente só irá durante as férias escolares, mas com a rotina da casa se verá envolvida todos os dias. Por volta dos 7 anos de idade, já é capaz de cuidar dos irmãos pequenos, lavar louça e pequenas peças de roupa, além de executar outros serviços leves. Assim, quando atinge a idade de se casar, possui os conhecimentos básicos que lhe possibilitam exercer as funções de esposa e mãe. Durante esse período de aprendizagem, que tem seu ápice nos ritos realizados por ocasião da menarca, a menina vai se transformando em mulher. Homens e mulheres têm formas diversas de 'estar no mundo', como sugere a frase do relato de Catarina Borges: "eles, homens, não são como nós, mulheres, temos corações

---

7 Esquivo-me de detalhar esse processo, uma vez que uma excelente descrição pode ser encontrada em C. Hugh-Jones (1979).

diferentes". Isso significa não só que eles não realizam as mesmas atividades produtivas, mas também que não experimentam os mesmos sentimentos diante da vida. Preparada desde cedo para viver longe de seus parentes, a mulher tem na roça, no casamento e nos filhos sua fonte de prazer e autoestima.

Goldman (1963, p.58) estimou em até nove horas por dia o tempo médio gasto por uma mulher Kubeo nas atividades de plantio, colheita e processamento da mandioca para fazer beiju, farinha e caxiri. É notável o orgulho das mulheres por saberem fazer um beiju "bonito" (gostoso, bem-feito, no ponto de cozimento certo). Nas festas, elas carregam vaidosas suas panelas repletas de caxiri. As mais "trabalhadeiras", isto é, aquelas que são vistas indo para a roça com regularidade e sempre apresentam seus produtos nas reuniões coletivas, são frequentemente elogiadas por homens e mulheres nas conversas cotidianas.

Nos primeiros tempos do casamento, porém, a atividade produtiva não é vivenciada sem conflitos. Durante um período inicial, a mulher deve trabalhar nas roças da mãe de seu marido (cf. desenho 9, Caderno de ilustrações 1). O trabalho sob a jurisdição da sogra pode deixar a jovem insatisfeita, o que dá uma aparência de instabilidade ao casamento. Como foi preparada para ter uma roça de sua propriedade, ela sonha com o dia em que poderá ver crescerem suas próprias manivas. O que deseja é autonomia de mulher adulta, que o trabalho na roça da sogra não lhe confere. À sogra, por sua vez, pode agradar a presença da moça em sua casa e em sua roça: além de ter o filho por perto, passa a contar com uma auxiliar. A seguinte história, narrada por uma jovem Tukano, tematiza o conflito inerente à relação entre a mulher e a mãe de seu marido:

> Uma moça recém-casada disse à sogra que queria aprender a fazer panelas e potes de barro. A sogra não quis ensinar e ela ficou muito triste, chorando pelos cantos. Um dia, uma velha toda suja de barro lhe apareceu e perguntou o que havia acontecido. Ao ouvir a história da moça, teve pena. Prometeu então que faria panelas e potes para ela, com a condição de que o acordo não fosse revelado a ninguém. Para todos os efeitos, a jovem teria que assumir a autoria das peças.
>
> Ao ver tão belos potes e panelas em poder de sua nora, a sogra admirou a qualidade das peças. Elas eram tecnicamente perfeitas e extrema-

mente belas. Quando a sogra perguntava, incrédula, quem os havia feito, a nora respondia: "fui eu".

Um dia, a sogra foi buscar uma grande quantidade de cará na roça, para fazer um bom caxiri. Ofereceu a bebida à nora. À medida que a moça bebia, a sogra perguntava quem havia feito as panelas e os potes, e a moça respondia: "fui eu". Passadas várias horas, porém, ela atingiu um tal estado de embriaguez que já não controlava mais suas palavras. Finalmente, diante da insistência da sogra, contou que as peças haviam sido feitas pela velha suja de barro. Ao revelar a verdade, caiu morta.

O potencial de conflito da relação entre nora e sogra afeta também o rapaz, que se vê dividido em suas lealdades à mãe e à jovem esposa. Se a esposa resolve voltar para a comunidade de origem, o rapaz precisa contar com o apoio dos sogros, que podem fazer a filha mudar de ideia, mas muito provavelmente, aconselharão o genro a abrir uma roça para ela. Diante dessa situação, não tardará o momento em que ele acederá ao desejo da esposa de ter sua própria roça e sua própria casa. No casamento entre primos cruzados, parte das dificuldades é atenuada pela familiaridade prévia entre as duas mulheres envolvidas.

A divisão sexual do trabalho e os significados culturais de que está imbuída ocupam, portanto, um espaço privilegiado na forma como são estruturadas as relações entre marido e mulher no Uaupés, desde as fases iniciais de um casamento até sua estabilização. O homem recém-casado não vivencia uma situação parecida com a da esposa.[8] Ele continua a exercer as mesmas atividades de antes, mas agora tem uma mulher de quem pode esperar serviços. Concebidas como atividades econômicas exclusivamente masculinas são a caça e a pesca. Para além dessa divisão central, todas as atividades ligadas à subsistência estão alocadas a um dos sexos. Tradicionalmente, são os homens os responsáveis pela abertura e pelo preparo das roças, e pelo cultivo de milho, coca, tabaco, venenos para a pescaria e *kapí*. A coleta de produtos da floresta – como insetos, frutos e matéria-prima para a manufatura de

---

8 Lembrando que Feliciano não representou no desenho o momento em que a mulher adquire sua própria roça, pergunto-me se uma mulher deixaria de representá-lo.

objetos – é feita por ambos os sexos, mas em geral os homens se envolvem apenas nas coletas de grande escala. Quanto à produção artesanal, tradicionalmente ficavam sob o encargo das mulheres a manufatura dos objetos de cerâmica e a fiação de tucum, e dos homens a cestaria, os objetos de madeira, além da maioria dos objetos e ornamentos cerimoniais. Hoje, com a constituição de um mercado para o artesanato comercial, essas linhas divisórias tornaram-se mais difusas, e novos produtos começaram a ser fabricados. Incentivadas inicialmente pelas freiras, muitas mulheres hoje se dedicam à tecelagem de fibras para a fabricação de bolsas, tapetes e redes, e à montagem de "emplumados", para a venda nas lojas da Missão e no comércio de São Gabriel.

Nas últimas décadas, ocorreram outras adaptações importantes na divisão sexual do trabalho. Os índios contam que os padres, tão logo chegaram à região, começaram a exortar os homens a ajudar suas mulheres naquilo que viam como uma pesada tarefa – a faina da roça e o transporte dos tubérculos para casa. A mudança desejada pelos padres aconteceu e os homens hoje frequentam mais a roça de suas esposas, auxiliando-as nas atividades de limpeza do terreno, plantio, colheita e transporte da mandioca. Ocorre, porém, que essa maior participação masculina na lida agrícola não implicou rupturas de significado: as identidades sexuais continuam a se reportar a domínios diferenciados da esfera produtiva. Além disso, os homens não tomam parte na atividade de produção culinária.

Mudanças importantes ocorridas no plano da dieta, a partir do contato com os brancos, também produziram alterações na rotina produtiva. Uma delas foi a valorização comercial da farinha de mandioca, objeto de troca desde a época da exploração da borracha na região, e hoje um item presente em qualquer lar tukano. A valorização da farinha teve um duplo efeito na vida das mulheres. Por um lado, significou um aumento na carga de trabalho feminino; por outro, investiu-lhes de relativa autonomia financeira (cf. Goldman, 1963, p.69). A venda ou troca de farinha com os brancos ou com outros índios, assim como de uma série de produtos cultivados ou coletados (beiju, frutas, peixe, insetos etc.), possibilita às famílias que não dispõem de renda mensal em dinheiro a aquisição de mercadorias.

Antes de finalizar a descrição da natureza da relação conjugal no Uaupés, que vem aqui caracterizada principalmente pela complementaridade e pela interdependência entre esposos, um breve comentário sobre o comportamento público dos casais. Marido e mulher não trocam carícias, raramente se tocam. Costumam sentar separados nos eventos coletivos, e quando vão juntos à roça, não caminham lado a lado, mas em fila indiana. Ele vai à frente, segurando o terçado, e ela segue atrás, carregando o aturá. Mas a natureza de sua parceria parece de tal modo definida e explicitada nas atitudes e disposições mútuas, que às vezes somos levados a crer que a comunicação verbal seja de fato redundante. Algo como uma 'ética silenciosa de cumplicidade' pavimenta o terreno em que marido e mulher se movem em público.

O comportamento discreto dos casais chamou minha atenção já na primeira viagem Uaupés acima, feita em um barco de comerciante que transportava também passageiros, com lotação máxima. Durante os três dias em que estivemos a bordo, pude observar algumas cenas expressivas, como aquela em que uma mulher comunicou ao marido, com um leve aceno de cabeça, seu desejo de que ele abaixasse a lona que cobre a parte lateral do barco e a ajudasse a estender a rede, de modo que ela e o bebê ficassem protegidos da chuva. Ele compreendeu prontamente o sinal, fez o que a mulher pedia, e depois se deitou ao seu lado, em outra rede, onde permaneceu em silêncio, concentrado em algum pensamento.

Epílogo da Primeira parte

Em suas cantigas rituais e falas cotidianas, as mulheres revelam o considerável custo emocional que o deslocamento espacial pode representar. Ao lado da importância que a noção de pertencimento a uma comunidade possui na vida de todo indivíduo, os laços afetivos que as unem a seus pais, irmãos e irmãs tornam dolorosa a perspectiva da mudança de residência. Não obstante, do ponto de vista da micropolítica da vida diária, o casamento favorece o incremento da autonomia e a afirmação da identidade feminina. Uma característica marcante das relações entre os sexos no Uaupés é a autonomia substantiva de que gozam as mulheres, principalmente as casadas. A participação na escolha do cônjuge, a possibilidade de abandonar o marido sem grandes traumas nas fases iniciais do casamento, antes do nascimento dos filhos, e, principalmente, o domínio exclusivo sobre uma esfera importante da economia doméstica conferem à mulher, sobretudo no contexto das relações conjugais propriamente ditas, espaços de negociação e autoafirmação insuspeitados para uma estrutura social de viés androcêntrico.

Neste ponto, portanto, sou levada a divergir de Rivière (1987), quando este autor sugere que, entre os grupos do Noroeste amazônico, a alta carga de trabalho assumida pelas mulheres por conta da intensa demanda sobre a produtividade de mandioca funciona como um instrumento pelo qual os homens buscam restringir a liberdade de ação das esposas estrangeiras e mantê-las sob controle. A perspectiva de Rivière no artigo citado é comparativa e o contraponto é o caso das Guianas, onde o casamento é preferencialmente endogâmico e usualmente uxorilocal. Seu argumento geral é que

> a duração da atividade feminina no processamento da mandioca tem relação com o grau de controle que a comunidade exerce sobre suas mulheres ... Quanto mais direto e seguro o controle, menor será a necessidade de que os homens lancem mão de mecanismos culturais para sustentá-lo. (p.187)

Assim, segundo Riviére, no Nororeste amazônico, a ausência de mecanismos coercitivos que permitissem aos homens controlar diretamente o comportamento das mulheres de uma comunidade seria contrabalaçada pela alta carga de trabalho que lhes é impingida.

Se, por um lado, concordo que a capacidade diruptiva das mulheres seja uma fonte constante de ansiedade para os homens do Uaupés, por outro, acredito que o alto grau de especialização e investimento que cerca as atividades femininas, bem como a importância dos produtos da roça no dia a dia da família nuclear e da comunidade, permitem às esposas valer-se de sua capacidade de trabalho como moeda de negociação com os maridos. Somando-se a isso tudo a ética igualitária que organiza as relações entre os parceiros na troca matrimonial, a mulher casada, soberana de certas capacidades das quais dependem a produção e a reprodução da comunidade, possui meios concretos de afirmar sua posição diante do marido e dos agnatos dele.[1]

Contudo, é bem verdade que os homens gozam de uma série de prerrogativas. Eles detêm o conhecimento de grande parte do estoque

---

[1] Recordo-me do comentário de uma viúva que hoje reside com o irmão em um sítio próximo a São Gabriel da Cachoeira. Ela falava sobre a saudade que sentia do marido, enaltecendo suas grandes qualidades como pescador, caçador e agricultor. Perguntei se o irmão não era igualmente bom trabalhador, ao que ela respondeu: "irmão não é marido: a gente não pode mandar fazer as coisas".

simbólico do *sib*, como a mitologia da origem e as rezas xamânicas. Aos homens cabem a chefia e a administração das relações formais com os outros grupos e com os brancos. No movimento indígena, por exemplo, as mulheres não chegam a ocupar efetivamente o primeiro escalão, exceção feita às associações femininas, dirigidas por mulheres.[2] Tais privilégios se ancoram na visão cosmológica que, em conformidade com o viés patrilinear da estrutura social, atribui aos homens maior proximidade e familiaridade com a fonte de vida e regeneração espiritual que é o mundo dos ancestrais (S. Hugh-Jones, 1977, p.214). Por meio dos rituais de iniciação masculina eles se aproximam do mundo espiritual. As flautas tocadas durante a cerimônia referida representam os ancestrais (mais precisamente, seus ossos), e os homens possuem exclusividade de acesso e manipulação dos instrumentos.

Embora o culto das flautas seja muito pouco frequente hoje, seu prestígio não deve ser subestimado. Algumas pessoas explicam a suposta fraqueza moral das gerações mais jovens pelo fato de não terem passado pelos rituais de iniciação, o que corrobora a importância deles como veículos de espiritualidade. Porém, para o tema que nos ocupa neste momento, o ponto relevante é que, nas concepções litúrgica e simbólica do ritual das flautas, as mulheres não se veem de todo excluídas – sua participação é condição fundamental e decisiva. Com efeito, podemos dizer que um dos sentidos desse ritual seria simbolizar a exterioridade das mulheres que residem na comunidade, reafirmando sua alteridade e, com isso, a alteridade dos grupos aos quais elas pertencem ou aos quais se unirão, se ainda solteiras.

Em sua primeira análise do simbolismo do ritual, S. Hugh-Jones (1979) nos dá uma descrição detalhada e compreensiva da liturgia, apon-

---

2 De um total de 54 associações indígenas, são cinco as associações femininas filiadas à FOIRN: Amitrut – Associação das Mulheres Indígenas de Taracuá do Uaupés e Tiquié; Amidi – Associação das Mulheres Indígenas do Distrito de Iauareté; Umira – União das Mulheres Indígenas do Rio Ayarí; Amibi – Associação das Mulheres Indígenas do Baixo Içana; AAMI – Associação de Artesãs do Médio Içana. Ainda está por ser feito um estudo compreensivo sobre o papel das associações femininas no Alto Rio Negro.

tando as conexões entre mito e rito, e iluminando assim boa parte da complexa cosmologia Barasana. O autor sugere que o objetivo da cerimônia seria garantir a perpetuação da ordem social pelo acionamento periódico de sua fonte generativa, o mundo dos ancestrais. Fornecendo contexto para a iniciação masculina, o ritual permitiria que, a cada geração, a ordem mítica fosse restabelecida e a sociedade recriada. Durante os ritos secretos masculinos, os homens emulariam a capacidade gerativa feminina, como se idealizassem prescindir das mulheres para a continuidade da ordem social, que se tornaria, destarte, um assunto dos homens. Essa interpretação nos remete, inevitavelmente, às noções de antagonismo sexual e dominação masculina, que eram caras à antropologia do gênero nos anos 1970 (cf. Rosaldo & Lamphere, 1974) e permearam muitas das análises dos americanistas na década seguinte (por exemplo, as reunidas por Randolph et al., 1988).

Em revisões analíticas posteriores (1993, 1995, 2001), S. Hugh--Jones se afasta desse tipo de interpretação. Contudo, ainda mantém o foco da análise na cena protagonizada exclusivamente pelos homens, fazendo derivar dali o sentido da cerimônia. Minha ideia é que, se observarmos o ritual como um evento que envolve a participação dos dois sexos, fato para o qual o próprio autor chamou atenção, embora não tenha tirado dele muitas implicações,[3] poderemos dar um passo adiante e concluir que a marcação da exterioridade feminina representa a outra face da afirmação da identidade do grupo agnático. Esse ponto é, a meu ver, crucial, na medida em que ele torna a análise mais sensível à

---

3 Em um sentido muito concreto, as mulheres também se engajam ativamente nos procedimentos rituais. Quando os instrumentos sagrados (*He*) chegam do lado de fora da casa, no início da cerimônia (*He House*), elas devem prantear, pois os iniciandos, seus filhos, estão expostos ao *He* originário do mundo dos espíritos, que os pode consumir e levar à morte. As mulheres também ingerem as substâncias mágicas que são oferecidas aos iniciandos, e assim se beneficiam com eles da proteção garantida por tais substâncias. Além disso, durante o ritual, elas deixam a casa em certos momentos cruciais. Por fim, é preciso observar que durante e depois do *He House* as mulheres devem, supostamente, seguir os mesmos tabus impostos ao homens. Portanto, embora as mulheres sejam excluídas dos ritos, não há dúvida de que elas se envolvem neles de modo muito intenso (cf. S. Hugh-Jones, 1979, p.130).

dialética da identidade e da diferença envolvida na performance comunitária do ritual, que à oposição homens/mulheres cumpre objetivar.

Isso posto, podemos dizer que a oposição homens/mulheres faz as vezes de metáfora para a articulação das categorias sociocosmológicas da identidade e da alteridade na vida social. Estamos aqui diante de uma estrutura que tem se revelado comum a muitos povos ameríndios, embora não assuma sempre a mesma forma.[4] Em reflexões recentes, os etnólogos tornam-se cada vez mais inclinados a conceber o 'gênero' como uma forma de 'estar no mundo' que organiza e sintetiza concepções culturais sobre a identidade e a diferença. Ou, como escreve Gonçalves (2000, p.244) em um artigo sobre os Paresi, "analisa-se a construção do gênero como fenômeno englobado por um pensamento mais geral sobre o que significa a diferença no mundo".

Abordar gênero como metáfora de categorias sociocosmológicas mais abrangentes pode ser muito interessante: além de possibilitar reinterpretações sobre aspectos importantes da vida social dos povos estudados – como sugeri aqui em relação aos rituais das flautas e à segregação sexual do espaço no Uaupés –, permite reconhecer o papel da diferença sexual como motivação empírica para a elaboração de sistemas simbólicos, sem contudo tomar seu conteúdo como matriz das conceituações sobre os gêneros. Em outras palavras, compreendemos que essa diferença é 'boa para pensar'.

Dito isso, é preciso agora esclarecer minha concepção sobre a natureza do vínculo que aproxima o feminino e a alteridade no Uaupés. Se as esposas representam a alteridade, pelo fato de pertencerem a grupos afins, o que dizer das irmãs, que são igualmente concebidas como Outras, tanto quanto as suas Outras? Respondo a essa questão por partes, tentando mostrar que a alteridade da mulher está estreitamente vinculada à organização social que a posiciona à margem do grupo, como esposa e como irmã. Antes, porém, cabe um breve excurso para situar teoricamente a discussão, apresentando em linhas gerais o tratamento dado à problemática da afinidade na etnologia ameríndia.

---

4 Entre os Achuar, por exemplo, as mulheres seriam associadas ao domínio da consanguinidade (Descola, 1996), ao contrário do que ocorre no Uaupés.

O lugar estratégico da afinidade nas terras baixas da América do Sul já havia sido abordado por Lévi-Strauss (1943), que tratava mais precisamente da relação entre cunhados; mas foi a partir das formulações de Overing (1984) acerca da importância da diferença para a reprodução social que o lugar da alteridade nesses sistemas socioculturais tornou--se objeto de hipóteses e debates. Viveiros de Castro (1993) fez um balanço teórico do parentesco ameríndio a partir de uma articulação com a filosofia da alteridade própria aos grupos sul-americanos. O autor apontou uma "fratura da afinidade nos sistemas amazônicos": de um lado, teríamos a "afinidade atual", atraída para a consanguinidade por meio da endogamia local, da troca simétrica reiterada, das alianças avunculares e patrilaterais, das ideologias de consubstanciação, entre outros mecanismos que, pode-se dizer, transformam afins em parentes; de outro lado, a "afinidade potencial", extrapolando o domínio da aliança matrimonial e constituindo-se em idioma simbólico da abertura do interior para o exterior, da passagem do local ao global, via processos de troca simbólica (ibidem, p.179 e passim). Análises concentradas em processos desse tipo, como a guerra, o canibalismo, o xamanismo, a caça, os ritos funerários, foram de grande importância para o entendimento do significado da categoria da afinidade e do seu papel como um operador sociocosmológico central nas sociedades ameríndias. Viveiros de Castro (ibidem) apresenta a bibliografia pertinente.

Em análise recente, Viveiros de Castro (2002a, p.406) aprofundou o exame da dicotomia consanguinidade/afinidade nas terras baixas, sugerindo em síntese que

> o parentesco amazônico distribui diversamente os valores que associamos a tal distinção, atribuindo à afinidade a função do "dado" na matriz relacional cósmica, ao passo que a consanguinidade irá constituir a província do construído, daquilo que toca à intenção e ação humanas atualizar.

A ideia de que a afinidade (ou a 'diferença') seja concebida como dada e a consanguinidade (ou a 'identidade') como construída pode lançar luz sobre o tema da posição feminina no Uaupés. Quanto à primeira proposição, vimos que, ao emergir do corpo da cobra, os ancestrais dos diversos grupos já portam as insígnias distintivas distribuídas pelo Criador: línguas, objetos cerimoniais etc. De um fundo indiferenciado de seres que vivem se transformando uns nos outros, o Criador determina, a um só tempo, a humanidade e a diversidade social. Assim, pode-se dizer que a criação da humanidade e sua diferenciação em relação aos outros seres e elementos do cosmos coincide temporalmente com a criação da sociedade, e que esta se constitui tendo a *diferença como um dado*.[5] A relação entre os grupos que trocam mulheres é uma relação entre unidades que se concebem como diferentes, e isso nos remete novamente às ideias de Overing (1984), mencionadas no início do capítulo: nada se reproduz sem uma pitada de alteridade, e a presença do Outro é fundamental.

De outro lado, como fazem crer alguns autores (por exemplo, Goldman, 1963, p.43; S. Hugh-Jones, 1993, p.117), a forma como são estruturadas as relações cotidianas (leia-se, aqui, não rituais) revela uma estratégia de dissolução das diferenças no interior do grupo local. Os afins são consanguinizados por meio da consubstanciação levada a efeito pela corresidência. Além disso, os ideais de casamento genealogicamente próximo, troca simétrica reiterada e aliança patrilateral concorrem para subtrair parte do teor de exterioridade que reveste a relação com os afins efetivos. Esse trabalho de consanguinização dos afins ocorreria por meio do eclipsamento sempre renovado da afinidade, ao longo do processo de construção do parentesco (Viveiros de Castro, 2002a).

Duas características marcam a forma específica como a dialética entre a identidade e a diferença é concebida no Uaupés: a espacialização e a generização de seus conteúdos. Transformando-se em uma dicotomia entre interior/exterior, ou entre homens/mulheres, a oposição nós/ outros não deixa, contudo, de estar premida por uma tendência ao englobamento do segundo termo pelo primeiro, no contexto da vida cotidiana do grupo local, hoje representado pela comunidade ribeirinha.

---

5 Isso inclui também os brancos, que, todavia, teriam se separado dos grupos do Uaupés em um determinado momento da viagem. A mitologia de origem e o estabelecimento das diferenças entre os diversos grupos do Uaupés e entre índios e brancos serão objeto de discussão no capítulo 5.

Inversamente, nas ocasiões em que o grupo é reificado e celebrado como tal, sobretudo nas de caráter ritual, a diferença é novamente reintroduzida em seu interior: homens e mulheres veem-se espacialmente segregados, a consanguinidade e a afinidade são novamente colocadas em oposição. A vida na comunidade se estrutura pela dinâmica que põe em relação permanente esses dois termos.

As esposas estrangeiras possibilitam a reprodução social da comunidade que as recebe e acolhe. Ao se imiscuir no interior do grupo de agnatos do marido, elas introduzem diferença num núcleo de identidade que precisa ser constantemente reafirmado. Mas por meio da corresidência, da convivência diária e da partilha de alimentos com os outros moradores, vão sendo elas próprias atraídas para dentro. *O destino da esposa é se consubstanciar*. Mas o processo é parcial: ele não poderia ser pleno porque a diferença que as mulheres estrangeiras representam, sua alteridade, precisa ser em alguma medida preservada, dado o papel crucial que possui na reprodução física e social do grupo. Agregadas ao grupo agnático como parentes, puxadas para o seu interior pela força centrípeta dos processos de consubstanciação, as mulheres promovem, ao mesmo tempo, uma cisão estrutural entre os irmãos, que pode levar a episódios de fissão. A posição das mulheres estrangeiras é, portanto, a objetivação mais acabada de uma contínua dialética entre consanguinidade e afinidade, entre identidade e alteridade, entre interior e exterior.

A irmã, por sua vez, será sempre uma consanguínea: a identidade com os irmãos é preservada ao longo de toda a vida, e ela jamais deixa de pertencer ao grupo em que nasceu, podendo inclusive voltar quando viúva. Porém, ao longo do processo de construção do parentesco, sua trajetória vai no sentido inverso daquela percorrida pela mulher que chega na comunidade. *O destino da irmã é se desconsubstanciar*. Mais cedo ou mais tarde, ela deixará sua comunidade para residir com um grupo estranho, com o qual vai conviver e para o qual vai gerar filhos. Portanto, tomando como referência o parentesco em sua dimensão processual, eu diria que a valorização do princípio agnático – e todo o androcentrismo que vai a reboque – afeta com maior intensidade a posição das mulheres solteiras. À parte considerações de ordem afetiva, e observando a questão de um ponto de vista formal, podemos concluir que a produtividade da mulher solteira para a reprodução do grupo concentra-se em seu caráter de elo com os outros. Somente na geração seguinte, quando sua filha (idealmente) voltará como esposa do filho de seu irmão, a capacidade criativa da mulher que saiu se tornará efetiva para a continuidade de seu próprio grupo (C. Hugh-Jones, 1977).

Por todo o exposto acima, é possível dizer que a posição da mulher solteira é marcada por uma assimetria em relação a seus germanos do sexo masculino, e que, se há um domínio das relações interpessoais em que a dominância simbólica do masculino sobre o feminino atualiza-se de forma mais eloquente, é na relação entre irmão e irmã. No âmbito da comunidade local, a tensão entre interior e exterior incide sempre sobre as mulheres, sejam irmãs ou esposas, mas é sobre as primeiras que ela se materializa sem disfarces: enquanto os roteiros da vida cotidiana se encarregam de dissimular a diferença entre marido e mulher, para que a comunidade exista e o processo do parentesco siga seu curso é necessário que a irmã vá embora.

Para ilustrar esse ponto, lembro que, em nossa visita à comunidade de São Pedro, visualizamos o posicionamento limítrofe das mulheres solteiras na distribuição espacial das pessoas no centro comunitário durante a refeição coletiva que se seguiu à pescaria coletiva com timbó. A comunidade se dividiu em três grupos: homens (solteiros e casados), mulheres casadas e mulheres solteiras. Os homens comeram juntos, próximo à porta principal, chamada 'porta dos homens', enquanto as mulheres solteiras ficaram mais próximas à 'porta das mulheres'. No meio, as mulheres casadas (cf. Figura 2, p.77).

Em suma, podemos dizer que o desafio da vida social é assimilar produtivamente o exterior, e a partir dele produzir parentes, mantendo contudo o lastro de alteridade necessário à existência. A importância da vida em comunidade é tornar possível a convivência de que depende o processo de produção do parentesco, os valores da sociabilidade comunitária transbordando os limites da ideologia patrilinear. Não à toa, a comunidade produtiva é uma via de prestígio que de certo modo transgride o modelo da hierarquia entre os grupos. Mas tomando o ponto de vista das mulheres, devemos nos perguntar: se 'viver bem'[6] é conviver, compartilhar, tratar bem os parentes, criando e recriando o ambiente de familiaridade que produz consanguinidade, como elas vivenciam o fato de estar sempre marcadas pela condição de Outro? Ao versar sobre a ideia de 'não se estar no lugar certo', as melancólicas cantigas improvisadas pelas mulheres já nos deram algumas pistas sobre a sensação de deslocamento que elas experimentam. Nos capítulos que se seguem, dedico-me a descortinar um pouco mais a subjetividade feminina, concentrando minha atenção principalmente na percepção daquelas mulheres que deixam as comunidades para viver na cidade de São Gabriel, onde, como veremos, a noção de 'deslocamento' sofre inflexões particulares.

---

6 A expressão é tomada de empréstimo de uma formulação de Peter Gow sobre o parentesco Piro (1997, p.56): "o termo significa, literalmente, 'morar e não fazer mais nada'; ele se refere à tranquilidade do dia a dia da vida na aldeia, a uma vida marcada pela ausência de qualquer tristeza, insatisfação ou ressentimento que leve uma pessoa a querer se mudar. ... O que teríamos que definir como parentesco, para os Piro, é esse 'viver bem'. Ele se destaca contra um fundo cósmico de Alteridade, um mundo de Outros com quem os Humanos de uma aldeia Piro mantêm uma variedade de relações, mas com quem não se pode viver bem".

Caderno de ilustrações 1
Cenas de um casamento

Desenhos e texto de Feliciano Lana

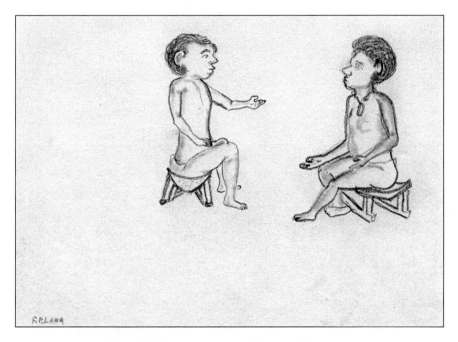

1
Dois homens se encontram sentados em seus bancos. O da direita é o pai da moça, e o da esquerda é o que vem pedi-la em casamento.

2
Enquanto os dois discutem, os companheiros [do rapaz] já levam a moça, agarrando-a. Isso era sempre à noite.

3
Aqui se encontra um par deitado na rede de trinta fios. É sinal de que a moça gostou do homem.

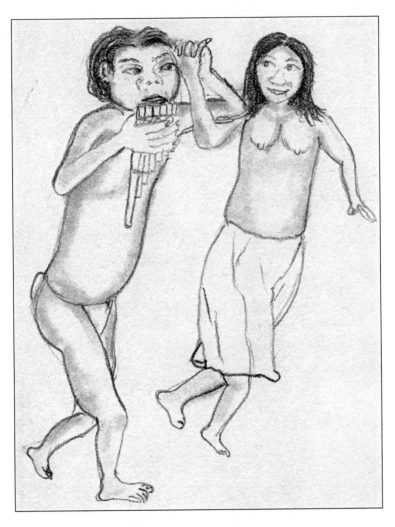

4
Neste desenho se vê um par dançando cariço. Nesse instante, os dois começam a se gostar e a namorar. Ambos apertam os dedos durante a dança.

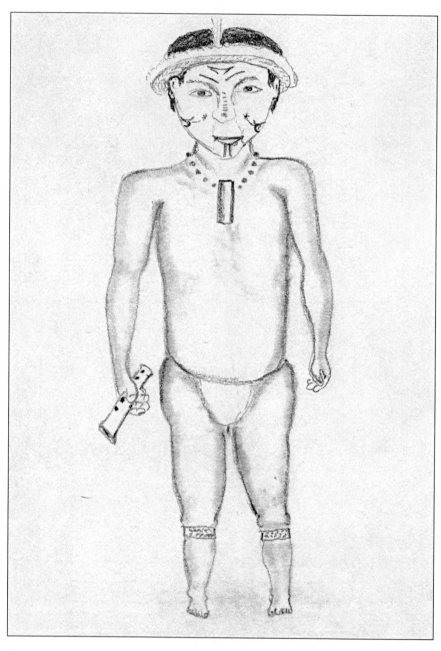

5
Um homem pintado com carajuru e o cocar em sua cabeça. A lei dos antigos era para estar sempre bem ajeitadinho, senão as mulheres não queriam casar.

6
Mulheres também eram sempre pintadas.

7
No dia seguinte àquele em que recebeu sua mulher, o moço sai para pescar. Quando volta, oferece um enfiado de peixe para sua esposa pela primeira vez. Dizem que quando ela não aceita ficar com ele, quando é uma questão negativa, ela não recebe o enfiado de peixes.

De volta ao Lago de Leite

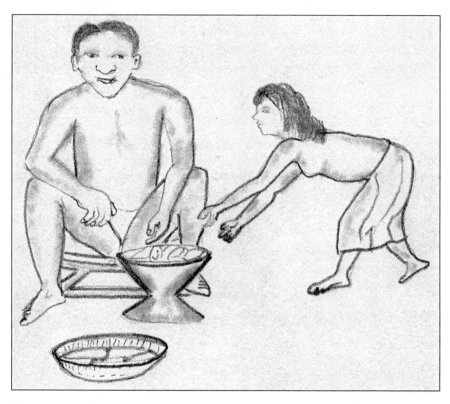

8
A mulher está oferecendo um pratão de peixe para o rapaz comer. Quando o homem não gosta da mulher, ele não come a comida que ela oferece.

9

Duas mulheres carregando enormes paneiros de mandioca, a que está na frente é a nora, em seu primeiro dia de trabalho com a sogra.

10

A mulher recém-casada ajuda no trabalho de espremer manicuera e tirar goma de mandioca do cumatá. Na bacia, acolhe a goma. O oferecimento entre homem e mulher: negócio de comidas e ajuda no trabalho. Para os recém-amigados, são dias de casamento.

Segunda parte
Virando branca, mas não completamente

Prólogo

Nos capítulos seguintes, proponho-me a refletir sobre uma série de fenômenos que hoje fazem parte da experiência social dos índios residentes na cidade de São Gabriel da Cachoeira, buscando seu sentido à luz da sociocosmologia nativa. Assim, certos fatos que, à primeira vista, podem ser interpretados como sinais de um processo de desintegração social, revelam-se significativos a uma análise mais cuidadosa. O caso das uniões matrimoniais entre mulheres indígenas e homens brancos torna-se exemplar nesse sentido.

É fato notório em São Gabriel que uma grande proporção das índias expressa uma preferência pelos brancos como parceiros sexuais e matrimoniais. Boa parte da controvérsia que envolve esse assunto na cidade deve-se à noção, corrente no senso comum da população não indígena, de que, ao optar pelo casamento com brancos, elas estariam perseguindo interesses individualistas. Assim, tenta-se explicar tais uniões, por exemplo, pelo desejo feminino de acesso a mercadorias e outros bens. De fato, o desejo de obter mercadorias é, em larga medida, fonte de motivação não só para os casamentos com brancos, mas também para boa parte das escolhas e decisões que os índios do Alto Rio Negro fazem ou tomam hoje em suas vidas. De todo modo, mesmo que o coloquemos em perspectiva e o situemos no contexto social que o produz, o desejo por mercadorias só explicaria uma parte da história. Alcançar o significado dos casamentos com brancos depende de compreender de que forma eles dialogam com o sistema de relações sociais nos quais as mulheres indígenas estão inseridas.

Em certos aspectos, essas uniões apresentam semelhanças notáveis com os casamentos tradicionais. Aos olhos de seus parentes, quando se unem aos brancos, as mulheres se posicionam na zona limítrofe da exterioridade. Oportunamente, veremos por quê. Por ora, basta notar que, embora os afins brancos representem uma alteridade específica, os casamentos com brancos reeditam a experiência de tornar-se Outro, que vimos caracterizar o ciclo da vida feminina no Uaupés. Isso não significa, absolutamente, que eles não devam ser vistos como resultado da agência (*agency*) das mulheres. O que cumpre investigar é justamente a trama de relações sociais que engendra o ponto de vista feminino na cidade.

Porém, também podemos entender tais casamentos como parte de um processo mais amplo, passível de ser caracterizado como um movimento na direção do mundo dos brancos e daquilo que o representa, no qual se envolvem homens e mulheres, jovens e velhos, e cuja manifestação imediatamente apreensível é a mudança de famílias inteiras para a cidade. Na Introdução, vimos que os índios do Uaupés possuem uma longa história de contato com os brancos, iniciada no século XVIII e marcada por episódios de escravização, trabalho forçado em seringais e, mais recentemente, pela relação permanente com os missionários salesianos, que mantiveram, entre os anos 1920 e 1970, um programa de catequese e civilização com ênfase na educação escolar de crianças e adolescentes em regime de internato. Desde o início do contato com os salesianos, observa-se um movimento de migração espontânea das comunidades do interior para os centros missionários e para a cidade.

Em muitos casos, a decisão de deixar a comunidade é tomada após um episódio de conflito entre os membros do grupo local (cf. Brandhuber, 1999), mas os processos de fissão, por si só, não explicam por que a mobilidade espacial vem sendo orientada rumo aos centros missionários (Taracuá, Iauareté, Pari-Cachoeira) e urbanos (São Gabriel da Cachoeira, Santa Isabel do Rio Negro, Manaus). Num certo sentido, atualmente, a mudança para esses dois tipos de localidade pode ser vista como fenômeno de mesma natureza. Na visão dos índios, os centros missionários apresentam características urbanas: escola, hospital, telefone, estabelecimentos comerciais, moradores brancos. Em ambos os casos, eles citam a busca por educação escolar, assistência médica e trabalho remunerado como motivações para a mudança. Pretendo levar tais explicações a sério, procurando, ao mesmo tempo, discernir o que há de culturalmente específico na busca pela cidade, que tem se tornado mais intensa nas últimas décadas.

De todo modo, se o processo de deslocamento para a cidade é um fato, isso não subtrai da vida em comunidade o papel de referência simbólica. Ao buscar na cidade o que falta na comunidade, os índios estão abrindo mão daquilo que, segundo afirmam, só a vida em comunidade pode propiciar verdadeiramente: uma existência baseada nos princípios do parentesco. Como vimos anteriormente, é seguindo as regras da convivência própria entre parentes que se promove a diluição das diferenças entre corresidentes e a construção de identidade no âmbito do grupo local. Embora na cidade também haja contextos para o exercício da partilha de alimentos no interior da família extensa e para a ativação dos demais processos de consubstanciação, os índios continuam a sustentar que é só na comunidade que se vive *como parente, como irmão*. Isso nos leva a questionar o que os faz, então, optar pela cidade, ou seja, pela escola, pelo hospital, pelas mercadorias.

Para abordar essa questão geral, meu percurso será o seguinte. No capítulo 3, apresento a cidade e o bairro da Praia, foco privilegiado da pesquisa etnográfica, delineando os esquemas classificatórios que sustentam a visão dos índios sobre seu lugar no espaço urbano e, ao mesmo tempo, distinguem os moradores da cidade de acordo com seu modo de vida. O quarto capítulo é dedicado à descrição e à análise das trajetórias de vida de um grupo de mulheres, com ênfase em suas escolhas e relações matrimoniais. Por fim, no quinto e último capítulo, reflito sobre o movimento dos índios na direção do mundo dos brancos, representado aqui pela escola e pelas mercadorias.

3
Uma cidade e seus significados

Índios e brancos em São Gabriel

No contexto etnográfico do Alto Rio Negro, migração para a cidade, escolarização, inserção no mercado de trabalho, casamentos com brancos são todos processos associados. Ao afirmá-lo, não faço referência somente ao fato de que o primeiro é condição necessária para que os outros se realizem. O que pretendo mostrar neste capítulo é que podemos entender o sentido de todos esses processos, individualmente e em conjunto, a partir de um mesmo esquema de representação, cujos polos, ou limites, são dados pela oposição entre 'índio' e 'branco'.

Essa oposição encontra um referente socioespacial nos termos *comunidade* e *cidade*, que representam dois modos distintos de existência, o primeiro associado ao mundo dos índios, e o segundo, ao mundo dos brancos. Esses dois modos de existência estão sempre relacionados a espaços distintos. No limite, viver como índio seria viver na comunidade, e viver como branco, viver na cidade. Assim, temos, nos dois polos da escala, os binômios *índio–comunidade* e *branco–cidade*. Mas o importante é que o esquema não se reduz a uma oposição de seus polos ou limites. Ele se constitui de um conjunto de posições escalares, que contrastam umas com as outras de acordo com a distância relativa de um ou outro polo. Pode-se levar uma vida mais ou menos identificada com o que se considera 'vida de índio'; ou, tomando como referência o polo oposto, mais ou menos identificada com o que se considera 'vida de branco'. O ponto importante é que, para os índios, há formas distintas de estar na cidade: há aquelas mais próximas do modo branco e outras mais próximas do modo indígena (isto é, mais próximas da vida na comunidade ou no interior).

À medida que alguém se move na escala que vai do polo indígena ao polo branco, ocorrem transformações em seu estilo de vida. No momento em que chega à cidade para ali residir, uma pessoa começa a se diferenciar dos moradores das comunidades ribeirinhas, pois seu modo de vida sofrerá alterações. Contudo, em contraste com um morador mais antigo, o recém-chegado está representando o modo de vida da comunidade. Portanto, as posições não são absolutas. Uma pessoa pode ser identificada com o modo de vida branco ou com o modo de vida indígena, dependendo de quem esteja servindo como referencial de contraste.

A equação índio:comunidade::branco:cidade é conspicuamente expressa no discurso dos índios em vários contextos, refletindo o ordenamento socioespacial não só da região, mas também da própria cidade, como ficará mais claro à medida que avançarmos neste capítulo. Antes, porém, gostaria de mostrar que a inscrição espacial dos termos 'índio' e 'branco' ancora-se nos esquemas cosmológicos dos índios do Uaupés. Para tanto, vamos ao mito, mais precisamente, à narrativa sobre a origem da humanidade e do povoamento da região, que apresento de forma sintetizada e comentada.[1]

Conta-se que a pré-humanidade vivia em forma de *waĩmasa* (gente-peixe) no mundo subterrâneo chamado Terra do Rio Umari. Viviam na-

---

1 A narrativa original, cuja versão integral encontrasse no Anexo 1, foi feita em língua tukano pelo senhor Benedito Assis Tariana, que afirmou tê-la escutado do avô materno Tukano. Posteriormente, foi traduzida para o português por Alfredo Fontes Tukano, genro do narrador. Versões Desana encontram-se em Pãrõkumu & Kehirí (1995[1980]) e Diakuru & Kisibi (1996).

quele mundo escuro como peixes de todas as espécies e tamanhos. Porém, queriam levar uma vida diferente e começaram a se transformar em diversos seres: transformaram-se em gente-pedra, depois em gente-vento, gente-onça, e em vários outros entes. Mas todas essas transformações foram inúteis, tanto como forma de vida quanto como meio para sair do lugar onde estavam. Iniciaram a busca da saída para o mundo exterior até que chegaram à Casa do Rio com Laje, onde uma laje de pedra impediu qualquer passagem. Ainda procurando a saída, eles voltaram a ser gente-peixe e embarcaram em uma grande canoa, chamada Canoa da Fermentação (*Pa'mîri Yukîsi*), que costuma ser representada na iconografia como uma cobra grande. Guiados pela Mãe da Terra (*Ye'pâ Pakó*), chegaram ao Lago de Leite (*Õpekõ-Ditara*), que os índios dizem localizar-se na Baía de Guanabara.

Parte da gente da fermentação, mais precisamente os ancestrais da humanidade, seguiram viagem no interior da canoa que subiu os cursos dos rios Amazonas, Negro e Uaupés. Durante a viagem, os ancestrais iam parando em malocas onde dançavam, faziam festa e sofriam transformações no corpo. Viraram bichos, árvore, estrela e outras coisas, até assumirem a forma humana atual. Em um ponto do território do Uaupés, mais exatamente na Cachoeira de Ipanoré, *Ye'pâ Õ'âkî hi*, uma figura divina, à qual os índios se referem em português como "o Criador", determinou as diferenças entre os grupos, dando a cada um dos ancestrais as insígnias distintivas de sua identidade: a língua, o território, a especialização artesanal.[2]

Ye'pâ Õ'âkî hi dispôs no chão também uma série de objetos para que os ancestrais escolhessem: de um lado, enfeites de dança, como colares de dente de onça, cocares de pena, bastões cerimoniais; de outro, machados, facões, bacias de alumínio, espingardas, e outros objetos industrializados. Os ancestrais dos grupos do Uaupés escolheram os enfeites de

---

2 Entre os índios do Alto Rio Negro vigora uma especialização artesanal que reserva a cada grupo o direito de fabricar um determinado item da cultura material, que se torna desse modo objeto de troca com os outros grupos. Assim, o banco monóxilo é monopólio dos Tukano, o ralador de mandioca dos Baniwa, as máscaras fúnebres de líber dos Kubeo, o cesto-cargueiro dos Maku, e assim por diante (cf. Ribeiro, 1995, p.26). Embora a distribuição dos objetos pelo Criador nem sempre seja relatada pontualmente nas narrativas, os índios afirmam que as prerrogativas artesanais foram instituídas na origem e, por isso, valem para todo o sempre. Certa vez perguntei a um senhor Desana o que aconteceria se alguém de outra etnia, que não Tukano, resolvesse fazer um banco monóxilo e tivesse êxito. Ele respondeu que o banco quebraria em pouco tempo, mesmo que aparentemente perfeito.

dança, e seu irmão mais novo, o ancestral dos brancos, pegou a espingarda e as mercadorias. Nesse momento, *Ye'pâ Õ'âkɨ hɨ* se voltou para os índios e disse: "vocês deveriam ter escolhido as mercadorias. Seu irmão mais novo fez a escolha certa, e por isso vocês serão dominados por ele. Ele será o patrão de vocês". E foi nesse momento que a gente da fermentação deixou o corpo de peixe e tomou o corpo humano definitivamente.

Em seguida, os ancestrais dos índios emergiram do corpo da cobra-canoa e cada um deu origem a um dos grupos de descendência patrilinear, desembarcando em seu território específico. A canoa então começou a descer o rio, para retornar ao Lago de Leite, levando aqueles que haviam permanecido em seu interior – os brancos. (Em outra versão, ao se apossar da espingarda, o ancestral do branco começou a ameaçar os outros com a arma e, por esse ato, foi expulso do Uaupés por *Ye'pâ Õ'âkɨ hɨ*, que lhe ordenou que fosse fazer guerra no Leste; cf. por exemplo S. Hugh-Jones, 1988, p.144.) O percurso de volta, feito pelo ancestral do branco, implicou o retorno ao Lago de Leite localizado no Sudeste, de onde a pré-humanidade teria saído.

A diferença entre brancos e índios remonta a essa separação original, motivada pelo caráter agressivo do branco. O termo em tukano para 'branco' é *pekâsɨ̃*, 'Gente do Fogo',[3] muito provavelmente uma referência ao fato de o branco ter se apoderado das armas de fogo. O termo para 'índio' é *po'teríkɨ hɨ*, cuja tradução seria 'habitantes das nascentes dos rios'. 'Índio' e 'branco' denotam, portanto, identidades referenciadas a espaços repletos de significados, e ocupam as posições polares do *continuum* pelo qual representaremos o processo de alteração do modo de vida dos índios que chegam a São Gabriel para lá residir. Feita essa breve digressão, podemos agora adentrar a cidade.

Em Tukano, *makâ* é a palavra utilizada para designar qualquer lugar povoado, tanto uma comunidade ribeirinha como um aglomerado urbano. No último caso, porém, costuma aparecer seguida do termo *sere* (extenso, grande), ou do sufixo *-roho* (marca do aumentativo). Uma forma ainda mais explícita de dizer 'cidade' é *'pekâsãa makâ*, isto é, 'lugar ou povoado habitado pelos brancos' (cf. Ramirez, 1997).

---

3 *Pekâ* designa 'lenha' e *pekâwɨ* as armas de fogo, em especial a espingarda (cf. Ramirez, 1997).

De volta ao Lago de Leite

Como já mencionei, na percepção dos índios, o interior da região, com o modo de viver que lhe é característico, está associado à identidade indígena, ao passo que a cidade, com seu ritmo de vida próprio, está associada aos brancos. Isso se deve a dois fatores: o primeiro, e mais óbvio, é que todas as cidades, sobretudo aquelas localizadas no percurso de volta da Canoa da Fermentação (Manaus, Rio de Janeiro), são pensadas pelos índios como espaços onde se leva um tipo de vida conectado ao modo branco de ser – outra rotina, outros valores. O segundo está ligado ao fato de o território que hoje compreende a cidade de São Gabriel pertencer tradicionalmente à população Baré. Esse grupo ocupa os cursos médio e superior do Rio Negro e as partes baixas de dois de seus afluentes, Içana e Xié. Os Baré não falam mais seu idioma original – adotaram a língua geral – e estiveram entre as primeiras etnias afetadas pelo contato com os brancos. Até que começassem a tomar parte no movimento de afirmação dos direitos e da identidade indígenas que teve início na década de 1970, quando lideranças do Alto Tiquié e Uaupés deram início à reivindicação da demarcação de suas terras, os Baré eram vistos como brancos pelos outros índios (e também pela Funai). Isso fica explícito, por exemplo, no seguinte comentário, feito por uma liderança indígena ao relembrar o tempo em que frequentou o internato salesiano em São Gabriel, convivendo com alunos Baré nascidos na cidade: "Nós, que vínhamos do interior, nos sentíamos inferiorizados diante dos Baré. Quem falava *nheengatu* [língua geral] era visto como branco, os Baré eram brancos".

A visão da cidade como um 'lugar de brancos' possui implicações importantes para a forma como os índios pensam sua inserção na paisagem urbana. São Gabriel é um cenário para a convivência entre pessoas das várias etnias do Alto Rio Negro e a minoria branca formada por regionais, migrantes nordestinos e de outras partes do Brasil, militares em trânsito, ex-militares fixados, missionários e funcionários das instituições (órgãos públicos e ONGs) que atuam no local. A maior parte dos brancos da cidade reside nos dois bairros de ocupação mais antiga, a Fortaleza e o Centro. Não obstante, a distribuição da população no espaço urbano costuma ser representada pelos moradores da seguinte forma: há índios e brancos em todos os bairros, mas há bairros ditos mais 'indígenas' que outros. E, entre todos, há bairros considerados propriamente 'indígenas', como o Dabaru, que vem sendo formado pela população descida do interior. Assim, embora a população de São Gabriel seja majoritariamente indígena, quando se trata de caracterizar os bairros com base na oposição entre brancos e índios, é esse último polo que aparece marcado. Dito de outro modo, na cidade, a identidade indígena é tida como caso particular, enquanto a identidade branca aparece como caso genérico. Esse parece ser o ponto de vista das autoridades, dos moradores brancos e também dos índios.

Índios e brancos estão diversamente inseridos na estrutura político-econômica da cidade. Os brancos contam com mais possibilidades de acesso às atividades profissionais de melhor remuneração e aos cargos de influência na administração municipal. Além disso, costumam ser mais bem e mais rapidamente atendidos no hospital e nas repartições públicas, segundo afirmam os índios. A natureza e o grau de participação da população indígena na vida urbana conectam-se a uma série de fatores inter-relacionados, como o tempo de residência na cidade, o nível de escolarização e o engajamento em atividade remunerada. Aqueles que estão em São Gabriel há mais tempo têm mais possibilidades de conseguir um trabalho assalariado. E as chances de conseguir uma boa colocação no mercado de trabalho aumentam na proporção do nível de escolarização. De uma maneira geral, os índios recém-chegados permanecem por um bom período à margem do mercado de ocupações tidas como mais qualificadas. Quando têm oportunidade de exercer atividades remuneradas, trata-se usualmente de serviços braçais, como de pedreiro, lavadeira, capinador, lixeiro. Para aqueles que não têm emprego, a roça pode ser a única alternativa de subsistência. E, como veremos, o tipo de trabalho que uma pessoa realiza na cidade é um fator muito importante na constituição de seu estilo de vida.

À distinção entre os bairros de acordo com a proporção numérica de brancos e índios poderíamos, portanto, sobrepor outra, em que eles seriam classificados de acordo com o tempo de ocupação e o modo de vida de seus moradores. Tomemos o exemplo de dois bairros que, se observado o critério da proporção numérica, seriam ambos considerados 'indígenas'. O bairro da Praia é habitado por famílias estabelecidas

De volta ao Lago de Leite

na cidade há pelo menos uma geração, enquanto o bairro Dabaru, mais recente e mais populoso, somente a partir de meados da década de 1980 começou a receber o contingente de migrantes vindos dos povoados rio acima, que chegavam, segundo eles mesmos dizem, em busca de atendimento médico-hospitalar, educação escolar e emprego, e atraídos pelo programa de distribuição de lotes residenciais implantado pela Prefeitura em 1986.

Mas se o tempo de residência na cidade e o modo de vida adotado podem ser critérios diferenciadores dos moradores de ambos os bairros, é preciso, contudo, fazer algumas ressalvas. Também encontramos residindo no Dabaru, mesmo que em menor proporção, pessoas que vivem na cidade há muito tempo e estão afeitas ao ritmo da vida urbana. Um jovem recém-casado nascido na Praia, por exemplo, pode optar por morar no Dabaru, onde tem mais chances de adquirir um lote de terra. Além de a oferta de lotes nesse bairro ser mais abundante, existe a possibilidade de conseguir um terreno gratuitamente, por meio de inscrição para sorteio na Prefeitura. Contudo, os moradores do bairro da Praia hospedam frequentemente parentes recém-chegados do interior, que vêm fixar residência em São Gabriel e, por vezes, se instalam em suas casas por um longo período de tempo. Em resumo, há moradores antigos no Dabaru e novos na Praia. Não obstante, por tratar-se de um bairro de ocupação mais recente, o Dabaru recebe o grande contingente de migrantes que deixam as comunidades e descem o Uaupés para residir na cidade. Por esse fato, apresentaria uma feição 'indígena' mais nítida que o bairro da Praia, no sentido que esse termo adquire no jogo das identidades em São Gabriel. Um novo bairro foi criado mais recentemente, a norte do Dabaru. É chamado de Areal e já está assumindo o lugar simbólico que o Dabaru vinha ocupando na caracterização dos bairros da cidade à época da pesquisa de campo.

Os habitantes do Dabaru possuiriam, assim, um estilo de vida mais próximo ao que é característico nas comunidades ribeirinhas. É importante deixar claro que, ao afirmá-lo, acolho sobretudo a perspectiva dos moradores da Praia e dos outros bairros de ocupação mais antiga, com os quais convivi mais intensamente. Já na visão dos moradores do Dabaru, suas vidas contrastam, mais do que se identificam, com a dos habitantes do interior. De todo modo, pode-se dizer que, em geral, independentemente do bairro onde a pessoa resida, há todo um conjunto de atributos que concorrem para diferenciar o recém-chegado do morador mais antigo, a saber, o papel que o trabalho na roça ocupa na economia familiar, os hábitos culinários, a vestimenta, a postura corporal, as associações conjugais. Porém, ainda que a realidade se apresente mais matizada que a oposição de dois termos pode sugerir, a distinção Praia/Dabaru sobressai na percepção que os moradores de ambos os bairros têm de si próprios e dos outros e, por isso, permito-me tomá-los como representantes ideais de experiências sociais distintas na cidade. Nessa perspectiva, transportando para o contexto urbano a oposição entre a vida na comunidade e a vida em São Gabriel, a distinção Praia/Dabaru promoveria um recorte do campo da experiência indígena em que um modo de existência é qualificado por seu contraste com o outro.

As jovens nascidas no bairro da Praia, por exemplo, referem-se às moradoras do Dabaru como "meninas de sítio", aludindo ao fato de elas terem vivido em comunidades do interior até bem recentemente. Para falar de si próprias, recorrem frequentemente a comparações do tipo: "nós fazemos assim, ao passo que as meninas de sítio fazem de outro jeito". Tal distinção envolve um juízo de valor: as "meninas de sítio" não estariam bem adaptadas à vida na cidade. Em muitas ocasiões, tive oportunidade de observar o comportamento dos jovens recém-chegados do interior e notei que, em determinados ambientes, por exemplo, o da escola, eles parecem realmente desconfortáveis e retraídos diante dos colegas mais urbanos. Em uma atitude que parece instruída pela mesma oposição que as moças da Praia enunciam, costumam mascarar ou até mesmo omitir a sua origem.

Uma diferença notável entre as moças da Praia e as do Dabaru é a forte inclinação das primeiras ao casamento com homens brancos. Entre as moças escolarizadas da Praia, é praticamente impossível encontrar uma que dê preferência a homens indígenas como parceiros sexuais e matrimoniais. Na percepção delas próprias e dos parentes, as mulheres casadas com brancos estariam mais próximas do modo de existência urbano. Mas a relação entre o casamento e o estilo de vida não é de causalidade direta, ou seja, não se deve supor que o modo de vida des-

De volta ao Lago de Leite

sas mulheres comece a sofrer alterações pelo simples fato de elas terem se casado com brancos. Ao mesmo tempo que esses casamentos, efetivamente, produzem transformações significativas nas maneiras e rotinas das mulheres, a própria opção por um parceiro branco já sinaliza um estilo de vida influenciado pelos roteiros da vida urbana.

Ao discutir as conceituações dos índios acerca das diferenças entre os estilos de vida dos moradores antigos e dos recém-chegados, o que farei no próximo capítulo, pretendo mostrar que a oposição entre esses dois modos de existência encontra no idioma da corporalidade um meio de expressão. Seguindo essa mesma linha, vou argumentar que os casamentos das mulheres indígenas com os homens brancos na cidade exercem um papel importante na percepção dos índios sobre o processo de transformação do estilo de vida. Antes, porém, dedico algumas páginas à história de São Gabriel e a uma descrição da cidade e do bairro da Praia.

História e configuração social

A cidade de São Gabriel da Cachoeira, sede do município de mesmo nome, localiza-se a 853 quilômetros de Manaus, numa região rodeada de serras que guardam grande número de referências mitológicas para os grupos indígenas. Mais precisamente, situa-se num trecho do rio Negro repleto de cachoeiras que produzem um ruído intenso e contínuo, cerca de trinta quilômetros abaixo da confluência com as águas do Uaupés. Autores como Oliveira (1995) e Santos (1988) recuperaram um pouco da história da cidade, que resgata os traços mais marcantes do processo de contato dos povos indígenas da região com os brancos. A partir desses trabalhos e de relatos de informantes, retomo aqui apenas os pontos de maior relevância para a nossa discussão.

Resumidamente, sabemos que, em 1759, com a implantação de um forte militar que tinha por objetivo preservar a região da invasão de estrangeiros e promover sua ocupação, deu-se início, no território onde hoje se localiza a cidade de São Gabriel, a formação de um povoado que funcionou ao longo dos séculos seguintes como entreposto comercial e base da ação missionária, ação que vinha sendo promovida desde o século XVII por jesuítas, franciscanos e carmelitas, que realizavam uma obra de catequese acidentada e descontínua (Santos, 1988, p.27; Oliveira, 1995, p.95).

Em 1833, o povoado de São Gabriel da Cachoeira, atualmente sede episcopal, era reconhecido como sede de freguesia. Em uma viagem ao rio Negro, em 1861, o poeta Gonçalves Dias (apud Oliveira, 1995, p.174) visitou o povoado e anotou a existência de "33 casas ... 3 vendas ou Cavernas de Caixeiros ... . Um vigário – Comandante do Forte – com um camarada e oito praças, ... Subdelegado – Juiz de Paz ...". Quando os religiosos da Congregação Salesiana chegaram à região, em 1914, fortemente imbuídos do intuito de catequizar e civilizar os índios, construíram a igreja e os outros prédios da Missão utilizando escombros do antigo forte outrora erguido na rocha hoje denominada Pedra da Fortaleza. Em 1938, São Gabriel foi tornada oficialmente cidade (Santos, 1988, p.28-9). Em suas viagens de campo ao Alto Rio Negro, realizadas em 1951 e 1954-5, o etnólogo Eduardo Galvão (1979) estimou uma população de menos de 600 habitantes para a cidade – à época chamada de 'Uaupés':

> originária da fortaleza de São Gabriel da Cachoeira, das mais antigas vilas do rio Negro, é quase exclusivamente um centro administrativo. É a sede da maioria dos patrões que contratam ou fazem descer índios do rio Içana e Uaupés para serviços temporários nos seringais do médio rio Negro.

São Gabriel é o núcleo de povoamento mais expressivo do Alto Rio Negro. Nas últimas décadas, a utilização da cidade como ponto de apoio do governo para a implementação de programas oficiais de desenvolvimento levou a um crescimento demográfico de consequências sociais notáveis. No início da década de 1970, o projeto de construção de um trecho da rodovia Perimetral Norte, e da estrada que liga São Gabriel a Cucuí, na Venezuela, abriu uma ampla frente de trabalho preenchida em sua quase totalidade por trabalhadores vindos de fora da região, recrutados pelo I Batalhão de Engenharia e Construção do Exército (BEC), e pelas duas empresas construtoras contratadas pelo governo federal, Queiróz Galvão e EIT (Empresa Industrial Técnica). Entre 1970 e 1980, a população passou de 785 para 3.102 habitantes. No período

De volta ao Lago de Leite

de maior afluência de trabalhadores, entre 1974 e 1976, os censos chegaram a registrar seis mil pessoas ali residindo (Santos, 1988, p.31).

A chegada dos operários que construiriam as estradas, a quem os índios se referem como "peões", é lembrada como um período de grande agitação na vida da cidade. Procurei recuperar com antigos moradores um pouco da São Gabriel anterior e a imagem delineada foi a de uma cidade com poucas casas, e uma população branca restrita aos missionários e a famílias de tradição no comércio e influência na política local, como os Gonçalves, de origem nordestina, os Coimbra, que residiam próximo a Cucuí e se estabeleceram em São Gabriel com a abertura da estrada, e os Gonzalez, cujo patriarca de procedência venezuelana casara-se com uma mulher de origem indígena. Havia a igreja, o internato salesiano e alguns pequenos estabelecimentos comerciais. Os informantes relatam que a chegada dos peões foi anunciada pelos padres como um acontecimento fatídico, que viria desestruturar as famílias indígenas e tirar a cidade do mar de tranquilidade em que supostamente vivia. Uma senhora Tukano, hoje casada com um "peão", conta o que ouviu dos padres na ocasião:

> eles nos diziam que os homens que iam chegar eram os Makus dos brancos, viviam no campo, sem família, e cairiam em cima das moças como urubus. Diziam aos pais para tomarem conta das filhas, para que elas não se perdessem. Os pais não conseguiam segurar as filhas, elas iam por aí com os peões.

As empresas construtoras e o BEC foram responsáveis pela entrada de aproximadamente quatro mil homens, entre operários civis e militares de baixa patente, a maior parte vinda do Nordeste do Brasil para morar em alojamentos coletivos. Somente os mais graduados chegavam com mulheres e filhos, e o consequente assédio masculino sobre as moças indígenas teve um impacto considerável na vida das famílias de São Gabriel. Muitas engravidavam dos forasteiros, que na maior parte dos casos não assumiam a paternidade das crianças. Casos de violência sexual também são citados por pessoas que já moravam em São Gabriel na época. Elas contam que os brancos levavam as moças para a estrada em construção para "dar uma geral", ou seja, estuprar em grupo. As vítimas mais frequentes eram as que estavam em São Gabriel sem família, vindas do interior para trabalhar na casa dos funcionários dos escalões mais altos das empresas construtoras e do Exército. Diante dessa situação, e com o objetivo de amenizá-la, passaram a funcionar na cidade dois prostíbulos ("P1 e P2", segundo os índios), o primeiro nas imediações do barracão da EIT, e o segundo, no quilômetro 12 da estrada para Cucuí, ambos hoje desativados. As prostitutas, vindas de fora, eram proibidas pelas autoridades de transitar na cidade.

Contudo, as relações entre as moças indígenas e os operários também se resolviam em desenlaces matrimoniais e a população logo percebeu que, de uma maneira geral, os 'peões' não correspondiam à imagem funesta traçada pelos religiosos, como esclarece uma mulher Tukano: "depois eles [os 'peões'] nos contavam que também vieram com medo. Tinham medo de levar flechada porque aqui só tinha índio".

O projeto de construção das estradas fazia parte do Plano de Integração Nacional do governo federal. Com mudanças ocorridas nos rumos da política nacional, o trabalho passou a ser desacelerado. Já em 1977, as duas empreiteiras se retiravam, e ficou concluída apenas a estrada para Cucuí, a cargo do BEC. Esse período de expansão populacional fez São Gabriel se desenvolver rapidamente. Investimentos em infraestrutura garantiram o fornecimento de luz elétrica em caráter permanente, graças à instalação de geradores, além de uma rede de distribuição de água. A população passou a contar com duas agências bancárias, uma linha área comercial, uma estação da Radiobrás, uma repetidora de TV, bares e clubes noturnos. Ruas foram abertas e novos bairros surgiram.[4]

Na mesma época da construção da estrada, intensificava-se o processo de migração dos índios das comunidades do interior para a cidade. A cidade em crescimento atraía os que nutriam esperanças de conseguir um emprego. Embora as perspectivas de trabalho remunerado já fossem relativamente reduzidas para a população indígena, sobretudo para os recém-chegados, a expansão urbana alimentava expectativas e o fluxo migratório a jusante tornou-se um traço marcante da dinâmica

---

4 Mais detalhes sobre o processo de urbanização de São Gabriel podem ser encontrados em Santos (1983).

sociodemográfica do Alto Rio Negro. O processo acelerou-se ainda mais com o fim do sistema de internato nos colégios salesianos no início da década de 1980,[5] quando as famílias dos alunos se viram compelidas a viabilizar moradia em São Gabriel para que eles pudessem completar os estudos. Em meados daquela década, a implantação do projeto Calha Norte na região (cf. Introdução), e a consequente militarização da fronteira, concorreram ainda mais para acelerar o processo de urbanização.

A partir de 1983, uma segunda leva de forasteiros ainda afluiu à cidade, estimulada pela descoberta de ouro por índios Tukano na Serra do Traíra, no rio Tiquié. Até que fossem inteiramente controladas pelos índios, as jazidas tornaram-se objeto de uma série de disputas e conflitos, que envolviam também duas empresas mineradoras (cf. Buchillet, 1991; Cabalzar, 1996; Cabalzar & Ricardo, 1998, p.99). Passada a febre do ouro, muitos dos garimpeiros permaneceram em São Gabriel. Desde então, a cidade vem crescendo aceleradamente. Para se ter uma ideia do ritmo desse crescimento, à época da pesquisa havia cerca de 700 famílias à espera de um lote de terra na cidade,[6] cuja população somava 11.499 pessoas (IBGE/2000).

De todos os efeitos da nova situação, mais relevante para o tema que nos ocupa é a configuração social resultante da entrada de um grande número de trabalhadores braçais e militares brancos que optaram por estabelecer residência em São Gabriel na esperança de melhores condições de vida. Podemos dividir a população branca masculina de São Gabriel em dois grupos, concebidos aqui de forma um tanto rudimentar. O primeiro, formado por homens fixados na cidade, que costumam estabele-

---

5 O fim do sistema de internato foi motivado pelo corte de verbas federais e ocorreu de forma gradual. O internato masculino de São Gabriel foi o primeiro a ser fechado e, entre 1985 e 1987, foram desativados os de Iauaretê, Taracuá, Pari-Cachoeira, Assunção do Içana e o internato feminino de São Gabriel (Cabalzar & Ricardo, 1998, p.99).

6 À época da pesquisa, a distribuição dos lotes de terra, localizados na região setentrional da cidade, era gratuita e por sorteio. Das 700 pessoas cadastradas à espera de um lote, 30% já haviam sido sorteadas anteriormente, venderam o lote e retornaram à lista de espera, 65% viriam ou pretendiam vir do interior, e apenas 5% eram de outras áreas do Amazonas ou do país, a maioria militares e remanescentes da atividade garimpeira (Fonte: Prefeitura de São Gabriel, Setor de Terras, agosto de 2000).

cer relações matrimoniais com as índias, inclui: membros das famílias tradicionais na região, que ainda controlam boa parte dos estabelecimentos comerciais de renome e influem na política municipal, eles próprios frutos do processo de miscigenação entre brancos e índios; migrantes nordestinos, que chegaram para trabalhar na construção das estradas na década de 1970, a maioria exercendo hoje ocupações como as de mestre de obras, pintor de paredes, borracheiro ou pequeno comerciante; militares em movimentação ou ex-militares de baixa patente que resolveram permanecer em São Gabriel, assumindo ocupações profissionais variadas, como as relacionadas acima; remanescentes da atividade garimpeira, alguns dos quais integram atualmente o contingente de taxistas da cidade; e, por fim, os descendentes de todos esses homens acima citados. Um segundo grupo é formado por missionários católicos e protestantes, pesquisadores e técnicos em trânsito, representantes de organizações não governamentais, profissionais da área da saúde e oficiais militares. Os homens que compõem esse grupo não costumam se casar com as índias, e quando fixam residência na cidade é por tempo limitado.

Para melhor situar os brancos no contexto de nossa discussão, é importante notar, por ora, que a categoria 'branco' não frequenta o discurso dos índios de São Gabriel de forma monolítica. Os brancos residentes na cidade são diferenciados com base em uma subclassificação: de um lado, os nascidos na região, descendentes dos antigos moradores, dos operários, dos garimpeiros ou dos militares que fixaram residência na cidade há mais de uma geração; de outro, os que chegam de fora. No limite, os termos 'de fora' e 'da região' poderiam ser traduzidos por 'branco' e 'índio': os índios representariam a categoria 'da região' em sua acepção mais extrema (cf. Santos, 1988, p.107), ao passo que os brancos vindos do Sul, de passagem por São Gabriel, representariam o que há de mais próximo ao que os índios concebem como o modo de ser e de viver branco. A distinção por origem geográfica torna-se interessante justamente por trabalhar com a fluidez que caracteriza a zona intermediária da escala de classificação social. Por exemplo, o filho de mãe indígena e pai de fora, nascido em São Gabriel, não é considerado categoricamente 'índio', embora também não seja visto como um branco do mesmo tipo dos que vêm de fora. Quando se diz que essa pessoa é 'da região', exprime-se o caráter ambíguo de sua identidade – a parcela indígena, ainda que fraca, porque materna. Assim, pode-se dizer de alguém, por exemplo, "ele não é índio, *mas* é da região".

Vejamos um exemplo de situação em que a diferenciação entre os homens de fora e os da região se torna particularmente operante. Como já foi dito, entre as jovens mais escolarizadas de São Gabriel, dificilmente encontramos uma que não dê preferência aos brancos como parceiros sexuais e matrimoniais. Com efeito, a maioria das jovens com que tive contato mais intenso durante a pesquisa afirmava jamais ter namorado um rapaz indígena. Esse era o caso de Teresa,[7] quando a encontrei pela primeira vez. Pouco tempo depois, ela envolveu-se com o movimento indígena e tornou-se muito ciosa de sua identidade étnica. Assumir que preferia namorar com brancos passou a ser fonte de constrangimento para Teresa, que, em certa ocasião, me disse: "é uma vergonha dizer isso, mas realmente nunca namorei um índio, todos os namorados que tive eram de fora". Tempos depois, ela me visitou, alegando ter algo muito importante a revelar. Orgulhosa e efusiva, contou que estava namorando um rapaz da região: embora não fosse índio, era nascido em São Gabriel. Percebi então que, para Teresa, ser da região era quase como ser índio, e que a ligação com o novo namorado a livrava parcialmente do incômodo de ter sempre preterido os índios em favor de brancos vindos de fora, apesar de ser uma moça politizada.

Assim, a escala de classificação social que vai do polo indígena ao polo branco também funciona para diferenciar a população branca de São Gabriel. Há brancos mais ou menos 'brancos', da mesma forma que há índios mais ou menos 'índios'. O branco que chega de fora é mais 'branco' que aquele que nasceu na própria região. O branco 'da região' está mais afastado do polo 'branco' não só por sua provável ascendência ribeirinha, mas também pelo fato de levar uma vida mais identificada com o estilo de vida indígena. Tudo se passa como se, ao conviver com índios, ele se tornasse um pouco índio também. Não à toa, os 'peões', que foram os primeiros brancos a estabelecer relações matrimoniais com

---

7 Lembro que, para preservar a identidade dos informantes, os nomes apresentados são fictícios (cf. Convenções).

as mulheres indígenas de forma sistemática, são considerados pelos índios os menos 'brancos' de todos os brancos vindos de fora. Em uma ocasião, um grupo de homens indígenas me disse, em tom chistoso, que seus cunhados 'peões' eram como "restos de *pekãsãa*", ou seja, restos de brancos.

À medida que os dados etnográficos forem sendo apresentados aqui e no próximo capítulo, os princípios que sustentam esses esquemas classificatórios tornar-se-ão mais claros, e os meandros das definições de 'índio' e 'branco' poderão ser mais bem percebidos. Comecemos por conhecer um pouco da vida dos moradores do bairro da Praia, cujas trajetórias na cidade serão o ponto de apoio sobre o qual vou sustentar minha argumentação.

A vista da praia

A cidade de São Gabriel cresceu inicialmente em torno do antigo forte e dos prédios da Diocese. O forte já não existe, mas o conjunto arquitetônico formado pela Igreja, pelo Colégio São Gabriel e pela sede diocesana ocupa ainda um lugar de destaque na configuração urbanística da cidade. Destoando de tudo o que se pode ver em São Gabriel por sua grandiosidade, ele dá ao viajante uma impressão do poder e da influência que a Missão Salesiana chegou um dia a exercer na região.

São dez os bairros de São Gabriel: Areal, Boa Esperança, Centro, Dabaru, Fortaleza, Graciliano Gonçalves, Nova Esperança, Padre Cícero, Praia, São Jorge.[8] À exceção do Areal e do loteamento mais recente do

---

8 A definição dos limites dos bairros da cidade é bastante fluida. Não existe uma versão oficial, assumida pela Prefeitura, e isso alimenta visões ligeiramente discrepantes. Por exemplo: há quem perceba como um bairro independente uma pequena região conhecida como 'São João', que aqui considero parte do bairro da Fortaleza. Porém, o bairro São Jorge é tido por muitos habitantes da cidade como situado dentro dos limites do bairro da Praia. Do mesmo modo, também no caso das áreas cujo estatuto de bairro parece inequívoco, as zonas fronteiriças podem estar sujeitas a interpretações díspares. Tendo em vista essa situação, optei por considerar bairros as áreas cujos habitantes se fazem representar por Associações de Moradores autônomas, o que excluiria, por exemplo, o suposto bairro São João, vinculado à Associação da Fortaleza.

De volta ao Lago de Leite

Dabaru, à época da pesquisa toda a área urbana era servida de água encanada proveniente do rio. Os moradores também contam com fontes de água potável espalhadas pela cidade, embora em muitos casos precisem percorrer grandes distâncias para se abastecer. Não há tratamento de esgoto e os dejetos são lançados em fossas ou em igarapés próximos. O fornecimento de energia elétrica aos bairros é feito por geradores, que nem sempre funcionam de modo satisfatório. E uma parte do Areal ainda não é eletrificada (Fonte: Prefeitura de São Gabriel, Setor de Terras, agosto de 2000).

No mapa da cidade (Anexo 2), o bairro da Praia aparece à beira do rio, ocupando a porção sul-sudeste, e estendendo-se do Centro até o limite oriental, enquanto o Dabaru localiza-se a noroeste. Ao norte desse último está o Areal, que vem sendo recentemente ocupado. O Dabaru e o Areal são relativamente afastados do centro comercial de São Gabriel, e em algumas situações seus moradores, para se locomover, se veem obrigados a tomar ônibus ou carro de lotação.

A rua que margeia a praia é salpicada de estabelecimentos comerciais, entre eles mercearias, bares, restaurantes e um hotel. Situam-se ali também a delegacia de polícia e a sede da Polícia Federal. Embora em pequeno número, há algumas residências de famílias brancas. Importante espaço de lazer, durante os finais de semana a praia é frequentada principalmente por jovens, que se divertem jogando futebol ou voleibol, dançando na palhoça onde se pode tomar cerveja e ouvir a música da moda, ou conversando à sombra dos jambeiros. Ambulantes vendem petiscos e a calçada se transforma em uma espécie de passeio público.

A maior parte da população indígena residente no bairro da Praia ocupa as quatro ruas mais internas e suas vielas, que correm paralelas ou perpendiculares à parte baixa da marginal. É ali que se localiza também o clube onde se realizam as festas de santo, assim chamadas por comemorarem os dias consagrados aos santos no calendário católico. Essa área intestina do bairro possui cerca de 150 casas, habitadas majoritariamente por índios Baré e Tukano. As línguas indígenas predominantes ali são, portanto, a língua geral e o tukano. A partir de agora, é a esse espaço que estarei me referindo como 'bairro da Praia', pois foi nele que concentrei minha atenção ao longo da pesquisa.

Como já foi dito, o bairro da Praia é ocupado por famílias estabelecidas na cidade há uma ou mais gerações. Durante a década de 1970, sua população aumentou significativamente, fenômeno que acompanhou o crescimento da cidade, mas é importante ressaltar que a Praia já era habitada por algumas famílias indígenas antes desse período. Os lotes foram inicialmente distribuídos pela Prefeitura pelo sistema de aforamento,[9] posteriormente cancelado e transformado em concessão de uso.

No bairro da Praia, assim como em toda a cidade, as casas são em sua maioria de madeira, com telhado de folhas de zinco, e se encontram poucas de alvenaria. Elas se localizam bem perto umas das outras. Nos quintais, pimenteiras e outros pequenos cultivos misturam-se às árvores frutíferas. Não raro, uma área livre no terreno da casa original é cedida para que parentes (em geral pais, filhos ou germanos de um dos cônjuges) construam uma residência própria. Assim, se à primeira vista o visitante tem a impressão de que só há casas à beira das ruas, com o tempo percebe que os espaços residenciais podem se multiplicar à medida que se adentram os terrenos particulares. A quantidade de objetos industrializados que se encontram no interior das casas é indicativa da situação econômica da família, mas posso adiantar que boa parte delas possui pelo menos fogão, geladeira, televisão e aparelho de som.

Quando não moram na mesma casa ou terreno, pessoas unidas por laços de filiação e germanidade tendem a residir a pouca distância. O alto grau de fluidez na composição residencial é uma característica marcante da dinâmica populacional do bairro e de São Gabriel como um todo. Entre um período de campo e outro, anotei muitas mudanças na composição das casas pesquisadas. Eis alguns exemplos, cada um deles se referindo a uma casa diferente: uma mulher casou-se novamente e saiu da casa dos pais, deixando com eles os filhos do casamento anterior; dois sobrinhos vindos do interior para estudar passaram a ocupar

---

9 Por 'aforamento' entende-se o contrato pelo qual o proprietário de um imóvel transfere o domínio útil e perpétuo deste, mediante o pagamento de uma taxa anual (Fonte: Prefeitura de São Gabriel da Cachoeira, Setor de Terras, agosto de 2000).

De volta ao Lago de Leite

uma casinha de madeira localizada nos fundos da residência dos donos do terreno; a cunhada da dona da casa voltou para a sua antiga residência em Taracuá depois de uma briga com o marido, levando consigo apenas os filhos menores, que ainda não estudavam.

Também é comum que jovens, homens e mulheres, saiam para estudar ou trabalhar em Manaus. E, além de estarem sempre recebendo parentes vindos do interior, uma parte das famílias possui sítios nas imediações da cidade. Os sítios são propriedades que contêm uma roça, árvores frutíferas, espaço para a criação de animais e acomodações que permitem seu uso como moradia intermitente. Muitos casais, principalmente de idosos, dividem o tempo entre um sítio próximo e a cidade, para onde retornam a intervalos regulares com o objetivo de fazer escoar a produção e passar um tempo com os filhos. Se nem todas as famílias possuem sítios, a maioria delas tem pelo menos uma roça, onde se planta, além de mandioca brava, macaxeira, cana, abacaxi, cará, banana, entre outros itens. Em geral, o trabalho agrícola é realizado de forma sistemática pelas pessoas mais velhas, que contam com a ajuda dos jovens apenas nos períodos de férias escolares, feriados e finais de semana. A maior parte das roças dos moradores da Praia localizam-se ao redor da Serra da Boa Esperança ("no pé da Serra", como dizem), em uma área de propriedade da Diocese. Algumas famílias possuem roças em sítios ribeirinhos nas imediações da cidade.

Para quem não possui roça ou está impedido de trabalhar a sua, a existência de uma rede de troca possibilita o acesso a itens apreciados da culinária indígena. As famílias que contam com renda mensal suficiente para viver razoavelmente bem na cidade fornecem mercadorias aos parentes menos abastados, que por sua vez oferecem alimentos trazidos da roça, muitas vezes já processados. Em visitas a famílias da Praia, presenciei algumas vezes a chegada de parentes carregando sacolas cheias de víveres trazidos do sítio para serem oferecidos aos donos da casa. A retribuição não é imediata e, na ocasião, a oferta soa como um presente.

O arranjo é interessante para ambas as partes: a esse respeito, lembro-me particularmente do caso de Rita, jovem Tukano casada com um militar branco. Como não possuía roça, ela ficava à espera dos itens da culinária indígena enviados pela mãe e pela irmã residentes em uma

165

comunidade próxima a São Gabriel. Certa vez, acompanhei Rita às compras. Ela recebera naquele dia o salário de professora e pretendia fazer uma tomada de preços para decidir se compraria uma estante para a sala ou um armário para a cozinha de sua casa. Depois de uma caminhada pelo comércio da cidade, decidiu adiar a compra dos móveis, mas acabou gastando parte do salário em mercadorias que mandaria para os pais e os irmãos na comunidade: escovas e pasta de dente, pentes, espelhinhos de mão, sabão em barra e sabonete. Enquanto escolhíamos os produtos, Rita falou da necessidade que os parentes sentem dessas coisas e da impossibilidade de as adquirir por si próprios. Além de abastecer regularmente os familiares que vivem na comunidade, a professora costuma realizar transações com as vizinhas menos favorecidas financeiramente, trocando mercadorias como arroz, feijão, sabão e bombril por beiju, quinhapira (caldo de peixe apimentado), farinha e vinhos de frutos de palmeira (açaí, pupunha, buriti). O salário do marido é suficiente para manter confortavelmente a família, e por isso ela pode dispor de seu próprio dinheiro para realizar esse tipo de troca.

Mas o caso rematado da complementaridade econômica é o da parceria entre famílias que deixaram recentemente a comunidade ribeirinha para residir em São Gabriel e parentes que já habitam a cidade há mais tempo, mais abastados e donos de um sítio que necessita de cuidados. Este é o acordo: os primeiros passam a morar no sítio, exploram suas possibilidades produtivas, mantêm o lugar limpo, cuidam dos animais, se os houver, e oferecem uma parte da produção aos proprietários, quando é do interesse deles. Em troca, recebem arroz, feijão, sabão, utensílios de cozinha. O parentesco entre o dono e o zelador – ou o "vigia", como dizem os índios – não é condição *sine qua non* para que se realize essa parceria, mas os parentes têm sempre prioridade.

Até que consigam um lote residencial no Dabaru ou no Areal, as famílias recém-chegadas precisam desse tipo de apoio na cidade. Com efeito, na imensa maioria dos casos, poder contar inicialmente com parentes é condição necessária para que uma família consiga se estabelecer em São Gabriel. A oportunidade de morar no sítio de um parente facilita o início da nova vida e muitas vezes as pessoas continuam trabalhando a terra emprestada mesmo depois de contarem com uma resi-

De volta ao Lago de Leite

dência própria.[10] Com a venda de parte da produção da roça, compram o material para a construção da casa, pagam a conta de energia elétrica, e assim vão se mantendo e criando os filhos até que consigam outra fonte de renda. Quase toda família extensa do Alto Rio Negro possui pelo menos um integrante que recebe aposentadoria rural, mas a quantia é insuficiente para viver bem na cidade, isto é, alimentar-se a contento, ter acesso às mercadorias desejadas e fazer frente às despesas com a educação escolar das crianças (material, uniforme etc.). Para quem não tem condições de arranjar um emprego, fazer dinheiro com a roça é a alternativa mais viável.

Esse é o caso de Amélia e Salustiano. O casal chegou a São Gabriel há aproximadamente vinte anos, atendendo ao chamado de uma irmã de Salu, casada com branco, que precisava de um vigia para o sítio que possui nas imediações da cidade. Ficou combinado que eles morariam no sítio, cuidariam das roças e tratariam dos animais (galinhas e porcos, nesse caso). Com a venda de parte dos produtos cultivados, custearam a educação escolar dos filhos e, anos depois da vinda para São Gabriel, conseguiram dinheiro para comprar um terreno e construir uma casa no Dabaru. Hoje, dividem o seu tempo entre o sítio e a cidade: de segunda a sexta-feira trabalham na roça, e nos finais de semana descansam na residência de São Gabriel, onde moram os filhos solteiros. A moça, de 21 anos, é funcionária da Prefeitura, e o rapaz, de 18, está completando o segundo grau. A filha mais velha, casada com branco, mora na mesma rua, em uma casa comprada pelo marido.

Um outro tipo de arranjo, também frequente em São Gabriel, é a hospedagem de parentes jovens que chegam do interior sozinhos para estudar na cidade. As mulheres casadas com brancos estão frequentemente recebendo em suas casas primos paternos e maternos ou sobrinhos adolescentes, que precisam de um teto enquanto completam os

---

10 Atualmente, a possibilidade de adquirir uma roça própria depende em muito da disponibilidade das terras agrícolas doadas pela Prefeitura. A partir de 1995, cerca de 350 lotes, localizados ao norte da cidade, para além do Dabaru e do Areal, começaram a ser distribuídos a pessoas que se inscrevem e aguardam sua vez na fila (Assentamento Agrícola Teotônio Ferreira).

estudos na cidade. Como possuem uma condição econômica relativamente confortável, elas acabam por ajudar também na aquisição do material escolar, compram roupas, sapatos e eventualmente pagam tratamentos de saúde. Em troca, no período em que não está na escola, o hóspede realiza serviços domésticos para a família que o acolhe – cozinha, lava louça, recolhe o lixo, limpa a casa, cuida das crianças. Entre as índias casadas com brancos, há as que possuem empregada doméstica. Em geral, trata-se de moças vindas do interior; quando não é possível traçar uma relação de parentesco, a dona da casa costuma referir-se à auxiliar, em português, como "minha secretária".

Sem a ajuda dos parentes mais abastados, os recém-chegados correm o risco de passar por privações na cidade. A mulher casada com branco torna-se, assim, uma espécie de arrimo de família: presta auxílio aos pais e irmãos, recebe parentes em sua casa, ampara-os em caso de necessidade. Ajudar os parentes necessitados é, sem dúvida, uma forma de incrementar o seu prestígio no interior da família extensa.

4
De trajetórias, identidades e corpos

Três histórias de vida

Imaginemos que uma pessoa acaba de chegar do interior para residir na cidade. No começo, o recém-chegado necessita da ajuda dos parentes, até ganhar familiaridade com o meio urbano e adquirir uma certa autonomia. Nesse meio tempo, ele vai passando por uma série de alterações em seu modo de viver, sobretudo no que diz respeito à rotina diária e à dieta. A partir da análise da experiência feminina, nosso objetivo agora é compreender como os índios percebem e conceituam esse processo de transformação. No decorrer de nossa visita ao cotidiano das mulheres, ampliaremos o escopo da investigação para ingressar no universo de seus familiares. Assim, será possível situar a fala e as ações femininas no ambiente das relações sociais em que elas estão inseridas, e compreender os casamentos com brancos no contexto dos processos de transformação por que passam os índios na cidade.

Cabe observar que os próprios índios costumam fazer referência a transformações ocorridas em seu modo de vida. Comentários do tipo "não vivemos mais como vivíamos na comunidade" ou "fulana agora vive como branca" são muito frequentes, e o que se pode deduzir das considerações que os acompanham é que, de uma maneira geral, o estilo de vida urbano começa onde termina o trabalho na roça. Esquadrinhemos, pois, os conteúdos simbólicos atrelados aos dois modos de existência.

Como já se sabe, a roça de mandioca brava ocupa um lugar de destaque na vida das mulheres que habitam o Uaupés, exercendo um papel importante na constituição da identidade feminina. Toda mulher casada possui, idealmente, uma ou mais roças sob sua jurisdição. A carga de trabalho que envolve o plantio, a colheita e o processamento da mandioca imprime um ritmo específico ao cotidiano das mulheres e, de certa forma, da própria comunidade ribeirinha. O dia a dia no interior é cadenciado pela alternância entre momentos em que as unidades familiares estão dispersas em seus afazeres e outros em que o grupo se reúne no centro comunitário para conversar e comer junto. Quando as mulheres – ou boa parte delas – saem para a roça, acompanhadas ou não dos maridos, a comunidade torna-se erma e silente. A quietude é entrecortada apenas pelos ruídos de crianças que brincam ao longe ou de um homem que chega da pescaria ou conserta alguma coisa no quintal de sua casa. Esse momento de abandono é condição para a produção da refeição coletiva, que será servida na manhã seguinte no centro comunitário, antes que se retome o trabalho de todo dia. Os movimentos de dispersão e concentração perfazem o ciclo da vida cotidiana da comunidade, ciclo que mimetiza a rotina das mulheres. Todas realizam a mesma sequência de atividades e é justamente isso o que parece diferenciar a vida ribeirinha da vida na cidade: na comunidade, além de se viver junto, todos vivem, a rigor, da mesma forma.

Na comunidade, quando não está na escola, a menina pequena acompanha a mãe em sua lida diária, auxiliando-a no processo de preparo dos alimentos. Como já vimos, aquelas que se mostram mais dedicadas aos estudos costumam ser poupadas do trabalho na roça, ao passo que as menos estudiosas serão orientadas mais intensamente para a atividade agrícola. Mas o mercado de trabalho é bastante reduzido para os habitantes do interior, restringindo-se às atividades de professor e agente de saúde nas comunidades, além de algumas colocações nos centros missionários, como enfermeiro, cozinheiro, marceneiro, faxineiro, pedreiro. Assim, os alunos que completaram o segundo grau podem ter dificuldades em conseguir um emprego, o que faz que a roça continue a funcionar como alternativa econômica mais viável mesmo para jovens que fizeram um grande investimento na educação escolar.

A oposição entre a escola e a roça como opções de percurso de vida para os jovens torna-se ainda mais acentuada em São Gabriel. Embora as chances de emprego para a população indígena também sejam relativamente reduzidas no contexto urbano, alguns fatores concorrem para alterar a significação da roça na vida do morador da cidade, principalmente no que se refere às mulheres. A dispersão espacial das parentelas e a ausência de um corpo social definido, que englobe as famílias e confira um sentido coletivo à existência, abre espaço para a criação de rotinas mais individualizadas. Além disso, a vida urbana impinge às pessoas seu ritmo próprio, ditado por estímulos e exigências de natureza diversa daquela com a qual elas estavam acostumadas quando moravam na comunidade – frequentar filas de banco para realizar e retirar pagamentos, levar e buscar as crianças pequenas na escola, tomar condução para fazer compras ou visitar conhecidos em outro bairro. Diante de tudo isso, o calendário da atividade agrícola vai sendo adaptado de forma que se adeque aos novos roteiros, e o resultado é que o vínculo entre as mulheres citadinas e a roça apresenta-se bem mais variado em intensidade e natureza.

Naturalmente, à medida que uma família pode contar com outras fontes de renda, sua sobrevivência passa a depender menos da produtividade de suas plantações. Mas seria um equívoco imaginar que o fator econômico, ou seja, a necessidade de fazer a roça produzir para que a família tenha o que comer e o que trocar, dê a justa medida do espaço ocupado pela atividade agrícola na estruturação da rotina feminina. Há muitas agricultoras que, a julgar pela situação econômica de que gozam, não precisariam trabalhar na roça para garantir a sobrevivência familiar. Refiro-me a certas mulheres idosas casadas com brancos ou cujos maridos e filhos possuem bons empregos na cidade, podendo abastecê-las com alimentos e mercadorias. Não obstante o fato de não precisarem da roça para viver, elas são vistas diariamente a caminho de suas plantações. Portanto, para abordar de forma compreensiva o processo de transformação do modo de vida de uma pessoa que chega à cidade para residir, é preciso levar em conta, além do tempo de residência em São Gabriel, a geração à qual ela pertence.

A explosão demográfica e o desenvolvimento da cidade datam de três décadas e, entre as mulheres nascidas no contexto urbano, as que cresceram antes daquela época costumam manter a roça como um elemento essencial de suas rotinas e de suas identidades. Para confirmar a importância do fator geracional, basta notar que em uma família recém-chegada do interior as mulheres mais jovens tenderão a participar da atividade agrícola apenas se solicitadas pela mãe ou por outra parente mais velha. Em suma, é o tempo que uma mulher passou na roça que define a importância que o trabalho agrícola exercerá em sua vida quando for residir na cidade. Logo, na escala de classificação baseada na diferença de estilos de vida, as posições polares seriam ocupadas, de um lado, pela mulher idosa recém-chegada da comunidade, para quem o trabalho na roça representa muito mais que uma atividade econômica, e, de outro, pela jovem professora nascida no bairro da Praia, que jamais sonhou tornar-se um dia dona de uma plantação de mandioca.

Para ilustrar esse processo de diferenciação, assinalado por um distanciamento espaciotemporal gradativo em relação à vida na comunidade, e, de modo mais específico, em relação à roça, apresento as histórias de vida de três mulheres pertencentes à mesma família, mas de gerações diferentes, todas residentes em São Gabriel, no bairro da Praia. A família em foco, composta pelo casal mais velho, seus filhos e netos, chegou à cidade em meados dos anos 1970. Recuperando um pouco de sua história por meio de uma análise das trajetórias femininas, vamos acompanhar as transformações ocorridas ao longo das três gerações, que hoje possuem estilos de vida distintos.

Joana

Tomáz, marido de Joana, nasceu em uma comunidade Tukano fortemente estruturada pelo princípio agnático. As sete famílias que ali residiam pertenciam a um mesmo *sib*, cada uma portando um sobrenome branco dado pelos missionários e ocupando um lugar específico na hierarquia da comunidade. A família de Tomáz ocupava uma posição importante, pois seu pai era o segundo na ordem de nascimento dos *siblings*, exercendo a função de mestre de cantos e danças (*bayâ*, ou 'dançarino--cantor', na terminologia adotada por C. Hugh-Jones, 1979). O pai transmitira todo o seu conhecimento ao filho mais velho, mas para Tomáz não houve tempo de aprender, pois aos 8 anos, quando começava a se interessar pelo assunto, foi para o internato. É com tristeza que Tomáz se recorda daquele dia: o padre aportou na comunidade, conversou com seus pais e, em seguida, levou-o consigo. Sem roupa e chorando muito, Tomáz embarcou para integrar a primeira turma do internato masculino de Iauareté, formada por várias crianças com idade aproximada à dele.

No início de sua estada no colégio, Tomáz sentia muitas saudades do pai e da mãe, e só pensava em voltar para perto dos seus. Quando os padres mandavam-no fechar os olhos para rezar, a imagem que vinha à sua mente era a dos pais e irmãos vivendo com os outros parentes na comunidade. O pai morreu um ano depois. Apesar da melancolia que o tomou assim que recebeu a notícia, Tomáz esforçou-se para ser um bom aluno e aprender os ofícios de pedreiro e carpinteiro. Depois que completou o estudo básico, correspondente às quatro primeiras séries do antigo curso primário, pôde então voltar a viver na comunidade, onde ficou até o final da adolescência, ajudando a mãe e os irmãos na subsistência econômica da família.

Aos 20 anos, aproximadamente, os padres chamaram-no para um serviço de construção na Missão de Taracuá, e foi ali que ele conheceu Joana, moça Pira-Tapuya de 16 anos que estava no colégio realizando serviços para as freiras. Órfã aos 4 anos de idade, Joana passou uma parte de sua infância sob os cuidados das missionárias, a pedido do avô, que se considerava incapaz de tomar conta, sozinho, de uma criança tão pequena. Quando a neta completou 10 anos, ele a levou de volta para a comunidade. Como havia morado com as freiras, Joana tinha bom trânsito entre elas e, já moça, de vez em quando ia a Taracuá trabalhar no colégio para "ganhar roupa".

Foi durante um desses períodos de trabalho na Missão que conheceu Tomáz. As freiras aconselharam-na a se casar com o rapaz, alegando que ele era trabalhador e que seria um bom marido. Ao mesmo tempo, o padre dizia a Tomáz que Joana daria uma boa esposa. Tomáz foi conversar com Joana no colégio e três meses depois se casaram ("com coroa, sapato e flor", frisa Joana).

Recém-casados, foram morar na comunidade de Tomáz. No início, Joana trabalhava na roça da sogra, segundo ela uma pessoa difícil de lidar. Logo depois, porém, o marido abriu uma roça para ela. O casal teve oito filhos, dos quais apenas quatro sobreviveram: Luís, José, Rosa e Pedro. Joana cuidava da roça e processava a mandioca, Tomáz caçava e pescava. Assim, os dois garantiam a alimentação da família e, às vezes, ainda conseguiam trocar com os missionários frutas e farinha por sal, sabão, anzol, roupas. Mas a vida na comunidade estava difícil: Joana sentia necessidade de mais roupas para os filhos, panelas de alumínio e outros objetos. Para obtê-los, o casal passava períodos de tempo em Iauaretê trabalhando para os salesianos. Tomáz fazia serviços de carpintaria e construção, e Joana lavava roupa para as freiras. Depois que conseguiam os itens desejados, retornavam à comunidade.

Logo depois do nascimento de Rosa, já com três filhos, eles partiram para a Colômbia, onde Tomáz foi trabalhar na extração da borracha. Segundo Joana, o objetivo principal era juntar dinheiro para a aquisição de uma máquina de costura com a qual ela pudesse confeccionar em casa as roupas da família. Porém, não tiveram sucesso. A produção de Tomáz no seringal era toda destinada ao pagamento da dívida contraída ao retirar fiado alimentos e roupas no armazém local. Joana trabalhava nas roças do patrão e cozinhava para os outros empregados, e Tomáz, além de trabalhar no seringal, caçava e pescava. Mesmo assim, estavam sempre endividados.

Ao perceber que não conseguiriam juntar a quantia que desejavam, voltaram para a comunidade. Mantendo o expediente de, vez por outra, passar um tempo em Iauaretê trabalhando na Missão, conseguiram custear os estudos de Luís e José, que a essa época já estavam no internato. Luís aprendeu carpintaria e, terminada a quinta série, começou a trabalhar para os padres. José foi para São Gabriel, onde continuaria os estudos. Porém, quando completou a oitava série, os salesianos resolveram mandá-lo para o seminário em Manaus. Tomáz e Joana opuseram-se terminantemente à ideia, e insistiram para que o filho fosse trazido de volta. Liberado do seminário, José foi para São Gabriel, onde completou o segundo grau e se formou professor. Nessa época, Luís também já estava na cidade, onde trabalhava como carpinteiro.

Orgulhosos do filho que em breve receberia o diploma de professor, Tomáz e Joana prepararam-se para assistir à cerimônia de formatura em São Gabriel. Convidaram todos os moradores da comunidade para a viagem de canoa, que levaria vários dias. Joana havia arranjado uma grande quantidade de farinha e frango para a alimentação dos viajantes. Contudo, na hora do embarque, o funcionário local da Funai disse a Tomáz que não permitiria que o restante da comunidade o acompanhasse. Diante disso, Tomáz seguiu apenas com a mulher e os dois filhos pequenos. Como eram apenas os dois a remar a canoa, não chegaram a tempo de assistir à formatura. Houve rumores, depois, de que a interferência do funcionário deu-se a pedido dos parentes de Tomáz, que não queriam fazer uma viagem tão longa e hesitavam dizê-lo abertamente. Nunca se soube ao certo o que ocorreu. O resultado, contudo, foi que Tomáz, desgostoso, resolveu não mais voltar para a comunidade, alegando que seria muito penosa a travessia de volta, rio acima.

Quando o casal chegou a São Gabriel com os dois filhos mais novos, Luís e José moravam juntos no bairro da Praia, em uma casa próxima à de uma irmã de Tomáz, que já estava na cidade havia alguns anos. Tomáz e Joana estabeleceram residência em um sítio ribeirinho que os filhos haviam adquirido nas imediações da cidade. Os caçulas Rosa e Pedro foram matriculados no colégio da Missão e Joana passou a cuidar das roças do sítio dos filhos, com a ajuda de Tomáz. Joana conta, emocionada, que com os primeiros salários como professor José conseguiu comprar para ela uma máquina de costura.

Algum tempo depois, Tomáz e Joana mudaram-se para uma casa no bairro da Praia e, a partir de então, Joana passou a dividir seu tempo entre o sítio e a casa na cidade. Atualmente, quando está em São Gabriel, passa boa parte do tempo na casa da filha, tomando conta dos netos.

Rosa

Rosa, a única mulher entre os filhos de Tomáz e Joana, recorda-se com nostalgia da infância passada na comunidade. Gosta de lembrar, particularmente, do irmão mais velho de seu pai, que conhecia em detalhe as narrativas míticas, as músicas e danças rituais, e gostava de ensinar a quem se mostrava interessado. Embora o seu objetivo fosse passar tais conhecimentos para os filhos homens, o tio não se aborrecia quando Rosa ficava por perto, escutando as conversas que ele costumava entreter com outro velho da comunidade, enquanto os dois mascavam *ipadu* (*Erythroxylum cataractum*), à tardinha. Durante as festas, esse tio usava belos adornos, e a imagem daquele homem todo enfeitado ficou fixada para sempre na mente de Rosa: "a roupa parecia feita de pluma. Os brincos brilhavam igual sol". E completa: "Meu tio tinha uma malinha, onde guardava todas essas coisas de dança. Eram para nossas festas. Depois trocou com os padres por um terçado".

Quando os pais deixaram a comunidade e se estabeleceram em São Gabriel, Rosa ainda era uma menina. Já havia estado no internato de Iauareté por três anos, e continuou os estudos em São Gabriel em sistema de externato, até se formar professora. Dos tempos do internato, costuma se lembrar particularmente das preleções morais que as freiras faziam uma vez por semana. Durante essas palestras, elas diziam que as moças não deviam "andar por aí tendo relações com os homens", pois, caso o fizessem, ficariam "perdidas", tornar-se-iam "prostitutas" e "não conseguiriam arranjar marido". O tipo de roupa usado pelas meninas também era objeto de constante preocupação por parte das freiras. Se uma saia fosse considerada curta demais, era remendada sem que se pedisse o consentimento da dona. Isso ocorria principalmente quando o colégio recebia visitas de comitivas de políticos ou de religiosos. Certa vez, Rosa ganhou de uma prima um vestido amarelo feito sob medida. Por considerá-lo indecente, a freira emendou a barra da saia com um pano que soltava tinta ao ser molhado. Na primeira lavagem, o vestido ficou inteiramente manchado e Rosa passou vários dias chorando, com raiva. Essa é apenas uma das muitas histórias de Rosa sobre o rigor excessivo e a intransigência das religiosas. Contudo, ela declara-se grata às missionárias por lhe terem transmitido conhecimentos que hoje considera muito importantes, como a língua portuguesa e a matemática: "as irmãs nos ensinavam muita coisa; muito do que sei aprendi com elas".

Se no internato era boa aluna, em casa Rosa se esforçava para ser boa filha. Quando tinha folga na escola, acompanhava a mãe à roça.

Aprendeu a plantar, colher, ralar mandioca, fazer beiju e farinha. De resto, conforme ela própria contou, era uma moça muito "presa", constantemente vigiada pelos irmãos, que costumavam dizer que ela "não prestava". A mãe dava conselhos e pedia para que ela jamais se comportasse de modo que envergonhasse a família. Como não queria causar sofrimento aos pais, Rosa procurava ser dócil, tendo sempre em mente a advertência da mãe: "o rapaz que você conversar, é bom casar logo, antes que faça besteira. Se tiver relação uma vez, pode pegar filho e essa criança vai padecer com você porque teus irmãos nunca mais vão te deixar em paz".

Quando Rosa se envolveu com um rapaz indígena, Joana foi terminantemente contra o casamento. Argumentava que a filha não sabia trabalhar bem na roça e, portanto, não seria boa esposa para um índio: "você é preguiçosa, não vai saber fazer beiju e farinha direito para ele". Ao mesmo tempo, reclamava que o namorado de Rosa bebia muito e, dada a sua pouca escolaridade, não conseguiria arranjar emprego: "você vai ter que trabalhar na roça, não vai ter nada, não vai nem conseguir terminar os estudos". Mas Rosa gostava do rapaz e não desistia. Dizia à mãe: "ele vai pescar, eu vou trabalhar na roça, e assim a gente vai viver". Seus irmãos apoiavam enfaticamente o casamento e prometiam ajudar o casal, comprando um motor para que o cunhado fizesse comércio na beirada do rio. Mas a mãe permaneceu inflexível e o caso foi dado por encerrado. Segundo Rosa, nesses assuntos Tomáz sempre acatava as decisões de Joana.

Dali em diante, todos os rapazes com os quais Rosa se envolveu eram brancos. Joana, que se posicionava explicitamente contra o casamento da filha com qualquer homem indígena, sustentava firmemente sua opinião:

> os homens daqui enchem as mulheres de filhos, ficam bêbados, a mulher padece sempre com a criança. Eles pescam, vendem o peixe, para depois ir beber. Enquanto isso a mulher e os filhos precisam de comida e não têm. Muita gente vive assim aqui na Praia. Eu não quero essa vida para minha única filha.

Aos 16 anos, em uma festa no clube do bairro, Rosa conheceu um soldado nordestino recém-chegado a São Gabriel. No dia seguinte à festa, ele foi visitá-la em sua casa. Um dos irmãos de Rosa interpelou o desconhecido, avisando que, se ele quisesse namorar a moça, era bom que se casassem em duas semanas, porque ela "não prestava". Um mês depois foi realizada a cerimônia no civil e, passado algum tempo, o padre chamou o casal para que fizesse os votos na Igreja. Eles moraram inicialmente com os pais de Rosa e depois se mudaram para outra casa no bairro da Praia.

Rosa diz que nos primeiros tempos de casada gostava muito do marido. Desdobrava-se para agradá-lo e, sublinha, "fazia questão de comer sempre junto com ele". Mas segundo ela própria analisa, as inúmeras decepções foram pouco a pouco minando o seu sentimento. O rapaz saía sozinho para beber e passava a noite com outras mulheres. Quando a primeira filha do casal fez um ano, ele fechou todas as contas que tinha no comércio e abandonou a esposa. Desgostosa, ela foi morar com os pais no sítio e arranjou um emprego. Tempos depois, o marido se disse arrependido e Rosa o aceitou de volta. Daí em diante, foram vários rompimentos, e por duas vezes eles chegaram a dar entrada na separação oficial. Hoje o casal tem cinco filhos, três meninas e dois meninos. O marido, que deixou a carreira militar, possui um pequeno comércio na cidade. A família vive bem: carro antigo na garagem, guarda-roupa sempre renovado; a casa, de alvenaria, é confortável e bem equipada – com *freezer*, geladeira, fogão, televisão, telefone, aparelho de som. Não falta dinheiro para comprar comida, material escolar, remédios.

O filho caçula de Rosa é o centro das atenções dos pais, dos irmãos e dos avós. A criança possui o mesmo nome que o avô, em tukano e em português. Tomáz costuma referir-se ao neto como *"yɨ ʔ ehêri põ'ra"* ("meu coração"), aludindo ao fato de o menino portar o seu nome e, portanto, o seu coração, a sua alma, o seu 'princípio vital'. Enquanto ela está trabalhando, o bebê fica sob os cuidados de uma parente recém-chegada do interior. Quando não está no trabalho, nas compras, ou visitando parentes, Rosa fica em casa com os filhos e os pais, que a visitam regularmente e estão sempre por perto, ajudando a cuidar dos netos.

Rosa só se dirige aos filhos em português. Eles não sabem falar tukano, mas podem compreender as conversas entre a mãe, os avós e os tios. As meninas nunca frequentaram a roça e não apreciam muito a culinária indígena. Rosa, por sua vez, não tolera comer 'comida de branco' muitos dias seguidos, por isso Joana se encarrega de guarnecer a filha de farinha, beiju, peixe e outros itens. Rosa costuma dizer que, se fosse necessário, ela trabalharia na roça, mas não se empenharia tanto quanto a mãe e outras mulheres mais velhas, pois uma jornada mais leve seria suficiente para produzir tudo de que necessita.

Atualmente, Rosa tem dois empregos. Trabalha como professora e como auxiliar de secretaria, mas é o marido quem assume a maior parte das despesas permanentes da casa. Com seu salário, ela compra roupas para si e para os filhos, além de ajudar os pais e os parentes necessitados. A impressão que se tem é que o casamento de Rosa resiste por um fio, mas Joana encoraja a filha a permanecer casada e não economiza elogios ao genro: "ele é muito bom. Quando veio morar com a gente, puxou água, puxou luz, comprou tudo, ensinou tudo. Ajudou a criar o meu filho mais novo".

Luísa

Os irmãos de Rosa já moravam em São Gabriel quando conheceram suas esposas em viagens ao interior. Por isso, Tomáz e Joana foram apresentados às noras depois que o casamento dos filhos era fato consumado. Joana indignava-se com essa situação, e, quando o mais velho voltou com uma esposa sem ter feito o pedido formal à família da moça, ela fez o seguinte comentário para Rosa: "essas crianças tinham que dar satisfação aos pais. Não sei como estão fazendo. Eles são alunos! Hoje em dia são livres para casar com a filha dos outros sem pedir". Depois de casados, todos os irmãos de Rosa continuaram a residir no bairro da Praia, com as famílias, cada qual em uma casa. Luís é marceneiro, João é professor, Pedro é funcionário público.

A partir de agora, voltaremos nossa atenção para a casa de Luís e Antônia, sua mulher. Mais particularmente, para a vida de uma das filhas do casal, Luísa, jovem Tukano de 20 anos, professora formada no Colégio da Missão. Luísa e seus cinco irmãos nasceram em São Gabriel e fazem parte de uma geração que não frequentou os internatos salesianos. Ela leciona em uma escola da cidade e pretende continuar os estudos no curso parcelado de graduação que a Universidade do Amazonas oferece em São Gabriel. Considera-se 'índia', compreende a língua do pai, mas só se expressa em português.

Em um de meus primeiros encontros com Luísa, ela contava para as amigas o caso de uma prima matrilateral (MBD) que se casou com um homem que não conhecia. A história era a seguinte: em um sítio vizinho ao de Luís e Antônia, moravam um rapaz e seu pai. Ele já havia pedido diversas vezes a Antônia que lhe arranjasse uma noiva. Durante uma visita à comunidade onde nasceu, Antônia soube que duas das filhas solteiras de seu irmão haviam engravidado. Temendo que o mesmo acontecesse com a caçula, então com 15 anos, convenceu o irmão e a cunhada a oferecerem-na em casamento a seu vizinho. Argumentava que, casando essa filha, eles teriam um genro com quem contar e, a moça, um marido para protegê-la. O casal concordou e Antônia seguiu com a sobrinha para São Gabriel. Dias depois de chegarem à cidade, a jovem foi entregue ao marido, que presenteou a família da esposa com frutas e outros alimentos. Hoje o casal tem dois filhos e recebe frequentemente as visitas de Antônia, que zela para que eles não passem necessidades.

Durante o relato, a narradora e as amigas não disfarçavam sua perplexidade. Luísa se dizia penalizada pelo fato de a prima ser bem mais jovem que o marido e não ter tido oportunidade de escolher o homem com quem iria se casar. Além disso, parecia-lhe lastimável a perspectiva de morar em um sítio, vivendo da roça. Ela dizia ser incapaz de se imaginar em uma situação como aquela e, de fato, pelo que a história revela, sua mãe também não imaginaria tal destino para a filha, uma vez que Luísa tinha à época idade próxima à da sobrinha, e Antônia nem sequer cogitou dar a primeira em casamento ao vizinho, em lugar da segunda.

A ideia que moças como Luísa fazem do casamento é bastante diversa daquela que deu ensejo à situação narrada. Tanto do ponto de vista delas próprias como do de seus pais, uma transação matrimonial daquele tipo é hoje inconcebível quando se trata do destino de uma moça da Praia. Para deixar claro quanto as perspectivas matrimoniais de Luísa diferem das de sua prima, começo por notar que ela jamais se envolveu com um rapaz indígena. A justificativa que costuma apresen-

De volta ao Lago de Leite

tar para esse fato é que os índios são tímidos, não sabem conversar, não tomam a iniciativa e, além disso, bebem muito, tornando-se inconvenientes nas festas. Assim, Luísa considera muito natural que seu interesse se volte para os rapazes brancos, principalmente para os que vêm de fora. Neles, Luísa valoriza um tipo de comportamento definido como 'romântico', que envolveria convites para jantar fora, carícias em público, como abraços e beijos na boca, caminhadas de mãos dadas pela cidade. Na verdade, nas ruas de São Gabriel, raramente se observam cenas desse tipo entre brancos e índias, mas as moças não deixam de alimentar expectativas nesse sentido. Elas esperam ter um "casamento feliz", e isso significa um marido atencioso, carinhoso, que tenha emprego e leve a mulher para sair à noite. Contudo, sempre afirmam que não abririam mão de uma certa autonomia financeira.

Luísa e suas amigas costumam estar com rapazes brancos nos churrascos realizados nas cachoeiras da cidade, nas festas de aniversário, nas lanchonetes e nos clubes noturnos. Há sempre duas ou três boates funcionando em São Gabriel. Uma delas localiza-se no Dabaru e é frequentada pelas moças a quem as moradoras da Praia se referem como 'meninas de sítio'. As moças da Praia, por seu turno, costumam dançar nas boates localizadas nos bairros mais centrais da cidade. Vestidas na última moda disponível nas lojas de São Gabriel, que seguem as tendências do sul do país, elas chegam em grupos de duas ou três para dançar a música da vez: *house music*, boi-bumbá de Parintins, axé da Bahia, *funk* carioca, forró, brega. Seguindo com ritmo e habilidade as coreografias mais recentes, permanecem o tempo todo atentas aos olhares dos rapazes brancos, mantendo, contudo, uma atitude de reserva. Em geral, esperam que eles tomem a iniciativa.

A tendência é que a atenção desses rapazes também se volte para moças como Luísa, escolarizadas, que se vestem como mandam os figurinos recentes e falam um português impecável. Por isso, se Luísa e suas amigas tomam conhecimento de que um deles comprometeu-se seriamente com uma 'menina de sítio', só conseguem encontrar uma explicação para o fato: o rapaz teria sido enfeitiçado pelo uso de puçangas afrodisíacas. O modo de vida da comunidade é incompatível com as concepções das moças da Praia sobre a beleza e a atratividade sexual femininas. Segundo dizem, as mulheres que trabalham na roça ficam com as mãos grossas e os cabelos queimados de sol.

Luísa e suas amigas jamais vão à roça. Apreciam os itens da culinária indígena mas passam perfeitamente bem apenas com a dieta ocidental. Quando saem à noite para lanchar, correm os olhos pelo cardápio com desenvoltura e pedem pizza, hambúrger, refrigerante. Visitam o sítio de Luís e Antônia para nadar no rio, tirar fruta do pé, fazer churrasco e tomar banho de sol.

* * *

As histórias de Joana, Rosa e Luísa nos permitem vislumbrar o processo de diferenciação de estilos de vida no espaço e no tempo, e sua orientação rumo ao modo branco de viver. Pode-se argumentar que esse tipo de transformação é comum em contextos culturais expostos a pressões modernizantes. No Uaupés, particularmente, a empresa missionária foi por muito tempo marcada pelo afã civilizatório dos salesianos e funcionou como veículo de valores e desejos que hoje mobilizam muitas das escolhas que os índios fazem em suas vidas.

Como parte desse pacote, e quiçá à revelia dos próprios missionários, vários hábitos passaram a ser assimilados pelas gerações mais jovens, como, por exemplo, o de assistir televisão. Muitas vezes, ao visitar as famílias indígenas em São Gabriel, eu encontrava em casa apenas as crianças, que viam TV enquanto os pais estavam na roça. Além disso, certos gêneros musicais brasileiros também têm sido sofregamente consumidos pelos adolescentes, tanto na cidade como no interior. Nas boates de São Gabriel, a música em voga na grande mídia brasileira é intercalada por estilos de origem regional, como o boi-bumbá de Parintins e o brega. Nas comunidades, as pessoas mais velhas costumam lamentar o fato de os jovens não se interessarem em aprender as músicas e danças tradicionais, por só terem ouvidos para o brega e o forró.

Diante desse quadro, e do desafio de compreendê-lo de forma não trivial, é importante insistir nas seguintes questões: como os índios percebem o processo de transformação que vivenciam? O que os levou a 'corresponder' ao afã civilizatório dos salesianos? A segunda pergunta será respondida não aqui, mas no próximo capítulo. Ocupemo-nos, pois, da primeira.

Como sugeri, o lugar ocupado pela roça na vida de uma mulher é uma espécie de índice de seu modo de vida. Sua rotina e seu círculo de interação social dependem, em larga medida, do tipo de trabalho que ela exerce na cidade. As histórias de vida de Rosa e Luísa revelam que a roça e todo o conjunto de valores vinculado ao trabalho agrícola evocam uma representação da identidade feminina que está longe de corresponder aos anseios das gerações mais jovens.

No capítulo anterior, vimos que há uma associação estreita entre os valores que cercam o trabalho da roça e a ética da vida em comunidade. A moral de uma comunidade depende, em larga medida, da capacidade de trabalho de suas mulheres, pois somente uma comunidade produtiva e harmônica pode realizar grandes festas, com muito caxiri e muitos convidados. As mulheres sabem que sua performance está sendo permanentemente observada pelos corresidentes, e que o elogio público à mulher trabalhadeira tem como contrapeso a censura subreptícia à mulher preguiçosa, que só vai à roça quando há necessidade. Assim, na comunidade ribeirinha, a mulher torna-se ciosa de seu prestígio como agricultora. Para a preservação da boa imagem, nada melhor que ser vista todos os dias a caminho da roça.

Mulheres da idade de Rosa, que cresceram na cidade e passaram boa parte de sua infância e adolescência nos bancos escolares, são menos permeáveis a juízos desse tipo. Ainda assim, não costumam depreciar o trabalho agrícola. Ao contrário, é com certo embaraço que assumem jamais ter ido à roça. Observando suas parentes mais velhas, elas compreenderam que esse tipo de atividade pode ser uma fonte poderosa de orgulho e autoestima. Entretanto, como aprenderam a projetar sua identidade na direção que a escola apontava, percebem-se mais distanciadas da roça – se não de fato, ao menos conceitualmente – e apostam sua realização pessoal no exercício de ocupações mais qualificadas no que se refere ao nível de escolaridade exigido. Hoje, os pais se orgulham da filha estudiosa tanto ou mais que da trabalhadeira, e o resultado disso é que a roça adquire um sentido quase puramente instrumental na vida das gerações mais jovens. Isso transparece em um comentário de Rosa para contrastar as formas como ela e sua mãe encaram o trabalho agrícola:

> Se eu vivesse da roça, só trabalharia de sete às onze das manhã. Para que ir à roça se você ainda tem uma bacia cheia de tapioca em casa? Muitas mulheres têm medo de ser chamadas de preguiçosas e por isso trabalham tanto. Eu não me importo com a opinião dos outros, só tenho que dar satisfação ao meu marido.

Já sabemos, contudo, que o grau de proximidade com a roça não varia somente de acordo com a geração. Essa modulação também se verifica entre mulheres da mesma idade e, nesse caso, as diferenças de estilo de vida que a acompanham são vistas como resultantes do tempo de residência na cidade. De uma jovem nascida no bairro da Praia, pode-se dizer que, percebendo-se mais distanciada da roça, imagina-se mais próxima do modo de viver branco, tanto em relação à sua mãe e à sua avó como à sua colega de escola recém-chegada na cidade. Mas o vínculo de uma pessoa com a roça não é o único referencial a partir do qual esse processo de diferenciação pode ser percebido. A partir das enunciações feitas pelas moças da Praia, chegaremos aos outros.

O termo 'menina de sítio', usado pelas jovens nascidas em São Gabriel para referir-se às recém-chegadas do interior, encerra uma série de apreciações. Uma delas diz respeito à posição supostamente deslocada dessas jovens na cidade. Segundo as moças da Praia, por causa da sua pouca experiência no meio urbano e a consequente falta de conhecimento das armadilhas que ele encerra, as 'meninas de sítio' seriam mais facilmente manipuladas pelos brancos, que as convidam para beber nos bares da cidade para se aproveitar sexualmente delas, seduzindo-as com promessas de futuro. Além disso, a menor familiaridade com os códigos urbanos as tornaria vítimas mais comuns de episódios de violência sexual. Casos de estupro ocorrem frequentemente em São Gabriel, e em determinadas épocas, principalmente quando o afluxo de forasteiros na cidade se intensifica, sua incidência pode crescer de forma alarmante. De fato, em geral, são as moças recém-chegadas que se veem envolvidas.

Na região, há um consenso em torno da ideia de que, se uma mulher não quer correr o risco de ser molestada por um ou mais homens bêbados, ela deve tomar certos cuidados, principalmente não vagar sozinha na rua de madrugada e não aceitar convite de desconhecidos para beber. Implícita nesse 'código' vai a noção de que a vítima de violência sexual é alguém que estava no lugar errado, na hora errada, com as pessoas erradas. Isso explica, de certo modo, que as moças envolvidas nos episódios de violência adotem uma atitude supostamente ambígua quando socorridas. Elas procuram escapar rapidamente das vistas de quem acorreu para defendê-las e, na maioria das vezes, recusam-se a dar queixa na polícia. Brancos e índios citadinos costumam interpretar esse tipo de reação como um sinal de cumplicidade da vítima com os agressores, mas tenho elementos para crer que ele resulte, na verdade, do temor da moça de vir a ser culpabilizada pelo ato de violência que sofreu. De uma jovem indígena agarrada à força por um motorista de táxi em São Gabriel, ouvi a seguinte declaração: "consegui fugir e ninguém ficou sabendo de nada; se eu contasse, meus irmãos iam dizer que eu não presto e que não deveria ter entrado no carro dele".

Vimos que, no Uaupés, a culpa pelas relações sexuais ilícitas costuma recair sobre as mulheres (cf. cap.2), e que, outrora, a ameaça de estupro coletivo pairava sobre as que viam ou tocavam nos instrumentos sagrados (cf. Jackson, 1990). Isso tudo, somado à contundência com que os temas da culpa e da punição das mulheres aparecem no mito e no discurso dos índios, faz ressaltar a necessidade de abordar a questão da violência sexual em São Gabriel de uma perspectiva sensível à forma como a população indígena a percebe e significa. Mas esse tema não será tratado aqui; limito-me a chamar novamente atenção para o fato de que, na visão das moças da Praia, é a conduta das jovens recém-chegadas que as torna mais expostas a situações indesejáveis na cidade.

Pessoalmente, não posso dizer que tenha notado diferenças importantes na conduta das moças recém-chegadas, o que talvez se deva ao caráter mais superficial de minha convivência com a população dos bairros recentes. Porém, é verdade que os pais dessas jovens confessam-se incapazes de orientá-las de forma conveniente, uma vez que também para eles a vida urbana é um enigma. Assim, elas aportam na cidade, às vezes em plena adolescência, carentes de certas informações, às quais as moças da Praia possuem algum acesso, ainda que apenas incipiente.

Refiro-me, por exemplo, a orientações sobre métodos contraceptivos e de prevenção à Aids e outras doenças sexualmente transmissíveis, que se tornam cruciais em contextos como o de São Gabriel, caracterizados pelo afluxo contínuo de homens de fora, que ali permanecem por tempo limitado. Relacionando-se na maioria dos casos com homens que, entre os brancos da cidade, são os que possuem menos instrução formal, as recém-chegadas tornam-se ainda mais expostas a riscos que poderiam ser evitados com alguns cuidados básicos, como o uso de preservativo.

As moradoras da Praia com quem convivi mais intensamente não ingerem bebidas alcoólicas e, em geral, voltam seu interesse para os suboficiais militares, principalmente para os sargentos. Sobre os critérios dessa escolha, uma delas explicou: "os cabos e os soldados tratam as mulheres como se fossem objetos e recusam-se a usar camisinha. Já os sargentos e tenentes têm mais estudo, mais educação, são mais gentis com a gente". De qualquer modo, a patente dos rapazes com quem essas moças se relacionam nem sempre atende às preferências expressas. Além disso, muitas delas acabam seduzidas pelo comportamento romântico dos brancos, engravidam e se tornam mães solteiras. Portanto, antes de mais nada, ao enunciar as diferenças entre elas próprias e as 'meninas de sítio', as moças da Praia estão construindo uma imagem de si mesmas e reivindicando uma determinada posição no sistema social da cidade. Encontrar diferenças é, nesse sentido, uma forma de se valorizar, e para tanto elas tomam como referência um modelo de comportamento alimentado por fortes expectativas de estabelecer relações duradouras com os brancos, que envolvem romance, casamento e constituição de família.

No entanto, a ideia de que as recém-chegadas se comportam inadequadamente por conta de uma menor familiaridade com os códigos da vida urbana não esgota todas as apreciações (e diferenciações) contidas no termo 'menina de sítio'. Outra avaliação implícita diz respeito à aparência física das moças. Pedi a duas moradoras da Praia que me descrevessem genericamente uma jovem recém-chegada na cidade, de modo que eu pudesse identificá-la de pronto na rua. A imagem que fizeram foi a seguinte: "vai estar usando roupas coloridas, de cores fortes, descombinadas. Não costuma usar calça comprida, só bermuda, o cabelo é queimado de sol". E sobre uma 'menina de sítio', em particular, ouvi o seguinte comentário: "Está muito maltratada. Tudo bem que ela é de sítio, mas já que está na cidade, poderia se cuidar um pouco mais".

A diferença entre a aparência física das moças recém-chegadas do interior e a das moradoras da Praia, tal como as últimas a entendem, reflete o contraste entre um corpo talhado para a atividade da roça e a vida na comunidade e outro mais afeito à vida urbana. As mãos da agricultora são calejadas pelo trabalho de cultivo, colheita e processamento da mandioca; os cabelos podem tornar-se ressequidos em virtude da contínua exposição ao sol. Ela caminha como se carregasse o tempo todo um aturá repleto de mandioca preso à testa; o tronco e o quadril permanecem rijos, somente as pernas parecem se movimentar. A roupa não deixa à mostra as curvas do corpo. As jovens trajam bermudas cujo comprimento atinge o meio da coxa, camisetas compradas ou trocadas nos centros missionários, e sandálias de borracha; as mais velhas usam vestidos na altura dos joelhos. O *layout* urbano, por sua vez, inclui roupas mais curtas, mais justas, que acentuam a silhueta do corpo. As jovens usam sandálias de salto, esmalte de tons fortes para as unhas e batom. Os cabelos são tratados com produtos adquiridos no comércio local. Elas não frequentam a roça; seus quadris balançam quando caminham.

Em suma, dependendo da forma de se apresentar no ambiente urbano, de andar, de se vestir, as moças do bairro da Praia podem classificar outra mulher como 'diferente'. Elas se percebem distanciadas das recém-chegadas na cidade pelo fato de levarem uma vida mais próxima do modo branco. Estão inseridas no mercado de trabalho e frequentam, com desenvoltura, os mesmos bares e boates que os brancos que vêm de fora. Ali, conhecem rapazes brancos com quem namoram e podem vir a se casar. Na escala de diferenciação de estilo de vida a partir do modelo 'branco', as jovens da Praia se veriam ocupando uma posição intermediária: 'índias' em contraste com a mulher branca ou a cabocla nascida na cidade; 'brancas' (ou menos índias) em contraste com a moradora do Dabaru ou da comunidade ribeirinha. Embora se considerem índias e por vezes afirmem essa identidade com uma nota de orgulho (por exemplo, diante de antropólogos), em outros contextos procuram escamoteá-la (por exemplo, diante de um namorado branco) e falam das moças que chegam do interior como se fossem mais 'índias' do que elas, ou como se fossem as verdadeiras índias. Não é raro, inclusive, que se refiram aos índios na terceira pessoa, principalmente quando se referem aos habitantes das comunidades. Conversando sobre determinados costumes indígenas que elas não praticam, por exemplo, as danças de cariço executadas durante os dabucuris, as moradoras da Praia fazem comentários do tipo: "isso é coisa lá dos índios".

Ser índio na cidade

O que abre espaço para que as jovens da Praia falem dos índios na terceira pessoa é a ambiguidade que caracteriza a definição de identidade indígena. Como vimos, no contexto atual do Alto Rio Negro, 'índio' e 'branco' são noções articuladas pelo discurso nativo, constituindo-se uma por oposição à outra. A ideia de identidade indígena desdobra-se em dois planos. Por um lado, é concebida como predeterminada, remetendo à diferenciação original entre índios e brancos instituída no mito; por outro, é percebida como algo passível de transformação, possui uma acepção de processo e faz referência ao modo de vida de uma pessoa.

No primeiro sentido, os termos 'índio' e 'branco' denotam tipos discretos de seres humanos, e 'ser índio' significa descender dos ancestrais que, segundo a narrativa da origem da humanidade, desembarcaram da cobra-canoa e se fixaram no rio Uaupés, ocupando, cada um deles, um território, e falando línguas específicas. Significa, ademais, partilhar a essência espiritual desses ancestrais por meio da posse de uma alma/nome proveniente da genealogia do *sib*. Os brancos, por sua vez, tendo retornado para o Leste, separaram-se dos grupos indígenas que habitam o Alto Rio Negro, perpetuando-se ao longo do tempo por modos de reprodução social diversos dos da população indígena.

É oportuno retomar alguns pontos já discutidos para mostrar em que sentido haveria uma continuidade na forma como é concebida a diferença entre brancos e índios, de um lado, e entre os diversos grupos exógamos, de outro. Embora estes últimos compartilhem um mesmo modo de reprodução social, diferencia-os, entre si, a ligação vertical de

De volta ao Lago de Leite

cada um deles com um ancestral específico, que desembarcou no Uaupés falando uma língua própria. À parte o critério da diversidade linguística, o mesmo esquema funciona para a atribuição da identidade de *sib*. Todos os *sibs* de um grupo exógamo falam o mesmo idioma, mas cada um deles diferencia-se pela ligação a um ancestral particular: os membros de um *sib* concebem-se como "netos de um só homem" (Chernela, 1983, p.61). Portanto, o pertencimento a um grupo agnático, seja ele o grupo exógamo ou o *sib*, remonta às origens da humanidade e é percebido como dado. Nesse registro, então, a diferença entre os grupos agnáticos é análoga à diferença entre índios e brancos, ambas apresentando um caráter irreversível. No primeiro caso, isso se expressa, por exemplo, no fato de uma pessoa poder apenas imitar a língua de seus afins e jamais falar propriamente – como observou-me S. Hugh-Jones –, da mesma forma que o membro de um grupo exógamo não é capaz de fabricar um objeto que, no sistema de especialização artesanal, seja monopólio de outro. Quando muito, pode produzir um simulacro. Em suma, no que se refere às insígnias de identidade distribuídas nas origens, um Tuyuka não pode virar Pira-tapuya, assim como um índio não pode virar branco.

Foi o comportamento antissocial do ancestral do branco que o isolou dos ancestrais dos grupos indígenas, marcando sua alteridade. Sua têmpera aguerrida motivou o exílio (espontâneo ou forçado, dependendo da versão) rio abaixo, onde ele foi fazer guerra, enquanto os ancestrais dos índios ficaram no Uaupés, fazendo festa, vivendo em comunidade. A relação estreita com a noção de comunidade é justamente o que reveste a definição de *índio* de um caráter contrastivo em relação à de *branco*. A contrapartida da audácia e da agressividade do branco seria sua inabilidade para esse tipo de vida, caracterizado idealmente pela convivência pacífica com os parentes. Os significados dos termos em tukano para 'índio' e 'branco' indicam esse contraste: de um lado os índios, 'os habitantes das nascentes dos rios' (*po'teríkɨ hɨ*), moradores das comunidades do interior; de outro, 'a gente do fogo' (*pekâsãa*), donos da espingarda e senhores da guerra.

A vida em comunidade define-se, assim, desde os primórdios, como um atributo constitutivo da noção de 'índio'. E, nesse ponto, a acepção

189

de uma identidade predeterminada toca na segunda vertente, em que se revela uma dimensão mais processual, delineada pelos mecanismos de construção da identidade por meio da consubstanciação: uma pessoa pode ser reconhecida como 'indígena' à medida que vive *com* índios e *como* índio. Para tanto, deve morar na comunidade, ou melhor, *em comunidade*. Em suma: se, por um lado, não se pode deixar de ser índio, por outro, não basta ter nascido índio para sê-lo. Tudo se passa como se a identidade indígena precisasse ser constantemente atualizada para se realizar plenamente.

Antes do contato com os brancos, ser membro de um grupo de descendência por linha paterna e viver em comunidade eram como duas faces de uma mesma moeda. A vida na comunidade era a vida que havia para ser vivida. Como mostra Goldman (1963, p.27) com referência a uma situação de comunicação apenas difusa com os brancos, um indivíduo ou uma família podia optar por morar em uma casa separada, por vezes isolada, mas a maloca continuava a ser reconhecida como centro político e ritual. De todo modo, embora a vida em comunidade caracterize a existência dos índios que habitam o Uaupés, parte deles, a rigor as mulheres, não moram na comunidade à qual estão ligadas por vínculos patrilaterais. Contudo, na qualidade de afins corresidentes, elas vivenciam um processo de consanguinização que de certa maneira as identifica com os membros do grupo com o qual vivem, e, assim, sua diferença vai sendo obliterada ao longo da vida cotidiana. O fato de ser levada a falar frequentemente a língua dos afins também contribui para o processo de identificação com eles.

É precisamente a dimensão processual da identidade que garante à esposa estrangeira uma certa dose de pertencimento à comunidade do marido: uma mulher Desana que vive em uma comunidade de Tukanos jamais deixa de ser Desana, mas à medida que o tempo passa, ela se torna mais assemelhada àqueles com quem habita, ao passo que diminui sua identificação com seus próprios agnatos. A concepção da identidade como processo também explica, por exemplo, que um indivíduo criado entre afins potenciais não seja encorajado a desposar um deles. Portanto, podemos dizer que essa forma de conceber a identidade é acionada não só no contexto das relações entre índios e brancos, mas também no das relações entre os próprios índios; e que, no caso das mulheres, o aspecto processual da identidade é potencializado.

A ambiguidade que caracteriza a posição das mulheres residentes em uma comunidade de afins incide hoje sobre os índios citadinos. Com a ampliação das possibilidades de inserção da população indígena no mundo dos brancos, a vida na cidade se abre como uma alternativa de experiência social fora da comunidade. Um toque de imprecisão caracteriza, pois, a identidade dos índios que vivem em São Gabriel. Eles se percebem índios, por vínculos genealógicos que os conectam espiritualmente ao mundo ancestral por intermédio da posse de uma alma/nome, mas na qualidade de índios que, em certa medida, vivem *como se fossem brancos*. Assim, quando as jovens moradoras da Praia referem-se aos índios na terceira pessoa, estão explorando essa ambivalência. Mas o ponto importante é que, mesmo vivendo *entre* brancos, *como* branco, mesmo estando aberto a um devir branco, não se deixa nunca de ser índio.

Deixando de lado por ora essa discussão conceitual e voltando nossa atenção para as relações que se estabelecem entre aquilo que uma pessoa é, o lugar de onde veio e o corpo que apresenta, as noções de *índio e branco* tornam-se um pouco mais palpáveis. Tanto no que se refere à acepção conectada à ideologia da descendência, reportada a atributos tidos como dados, como àquela de sentido mais processual, apoiada na ideologia da consubstanciação, é no corpo que a identidade indígena se faz imediatamente reconhecível. No primeiro registro, os corpos de índios e brancos apresentam distinções inscritas na superfície. São frequentes afirmações do tipo: "sou índio, está na cor da pele, todo mundo vê". Ou, como sugeriu um velho Tukano, "o índio nunca vai perder a cor da sua pele". As jovens da Praia, quando se dizem índias, também expressam a visão de uma identidade imutável: "não adianta esconder, está na cara, todo mundo vê" (referindo-se à forma amendoada dos olhos, à lisura dos cabelos, à tonalidade morena da pele).

Um episódio mítico esclarece como se deu a diferenciação da cor da pele de brancos e índios. Em um determinado momento da viagem, o Criador (*Ye'pâ Õ'âkɨ hɨ*) teria chamado os ancestrais dos humanos para que se banhassem em uma bacia de água quente. O ancestral do índio teve medo e se recusou a entrar, ao passo que o ancestral do branco, destemido, lavou o corpo na água da bacia e sua pele tornou-se clara. Vendo que nada de mal havia acontecido ao branco, o índio lavou-se também. Mas como a água já estava suja, sua pele permaneceu mais escura que a do branco. É importante notar, contudo, que a diferenciação da cor da pele só fez tornar visível uma diferença já determinada: o branco era ousado e violento; o índio, temeroso e pacífico.

De modo análogo, a transformação no estilo de vida, que produz um maior distanciamento em relação ao que poderíamos definir como uma identidade indígena plenamente atualizada, é descrita no discurso dos índios por meio do idioma da corporalidade. As mudanças que ocorrem no modo de vida de uma pessoa são descritas como alterações corporais, produzidas pelas circunstâncias da vida que leva: o que come, o tipo de trabalho que realiza, com quem se casa e convive.

A importância da corporalidade como "idioma focal" nas sociedades ameríndias foi, há mais de duas décadas, objeto de um artigo seminal escrito por Seeger, Da Matta e Viveiros de Castro (1979). Apontando a inadequação dos modelos analíticos formulados a partir da realidade etnográfica das sociedades da África, da Ásia e da Melanésia, os autores mostravam que "a noção de pessoa e uma consideração do lugar do corpo na visão que as sociedades indígenas fazem de si mesmas são caminhos básicos para uma compreensão adequada da organização social e [da] cosmologia dessas sociedades". Hoje as ideologias da corporalidade possuem um espaço considerável nas análises de antropólogos americanistas (cf., por exemplo, Gow, 1991; Vilaça, 1996). Aqui, também, um olhar sobre o corpo pode iluminar boa parte das questões que nos ocupam.

Na Primeira parte do livro, observamos que uma das coisas que o ritmo da vida na comunidade ribeirinha faz pelos índios do Uaupés é promover a construção de identidade onde antes havia diferença (cf. Viveiros de Castro, 2002a). Isso ocorre por meio de um processo de troca de substâncias (alimentos, fluidos corporais) que se desenrola na convivência cotidiana. De maneira análoga, a concepção do processo de transformação do modo de existência como algo que faz referência à corporalidade torna-se compreensível se notamos que o corpo ameríndio é construído ao longo da vida pelas relações sociais (cf. Vilaça, 2000, p.60). Assim, se o modo de vida de uma pessoa define suas formas de interação com os outros do mesmo modo que define quem são esses 'outros' com os quais ela vai interagir, ele produz um corpo específico. O caso das mulheres casadas com brancos é particularmente ilustrativo. Ao realizar essa associação conjugal, elas dão um passo significativo na direção do modo branco de viver. A necessidade de cozinhar para o marido e a vontade manifesta de comer com ele faz que incorporem, em seu cotidiano, a dieta ocidental. Além disso, elas adotam um figurino cada vez mais parecido com o das mulheres brancas, e a roupa,[1] nesse contexto, pode ser vista como um instrumento de alteração do corpo com o intuito de transformação da identidade (cf. ibidem). Mas ao contrário da cor da pele, dos traços do rosto e do aspecto dos cabelos, características transmitidas no fluxo das gerações, as impressões corporais produzidas pela vida que se leva possuem um caráter reversível.

À guisa de exemplo, um episódio da vida de Rosa, ocorrido numa época em que ela estava prestes a se separar do marido branco. Este pretendia ir embora de São Gabriel e era preciso então decidir com quem ficariam os filhos do casal. Rosa reuniu as crianças e comunicou-lhes que, caso quisessem ficar com ela, teriam que se acostumar a comer peixe, beiju e quinhapira todos os dias, em vez de arroz, feijão e frango. Quando Rosa veio comentar o assunto comigo, questionei a necessidade de uma mudança tão radical na dieta da família, alegando que, com seu salário, ela poderia perfeitamente alimentar os filhos com itens ocidentais, se desejasse. Porém, mesmo parecendo concordar, ela continuou insistindo que, uma vez separada do marido, voltaria a comer apenas "comida de índio". E os filhos, segundo afirmava, teriam que se acostumar a isso também. No final da história, o marido, não se foi e tudo continuou como antes. Estou certa de que a mudança na dieta da família não se daria de forma tão radical quanto ela queria me fazer crer, mas é digno de nota o fato de Rosa ter escolhido a imagem da comida para falar das transformações que ocorreriam em sua vida caso deixasse de ser esposa de branco. A meu ver, sua intenção era fazer os filhos perceberem que, com o fim do casamento, a mãe acabaria por se tornar um pouco menos 'branca'.

---

1 Em tukano, roupa é *sutîro*, e o termo possui a acepção de "revestimento": *couro* de cobra, *casulo* de lagarta, *bainha* de faca (cf. Ramirez, 1997).

Diante desse quadro, pode-se entender o significado de um tipo de comentário, muitas vezes proferido pelos velhos, de que certas mulheres casadas com brancos estariam "virando brancas". A afirmação faz referência a um processo de transformação que, não obstante, nunca se completa, como fica claro, por exemplo, neste breve diálogo que travei com um velho Desana:

> – Eu gostaria de entender por que você disse que aquela mulher está virando branca.
> – Porque ela come comida de branco, usa roupa de branco, passa perfume.
> – Isso significa que um dia ela vai virar branca completamente?
> – Não. Ela sempre vai ser índia.
> – E se ela for morar com o marido no Rio de Janeiro ou em São Paulo, longe de todos os parentes, e passar a comer só comida de branco, usar só roupa de branco, levar vida de branco?
> – Mesmo assim, ela sempre vai ser índia. Nunca vai ter pele branca.

Se, ao que tudo indica, a identidade indígena traz em si algo de irredutível, a afirmação de que as mulheres indígenas casadas com brancos estão 'virando brancas' não pode ser entendida como envolvendo uma mudança de identidade, no sentido de que elas deixarão de ser índias e passarão a ser brancas, mas um contínuo *vir a ser*, tornado possível por um conjunto de processos que aproximam essas mulheres daquilo que seria, para os índios, o modo branco de viver na cidade. Se o índio não vira branco completamente, ele pode, não obstante, viver como branco. A adoção de um modo de vida urbano supõe e produz alterações no corpo, mas não em sua superfície, e sim em sua rotina, suas relações com o espaço físico, suas 'afecções'.

A noção de 'afecção' (*affectio*) formulada por Spinoza e elaborada por Deleuze (Deleuze & Guatarri (1997 [1980])) foi resgatada por Viveiros de Castro (1996) para discussões atuais da etnologia ameríndia. Em seu artigo sobre o perspectivismo, o autor afirma que, para as cosmologias amazônicas, a humanidade é a condição geral do sujeito, à qual estariam submetidos humanos e não humanos. Mas o ponto de vista, aquilo que define o sujeito, situa-se no corpo. E sobre esse corpo o autor esclarece:

Não estou me referindo a diferenças de fisiologia, mas aos afetos, afecções ou capacidades que singularizam cada espécie de corpo: o que ele come, como se move, como se comunica, onde vive, se é gregário ou solitário ... o que estou chamando de corpo é um conjunto de afecções ou modos de ser que constituem um *habitus*.

Assim, na perspectiva dos índios, a diferença entre humanos e animais estaria relacionada a diferenças corporais: "Os animais veem da mesma maneira que nós coisas diversas do que vemos porque seus corpos são diferentes dos nossos" (ibidem, p.128). Um texto recolhido por Kaj Arhem entre os Makuna, no Uaupés colombiano, explicita essa "qualidade perspectiva" do pensamento ameríndio. Eis o trecho inicial:

> Os peixes são gente. São gente-peixe. Eles têm casas como as nossas. ... As árvores frutíferas que crescem nas margens do rio são suas roças, as frutas são seus cultivares. Quando as frutas e sementes caem no rio, os peixes estão fazendo sua colheita. (1993, p.112)

Seguindo a hipótese de Viveiros de Castro, podemos dizer que é o corpo dos peixes que determina que eles vejam como uma roça cultivada aquilo que para o narrador é uma árvore frutífera.

A noção de afecção, segundo Deleuze (1978), relaciona-se à capacidade que tem um corpo de ser afetado por outros corpos. As afecções de um corpo definem os efeitos dos outros corpos sobre ele. O sol queima a minha pele; a ação do raio de sol sobre a minha pele é uma afecção do meu corpo. Ou, como elucidam Deleuze & Guatarri (1997 [1980]): o que distingue um cavalo de carga de um cavalo de corrida são as suas afecções e, nesse sentido, há mais diferenças entre ambos que entre um cavalo de lavoura e um boi. Se queremos entender um corpo, portanto, pouco conta a que gênero ou espécie ele pertence.[2] A questão importante é: o que pode esse corpo? Dito de outro modo, que capacidades e afecções ele possui?

---

2 "É evidente que o cavalo de corrida e o cavalo de carga são a mesma espécie, são duas variedades da mesma espécie. No entanto os afetos são muito diferentes, as doenças são absolutamente diferentes, a capacidade de ser afetado é completamente diferente e, deste ponto de vista, devemos dizer que um cavalo de carga está muito mais próximo de um boi do que de um cavalo de corrida" (Deleuze, 1978).

Como tudo isso nos ajudaria a compreender de maneira mais fina o papel do corpo na diferenciação entre índios e brancos no Uaupés? Tomemos como ponto de partida a afirmação de Deleuze (1978) de que, "conforme as culturas, conforme as sociedades, os homens não são capazes dos mesmos afetos". Seguindo essa formulação, é possível aplicar a noção de corpo-afecção para dar sentido a uma série de observações etnográficas que remetem diretamente à questão das diferenças entre índios e brancos. Minha ideia é que, ao mobilizar capacidades para interação social e física diversas, os estilos de vida da comunidade e da cidade supõem e produzem corpos diferentes, pois capazes de afecções diferentes.

Nos momentos mais informais de convivência com as moradoras do Uaupés e da cidade, chamava a minha atenção o enorme interesse que elas demonstravam por alguns traços da corporalidade das mulheres brancas: o que gostam de comer, sua postura, como se movem, se ficam mais tempo sentadas ou se caminham, sua posição ao dormir, como se comportam em suas casas. No interior ou na cidade, as mulheres com quem convivi mais intensamente costumavam observar o meu gestual, sobre o qual não economizavam comentários, muitas vezes divertindo--se também ao perceber quão inapta eu podia ser para certas ações que elas realizavam com naturalidade e destreza, como, por exemplo, fazer uma canoa se movimentar no rio.

Nas conversas com as mulheres também eram muito frequentes referências genéricas às diferenças no jeito de andar, de sentar e de se vestir de brancas e índias. Uma mulher Tukano contou que, durante sua infância, quando chegava uma branca no centro missionário em que vivia, ela e suas primas corriam para vê-la, observar sua pele, seus olhos, seu cabelo, o jeito como ela se movia, a roupa. Lembro-me também do comentário de uma mulher que conheci na casa de uma costureira Tariana: "as roupas ficam diferentes no corpo de vocês, brancas, porque vocês têm um jeito diferente de vestir a roupa". Esses enunciados sugerem a ideia de um corpo animado e dono de movimentação e itinerário específicos. Um corpo que pode ser visto como um feixe de afecções: de um lado, o corpo-afecção dos índios, da comunidade e da roça, do beiju e do peixe moqueado, do ritmo coletivo da vida cotidiana, da festa de caxiri; de outro, o corpo-afecção dos brancos, da cidade e da escola, do arroz com frango, das rotinas mais individualizadas, da boate em que se dança a música da moda.

Casar com branco

Pode-se atribuir ao casamento com branco um papel importante no processo de transformação do modo de vida de uma mulher e de seus parentes, uma vez que ele cria um contexto singular para a realização de novos roteiros e para a produção de um corpo diferenciado. Do ponto de vista da estrutura da aliança, esse casamento pode ser visto como um casamento 'distante', que atende à necessidade de ampliar a rede de afinidade de uma família para fazer frente às demandas de um novo tempo. Ter uma filha casada com um branco garante acesso facilitado ao mundo da cidade, do hospital, da escola e das mercadorias. Mas como foi dito antes, a própria opção por um marido branco já é sinal de um estilo de vida alterado. Nas páginas que se seguem, dedico-me à descrição e à análise da conjuntura que, ao mesmo tempo, origina e é originada por tais casamentos.

O enredo da aliança

A aliança matrimonial em São Gabriel é um 'assunto de família' e envolve, entre outras coisas, concepções de identidade, avaliações de prestígio, noções de pertencimento a grupos sociais, interesses econômicos. Dizer isso não significa, de modo algum, subtrair às mulheres a capacidade de agência de que elas efetivamente dão mostras quando escolhem um marido, seja ele índio ou branco, mas estou convencida de que perceber as mulheres como agentes de suas próprias escolhas depende de compreender de que modo tais escolhas se veem infletidas pelo sistema de relações sociais no qual elas transitam.

As uniões matrimoniais entre as mulheres indígenas e os homens brancos são um assunto palpitante em São Gabriel. Como elas não se inserem em uma estrutura de aliança recíproca – pela irmã que se dá em troca não se recebe mulher alguma –, os índios consideram que, nesses casos, os brancos estão "roubando" suas mulheres. Além dessa ruptura no sistema de troca matrimonial, o casamento com branco introduz ainda um outro tipo de descontinuidade na estrutura tradicional de aliança. Enquanto a estrutura prevê o casamento entre pessoas de mesmo *status* social, isto é, de mesma posição na hierarquia interna aos grupos exógamos, o casamento com branco não só é, ele próprio, uma espécie de união assimétrica, como institui uma assimetria de perspectiva matrimonial entre germanos de sexos diferentes, que passam a ter possibilidades diferenciadas em relação a seus casamentos. Explico-me: se as mulheres afeitas ao ritmo urbano tendem a se casar com brancos, seus irmãos, que possuem um estilo de vida semelhante ao delas, precisam buscar namoradas e esposas entre as recém-chegadas na cidade, ou entre as moradoras do interior, uma vez que as moças com as quais convivem estão relativamente indisponíveis. Poderíamos dizer, assim, que a jovem que se casa com um branco realiza uma união hipergâmica, enquanto seu irmão tende a se casar com uma mulher situada em patamares inferiores na escala de classificação social que vigora na cidade e que diferencia as pessoas de acordo com seu modo de vida.

Conforme o modelo descritivo que proponho, tal assimetria de perspectiva matrimonial deve se reproduzir na geração seguinte. Filhos de germanos de sexos diferentes possuirão modos de vida diferenciados e possibilidades matrimoniais diversas. Vejamos o exemplo de um casal de irmãos que chegaram a São Gabriel ainda pequenos. Digamos que se chamem Carlos e Maria. Carlos se casa com uma mulher recém-chegada do interior e Maria se une a um homem branco. O filho de Carlos não se casará com a FZD (filha da irmã do pai), mulher à qual ele teria direito por tradição, pois, repetindo o que ocorreu com sua própria mãe, a jovem em questão vai realizar um casamento hipergâmico, muito provavelmente com um branco. A filha de Carlos poderia se casar com o filho de Maria (FZS), pois, nesse caso, ela estaria se casando para cima. Porém, na cidade, por causa justamente da presença dos brancos no mercado matrimonial, o casamento de primos cruzados perde sua qualidade de transação preferencial e, por isso, o casamento da filha de Carlos com o filho de Maria torna-se tão provável quanto qualquer outro que siga o mesmo padrão de hipergamia para as mulheres e hipogamia para os homens.

Por toda essa situação, a preferência das mulheres pelos brancos torna-se motivo de ressentimento, sobretudo para os jovens solteiros. Do ponto de vista dos pais da moça, o casamento com um homem branco traz algumas vantagens. Por conta da confortável situação que o marido lhe proporciona, a filha pode presenteá-los com bens duráveis, mercadorias, remédios. É bem verdade que esses benefícios estendem-se a uma vasta gama de parentes, inclusive aos irmãos, mas nem por isso estes deixam de se sentir lesados pelo casamento da irmã. Via de regra, eles se posicionam contra a união e podem apresentar, posteriormente, dificuldades de relacionamento com o cunhado. Consumado o casamento, em muitos casos hesitam em aceitar o marido da irmã como membro da família, como relata um homem Tukano de aproximadamente 40 anos:

> Minha irmã faz parte, ele não. Quando a gente fala, ele tem que ficar quieto. Ele não pode discutir junto com a gente os nossos problemas. Às vezes meu pai fica triste, mas aí a gente explica pra ele. Se o marido dela fosse índio, como nós, seria diferente, ele participaria de todas as decisões.

Em geral, no entanto, o genro branco contuma ser apoiado pela sogra, que alega que os homens indígenas bebem muito e não podem dar conforto material à mulher e aos filhos. Ancoradas na opinião da mãe, que quase sempre traz o consentimento do pai a reboque, as jovens depositam nesse tipo de casamento suas expectativas de futuro e a figura do afim branco passa a fazer parte da vida de muitas famílias de São Gabriel. Entre a população residente no bairro da Praia, o casamento com branco é hoje um fenômeno trivial. Vejamos.

A maior parte das residências do bairro é ocupada por famílias extensas que compreendem três gerações: um casal, seus filhos e netos. São muito raros os casos em que todos os filhos continuam morando na casa dos pais após o casamento. Também não se notam padrões estáveis de residência pós-marital, mas uma observação aproximativa – que precisaria ainda ser confirmada por pesquisa demográfico-estatística acurada – indica uma propensão ligeiramente maior das mulheres a permanecer na casa natal depois do casamento (9 em 26 casos), em comparação com seus irmãos (6 em 26 casos), como se vê na tabela a seguir. Esses números são resultado de um levantamento que realizei sobre a composição residencial em uma amostra de trinta casas no bairro da Praia, focalizando principalmente a fixação e a dispersão pós-marital em todos os 52 casamentos realizados por homens (26 casos) e mulheres (26 casos) da geração intermediária.[3]

Homens

	Permaneceram na casa natal	Mudaram de casa para:		
		Mesmo bairro	Outros bairros	Fora de SG
Esposa indígena	6	9	6	5

Mulheres

	Permaneceram na casa natal	Mudaram de casa para:		
		Mesmo bairro	Outros bairros	Fora de SG
Esposa indígena	6	9	6	5
Marido branco	3	4	1	6

Nota-se que o quadro dos homens não apresenta a subdivisão correspondente ao quadro das mulheres, que especifica a identidade do cônjuge (indígena ou branco). O motivo é simples: casamentos entre homens indígenas e mulheres brancas são muito raros. Na amostragem

---

3 Não levei em consideração o histórico das uniões matrimoniais realizadas pelos membros da casa. Desse modo, os números referem-se apenas aos casamentos existentes em um dado momento. Estou ciente de que o recorte sincrônico confere aos dados obtidos um alcance analítico limitado. Não é possível, por exemplo, verificar a hipótese de que uma parte dos casamentos com homens indígenas corresponde às segundas núpcias de uma mulher, ou a uniões matrimoniais de mulheres que já haviam dado à luz um filho de branco quando solteiras. Agradeço a Marta Azevedo, que discutiu comigo o método e os resultados do levantamento.

De volta ao Lago de Leite

de trinta casas visitadas, encontrei somente o caso de um homem Baré que havia sido casado com um mulher branca, mas estava então separado (portanto, não foi computado na tabela). Ao longo de toda pesquisa na cidade, tive notícia de não mais de meia dúzia de uniões matrimoniais entre homens indígenas e mulheres brancas. Tratava-se, na maioria dos casos, de homens envolvidos de longa data com o movimento indígena e com larga experiência de relação com os brancos.

Quanto aos casamentos entre mulheres indígenas e homens brancos, a tabela mostra que eles correspondem a mais da metade das uniões matrimoniais da amostra (14 em 26 casos). Em uma proporção significativa desses casamentos, o casal sai de São Gabriel para residir em outra cidade (6 em 14 casos). Isso é explicável, uma vez que muitos dos parceiros matrimoniais das índias são atualmente militares em movimentação, que depois de um tempo são novamente transferidos, por vezes voltando à sua cidade de origem. Nos casos em que a mudança de cidade ocorre, muitas vezes as mulheres acabam por retornar a São Gabriel separadas, trazendo os filhos e alegando ter sofrido discriminação por parte da família do ex-marido.

As mulheres casadas com homens indígenas tendem a residir próximo a seus pais, na mesma casa ou no mesmo bairro (9 em 12 casos). Quanto às mulheres casadas com brancos, a proporção cai para a metade (7 em 14 casos). Porém, é importante notar que nas oito uniões em que o casal não saiu de São Gabriel para residir em outra cidade, apenas uma mulher foi morar com o marido branco em outro bairro. Ou seja, quando permanecem na cidade, as mulheres casadas com branco também tendem a residir próximo aos pais. Isso indica que o casamento com branco por si só não é responsável pelo afastamento espacial entre a mulher e sua família; é preciso que existam outros fatores para tanto, como a necessidade de deslocamento de um marido militar. Se para efeito de demonstração desconsiderássemos os casos em que houve mudança de cidade, a proporção de mulheres casadas com brancos residindo na mesma casa ou no mesmo bairro dos pais se elevaria para sete em oito casos.

A tabela faz referência apenas aos casamentos, mas cabe registrar o número expressivo de mulheres solteiras que engravidaram de homens brancos: nas trinta residências que compõem a amostra, elas perfazem um total de dez. As 'mães solteiras' costumam residir com seus pais, que ajudam a criar os netos e muitas vezes assumem a responsabilidade por eles. Mas a situação não é vivenciada sem conflito. Em discussões familiares e conflitos durante as festas, a origem dessas crianças é lembrada de forma acusativa pelos pais e irmãos da mulher. Para as próprias crianças, não ter pai reconhecido é certamente um estigma. Quando se envolvem em brigas na escola, elas costumam ser insultadas pelos colegas com a expressão 'filho da puta'. Em certa ocasião, tomada por um acesso de cólera, uma mulher falou-me do filho de sua cunhada nesses termos. A expressão em Tukano é *diâyɨgo põ'ra*, que pode ser traduzida por 'filho da cachorra', contexto em que cachorra tem a acepção de mulher promíscua.

A situação das crianças sem pai costuma preocupar os velhos, que a encaram como uma ameaça à continuidade da identidade indígena. Esse tema me foi assim apresentado por um senhor Tukano:

> Antigamente o chefe da maloca cuidava muito bem e os filhos e os netos dele respeitavam. Então as meninas faziam a festa da moça,[4] por aí, oito, nove anos, ... antigamente faziam isso, agora esta coisa já se perdeu, as moças e os índios, todo mundo aqui, nós nos espalhamos todos, especialmente Tukanos, Uananos, Tarianos, e viemos até para a cidade de São Gabriel. Por isso, agora, de hoje em diante, a moça não explica, não conta para a mãe, anda assim como se fosse cachorra. Não diz nada, vai atrás de moço, vai atrás de branco, se prejudica e faz nascer menino, entrega para o pai [da moça] e depois vai para Manaus. E o coitado do pai quer cuidar do neto, não se sabe qual a tribo dele, que tribo será, ou será branco ou será índio, não se sabe, não se pode saber o pai.

Também ocorre frequentemente que as moças deixem os bebês aos cuidados dos avós e partam à procura de um emprego que lhes garanta o sustento do filho no futuro. Algumas vão trabalhar como empregadas domésticas em Manaus. Como são carinhosamente criadas pelos velhos, que nem sempre podem arcar tranquilamente com o ônus tempo-

---

4 O informante refere-se ao ritual de iniciação feminina, por ocasião da menarca. Cf. p.115 ss deste livro.

De volta ao Lago de Leite

rário de alimentar e vestir mais uma pessoa, as crianças, não raro, logo ganham irmãos que compartilharão com elas a mesma condição social. Não é infrequente, também, que essas moças se casem posteriormente com homens indígenas, que acabam por assumir a paternidade dos filhos de branco. Nesses casos, eles costumam dizer: "esse meu filho aqui é misturado". Discutiremos a ideia de 'mistura' mais adiante.

A elevada taxa de nascimento de crianças com paternidade desconhecida não é a única consequência sociodemográfica da preferência das mulheres pelos brancos. Outra contrapartida é o crescente número de celibatários entre os homens indígenas. Quando perguntadas sobre o porquê da preferência pelos brancos, as moças da Praia lançam mão de dois tipos de argumento: o primeiro é que os rapazes indígenas são mais retraídos, não seduzem, não se insinuam "nem mesmo para conversar". Esse juízo é, de certo modo, compartilhado pelos homens indígenas, que costumam dizer que os brancos têm mais "lábia" e, por isso, mais sucesso quando se trata de conquistar mulheres. O segundo argumento das jovens é que os índios bebem muito e de forma desmedida, tornando-se briguentos e inconvenientes nas festas, nos clubes noturnos. Certa vez, uma moça respondeu à minha pergunta com outra: "quem gostaria de namorar um rapaz que no final da noite vai ter que sair carregado para casa?".

Aqui, usarei o termo 'embriaguez alcoólica' para aludir especialmente ao consumo frequente e desmedido de cachaça (ou cerveja), e não à ingestão ritualizada de caxiri. Essa distinção é necessária porque, como se sabe, o estado de embriaguez por caxiri é comum e desejável durante as festas nas comunidades do interior. Para que ele seja atingido, é preciso que se beba por muitas horas seguidas, durante as quais se estará participando de um evento coletivo, que integra todos os convivas. Por estar enquadrados na estrutura ritual da festa, os conflitos são mais facilmente controlados pelo restante da comunidade. É com outros olhos, porém, que os índios veem o indíviduo embriagado por cachaça. Além de embebedar mais rapidamente, essa bebida pode ser obtida facilmente no comércio de São Gabriel e consumida individualmente ou em grupo a qualquer momento do dia ou da noite, o que torna seus efeitos menos previsíveis e controláveis que os do caxiri.

A embriaguez alcoólica é frequentemente apontada pelas mulheres como um dos problemas mais graves enfrentados pelas famílias indígenas de São Gabriel. É mesmo muito difícil encontrar uma que não o conheça de perto. O estado de embriaguez é citado como a maior causa de violência doméstica e fonte permanente de conflito entre marido e mulher. As mulheres reclamam que, quando alcoolizados, seus maridos mostram-se irascíveis e agridem-nas pelos motivos mais banais. Qualquer coisa parece ser motivo para que o marido ébrio as hostilize ou machuque. Por isso, a cachaça é vista como uma bebida altamente danosa à harmonia doméstica.

No entanto, muitas vezes, a própria mulher acaba sendo responsabilizada pela violência que sofreu. Segundo ouvi de algumas pessoas, o uso de plantas afrodisíacas por parte das mulheres deixaria os homens de "cabeça fraca", levando-os a se comportar "quase como loucos". Esse argumento foi utilizado algumas vezes por pais, irmãos e irmãs de homens que, quando bêbados, costumavam se voltar agressivamente contra suas esposas. Ainda que seja objeto de censura, o comportamento hostil e agressivo do ébrio encontraria, portanto, uma espécie de justificativa na magia oculta de sua mulher.

À exceção das crianças, o consumo de cachaça em ocasiões festivas parece ser generalizado, estendendo-se a todas as faixas etárias. Todavia, as mulheres mais jovens, sobretudo as nascidas em São Gabriel, adotam em geral uma atitude mais crítica em relação ao consumo de álcool, e não bebem habitualmente. Ao longo de meses de convívio, não vi as jovens professoras da Praia tomarem um único gole de cerveja, nem mesmo em seus momentos de lazer, como os churrascos realizados no sítio ou as noitadas nas boates do Centro. Elas faziam questão de deixar claro que não gostam de beber e não costumam fazê-lo.

Mesmo que essa atitude de distanciamento em relação ao álcool não caracterize a conduta de todas as mulheres, é sem dúvida entre os homens indígenas, e principalmente entre os mais jovens, que o consumo de cachaça torna-se um problema evidente. É mesmo muito provável que ele esteja associado à prática de pequenos delitos e à violência juvenil. No segundo semestre de 2000, moradores do Dabaru noticiavam a formação de gangues de adolescentes que, sob o efeito de álcool (e supostamente

De volta ao Lago de Leite

de outras drogas, que os informantes não sabem dizer quais), agrediam os transeuntes durante as madrugadas do bairro sem motivo aparente.

Os moradores da cidade veem no uso desregrado do álcool uma consequência da falta de perspectiva de futuro para os jovens indígenas. Entre as possíveis causas desse estado de desalento eles citam a situação econômica precária das famílias que chegam a São Gabriel para fixar residência, a dificuldade de competir com os brancos no mercado de trabalho e conseguir uma boa remuneração profissional, e a posição desprivilegiada que os jovens indígenas ocupam no esquema de preferências sexuais e matrimoniais das mulheres. Diante de tais explicações, fica mais fácil entender, por exemplo, por que os índios, quando embriagados, lançam frequentemente acusações aos brancos: aos missionários, que teriam destruído sua cultura; aos antropólogos, que só se interessariam por suas próprias pesquisas; aos militares, que estariam roubando suas mulheres.

O fato é que, inseridos realmente de forma desprivilegiada em um sistema social que garante aos brancos acesso mais fácil ao dinheiro, às mercadorias e às mulheres, os jovens indígenas se retraem, o que diminui ainda mais suas chances de namorar as moças da cidade. Durante as tardes de final de semana, pode-se ver grupos de rapazes indígenas ouvindo música nos quintais das casas do bairro da Praia. Esse retraimento também é facilmente visualizado na distribuição espacial dos jovens na pista dos clubes noturnos. Os rapazes indígenas dançam juntos em grupos masculinos, embriagando-se progressivamente, enquanto as moças interagem com os brancos. Em São Gabriel, depois dos brancos vindos de fora, os militares da região, brancos e índios – precisamente nessa ordem –, são as alternativas locais preferenciais das moças para parceiros sexuais ou matrimoniais. Assim, se é possível encontrar uma moça nascida na cidade namorando ou casada com homem indígena, é muito provável que se trate de um militar.

Voltando à questão do consumo de álcool por parte dos índios, quero assinalar que estamos diante de um problema muito grave e delicado. Mesmo considerando pertinentes todas as explicações acima aventadas, estou certa de que elas não alcançam a complexidade do tema. Para abordar o assunto em suas devidas proporções, seriam necessários, entre outras coisas, uma análise do papel que o estado de embriaguez por caxiri cumpre na socialidade ribeirinha durante as festas, e um estudo sobre a experiência social dos homens indígenas na cidade. Ainda que a embriaguez por caxiri e por cachaça sejam concebidas pelos índios como fenômenos de consequências diversas, estou certa de que não há como alcançar as representações da segunda sem compreender as da primeira. Uma análise superficial indica que a etiqueta de consumir a quantidade máxima possível de caxiri disponível modela a forma como os índios se entregam à ingestão de cachaça. Esse ponto é aludido pelos próprios homens indígenas quando contrastam o seu modo de beber com o dos brancos: "os brancos bebem o suficiente para não pensar nos problemas, os índios bebem para cair no chão". E seria preciso levar em conta, ainda, que o problema do consumo de cachaça se faz presente também nas comunidades do interior, visto pelos moradores como um sinal do enfraquecimento da moral comunitária. Uma reflexão rigorosa exigiria, portanto, esforços de pesquisa em múltiplas direções.

Por ser particularmente sensível à perspectiva feminina, este trabalho pode contribuir para melhor dimensionar o problema. Embora o argumento das mulheres de que os homens indígenas não dão bons maridos porque bebem muito pareça insuficiente para fundamentar a preferência pelo casamento com brancos, é certamente eficiente. Com o apoio de suas mães, as moças contam com uma justificativa forte para preterir os índios. E, se retrucamos dizendo-lhes que os brancos também bebem, elas aquiescem, notando, contudo, que estes últimos o fazem para esquecer da vida e dormir até o dia seguinte, enquanto os índios parecem beber justamente para lembrar de maltratar suas esposas. Sabe-se que a responsabilidade por muitos episódios de violência sexual na cidade são imputados a homens brancos embriagados, mas esse dado de realidade não basta para fazer frente à tenaz argumentação das mulheres sobre o uso diferenciado que os índios e os brancos fazem do álcool.

Não é meu propósito inventariar as razões individuais das mulheres para preferir os brancos. Em São Gabriel, não faltam opiniões, e todas têm algum fundamento: elas querem carregar uma criança branca nos braços, disseram-me duas freiras; elas querem dinheiro, dizem os próprios brancos; elas querem mercadorias, dizem os homens indígenas.

E o que dizem as moças, já sabemos: "os índios não se chegam, não sabem conversar, só querem beber e eu não quero um marido bêbado". Mas, se, como creio, as motivações pessoais de uma mulher estão inextricavelmente enredadas ao sistema social no qual se definem suas possibilidades de agência, é para tal sistema que devemos nos voltar. Conhecer a experiência social da mulher casada com um branco implica compreender tanto sua posição como esposa quanto sua posição no círculo de relações que se irradia a partir da família consanguínea.

A estrutura da relação conjugal nos casamentos com brancos é muito distinta daquela que vimos caracterizar as uniões entre homens e mulheres indígenas no Uaupés. Na comunidade ribeirinha, as mulheres valem-se da importância de sua atividade produtiva para afirmar seus direitos de esposa. A complementaridade econômica entre marido e mulher fornece a base para o desenvolvimento de uma relação de cumplicidade que, com o passar do tempo, tende a se tornar cada vez mais estável. Crises motivadas por ciúme sexual ocorrem frequentemente, mas os relacionamentos extramaritais não carregam necessariamente um sentido de ruptura com os papéis conjugais. O problema é quando um dos cônjuges deixa de cumprir seus deveres na divisão do trabalho ou direciona sua lealdade para a família de origem em detrimento daquela que constituiu. Todavia, a possibilidade de que o parceiro reaja furtando--se a observar suas próprias obrigações é, em geral, suficiente para inibir esse tipo de atitude e manter a situação em estado de equilíbrio.

A esposa de um branco, por sua vez, possui meios mais reduzidos de fazer valer seus desejos, uma vez que, do ponto de vista econômico, e por causa da posição privilegiada dos brancos no mercado matrimonial da cidade, o marido depende menos dela do que ela dele. Além disso, os brancos de São Gabriel transitam em um circuito de relações na cidade do qual a esposa indígena raramente participa. A partir dos depoimentos de mulheres casadas com brancos por um período de uma a duas décadas, é possível vislumbrar um processo comum de desenvolvimento da relação conjugal, caracterizado pelo distanciamento gradativo entre os cônjuges: depois dos primeiros tempos do casamento, com o abrandamento da paixão sexual, o marido torna-se mais disperso e menos integrado à rotina da casa, e passa a ser visto pelos bares da cidade na companhia de outras mulheres, o que deixa sua jovem esposa triste e decepcionada. As escapadas amiúdam-se e sua ausência constante faz arrefecer a cumplicidade conjugal, cuja idealização, no contexto desses casamentos, tem na ideia de fidelidade sexual um de seus sustentáculos.

As mulheres mencionam com frequência a infidelidade do marido como o principal motivo de frustração no casamento. Insatisfeitas e cientes da atmosfera de distanciamento de que se impregnou a relação, elas enfrentam a adversidade apoiando-se nas posições de dona da casa e 'mãe de família', bem como em sua atividade profissional. Pensam muitas vezes em separação, mas na maioria dos casos recuam por causa do receio de que os filhos fiquem desamparados ou a família extensa passe por privações. A essa altura, muitas necessidades já foram criadas e precisam ser continuamente satisfeitas, mas a possibilidade de rompimento está sempre presente nas avaliações das mulheres sobre o futuro. A volta do marido para sua cidade natal é uma virtualidade com a qual elas sempre contam, sem porém estar certas de poderem se adaptar a uma vida longe de sua terra e de seus parentes.

Contudo, além dos benefícios econômicos, o casamento com um branco oferece à mulher a possibilidade de permanecer perto de seus pais e irmãos. Assim, além de gozar de uma situação financeira privilegiada, que lhe permite ajudar os familiares, a esposa de um branco não se vê apartada deles, tampouco dividida em suas lealdades a consanguíneos e afins. Ao contrário, o papel de arrimo de família torna a sua casa um polo de convergência para parentes paternos e maternos. Mesmo nos casos mais raros, em que a família do marido mora em São Gabriel, a tendência é que a mulher mantenha uma convivência cotidiana mais estreita com seus próprios parentes. Quando na cidade, seus pais passarão boa parte do tempo em sua casa, cuidando dos netos, enquanto ela se ausenta para trabalhar. Daí uma reclamação frequente dos brancos: eles costumam dizer que casar com uma índia em São Gabriel é como casar com uma comunidade inteira.

O que podemos concluir de tudo isso é que os casamentos com brancos potencializam a capacidade de agência das mulheres no que se refere aos processos de construção de identidade no âmbito da família extensa, operando uma espécie de inversão na assimetria que caracteriza as relações entre irmão e irmã no Uaupés (cf. Epílogo da Primeira parte). Voltaremos a esse ponto no Epílogo da Segunda parte. Porém, é importante salientar que a vantagem da esposa de um branco em relação a seus irmãos não advém exclusivamente da condição econômica de que passa a gozar e que lhe permite ajudar os parentes e aglutiná-los em torno de si. Na cidade, há um outro campo de ação em que as mulheres costumam fazer valer uma perspectiva alternativa sobre o processo de reprodução social: aquele que diz respeito à identidade das crianças nascidas de suas uniões com os brancos.

Crianças misturadas

A identidade das crianças nascidas dos relacionamentos entre índias e brancos é objeto de controvérsia em São Gabriel. Por tratar-se de uma questão atualmente sob disputa e negociação, é possível apreender de forma nítida as perspectivas conflitantes em jogo. Inicialmente, os índios afirmam que tanto os filhos de mulheres indígenas com homens brancos como os filhos de homens indígenas com mulheres brancas são 'morégɨ', que significa 'misturado'. 'Morégɨ' é por vezes traduzido como 'caboclo', mas os informantes não parecem realmente satisfeitos com o emprego desse termo para referir-se à identidade das crianças 'misturadas'. Lembro-me, por exemplo, que ao definir suas filhas como caboclas, uma mulher logo emendou: "pelo menos é isso o que a gente aprende na escola". A inadequação do termo 'caboclo' para explicar a identidade dessas crianças pode ser justificada pelas próprias concepções nativas acerca de como se dá a reprodução da identidade indígena.

Tradicionalmente, acredita-se que a alma da criança – seu sopro de vida, seu princípio vital – é-lhe transmitida inteiramente pelo pai, através do nome cerimonial que ela recebe ao nascer. Como vimos, é por meio da posse do nome/alma da genealogia do *sib* que uma pessoa passa a partilhar a essência espiritual do mundo ancestral, efetivando-se, assim, sua vinculação ao grupo de descendência paterno. Nesse sentido, a diferença entre o filho de mãe indígena com pai branco e o filho de pai indígena com mãe branca é que, a rigor, o primeiro está privado do direito de portar um nome indígena. Consequentemente, embora ambos sejam 'misturados', somente o segundo poderia ser considerado 'índio'. Nesse registro, portanto, o acesso legítimo a uma alma indígena é o que determina a identidade de 'índio'.

Assim, em conformidade com o princípio patrilinear de transmissão da identidade indígena, os homens definem o filho de índia com branco como *pekâsĩ morégɨ* (branco misturado), enquanto o filho de índio com branca, caso muito mais raro, é definido como *po'teríkĩ hɨ morégɨ* (índio misturado).[5] Suponho que o termo *'morégɨ'* faça aqui as vezes de um qualificador, não sendo o foco semântico da definição de identidade, o que explicaria a inadequação do termo caboclo para dar conta do caso. Enquanto 'caboclo' não significa nem índio nem branco, referindo-se a uma terceira categoria, os filhos de branco com índia seriam 'brancos', mas de um tipo específico, enquanto os filhos de índio com branca seriam 'índios', também de um tipo específico. A especificidade de ambos seria determinada pela característica que compartilham – corpos misturados.

Grande parte da polêmica em torno da identidade dos filhos de brancos tem origem no fato de que, contrariando a tradição, eles também acabam por receber um nome cerimonial, de modo que possam ter a saúde protegida ao longo da vida. Na falta de um pai indígena, o nome provém do *sib* do avô materno, o que faz que a criança seja identificada com a etnia da mãe. Embora ela seja considerada 'misturada', do ponto de vista de sua mãe, sua avó e seu avô materno – que nomeia o bebê a partir de um de seus irmãos ou irmãs –, o nome assegura à criança a posse de uma alma indígena. Embora eu não disponha de dados estatísticos, meu palpite é que se trata de uma prática habitual.

Ao comentar essa subversão dos cânones tradicionais, as mulheres desconsideram a regra segundo a qual o pertencimento a um grupo exógamo é transmitido por linha paterna: "meus filhos são misturados: meio índios, meio brancos. Então, a parte indígena deles é Tukano, como

---

5 Tais definições me foram dadas por um grupo de homens em uma mesma ocasião. Quando eu indagava as mulheres sobre a sua pertinência, elas a confirmavam, embora jamais tenham formulado espontaneamente definições parecidas. Sempre me disseram apenas que seus filhos eram *'moregi'*.

eu". A mãe diz ser imprescindível que à "parte indígena" do corpo da criança esteja atrelado um nome indígena. O raciocínio é perfeitamente coerente com a ideia de que, para ser índio, é preciso descender de um dos ancestrais que se fixou no Uaupés depois da grande viagem original, o que se efetiva por intermédio da posse de uma alma/nome. Mas ele demonstra, porém, uma desatenção ao princípio patrilateral firmemente defendido pelos homens.

Os tios maternos recusam-se a aceitar o esquema, considerando-o impróprio, uma vez que o direito de portar esses nomes seria apenas de seus filhos. Vejamos um caso que ilustra bem o tipo de conflito que pode advir dessa situação. Depois de uma relação temporária com um homem branco, uma jovem Tukano solteira, que residia na cidade em companhia do irmão, deu à luz uma criança. Como seu pai estava morando longe, ela solicitou ao irmão que benzesse o sobrinho, dando--lhe um nome Tukano. Alegando que o bebê era filho de branco, ele recusou-se a fazê-lo. Passado um ano, a criança adquiriu uma doença grave e incurável, cuja origem foi creditada, pelos parentes, ao fato de não ter sido benzida quando bebê. Nesse caso específico, a mulher cedeu à resistência do irmão, o que provavelmente não teria acontecido se, à epoca do nascimento da criança, tivesse podido contar com o apoio de seus próprios pais para dar-lhe um nome cerimonial.

Toda essa questão em torno da identidade dos filhos de brancos faz reforçar a hipótese de que o casamento com um branco dá à mulher uma oportunidade de se ressituar no sistema indígena de relações sociais. Além de dotar a mulher de recursos que lhe permitem ajudar os parentes, ele cria uma situação propícia para que ela transmita aos filhos os nomes de seus antepassados. Notemos, porém, que isso só será possível se ela puder contar com a conivência de seu pai ou de outro homem de seu próprio *sib*, pois, como veremos no próximo capítulo, o conhecimento xamânico necessário à realização do ritual de nomina-ção é prerrogativa masculina. É algo surpreendente que o avô materno compactue com tanta regularidade com uma prática onomástica que poderá, a longo prazo, minar as bases do sistema tradicional de repro-dução da identidade indígena. Ao dar ao filho da filha um nome que, por direito, pertenceria apenas aos filhos do filho, ele está, de certo modo, promovendo a dissipação de algo concebido como um bem imemorial de sua própria linha agnática.

Diante desse quadro, reitero a questão formulada na Introdução da Segunda parte, refraseando-a: se, como vimos, a vida na cidade representa para uma mulher a possibilidade de se reposicionar entre os seus, trazendo os parentes para perto de si e, até mesmo, transmitindo a seus filhos a alma de seus antepassados, o que dizer dos homens? O que os leva a deixar suas comunidades para viver em São Gabriel? Com tais perguntas em vista, é hora, pois, de perscrutarmos mais objetivamente o movimento na direção do mundo dos brancos, indagando, afinal, quem são os brancos na visão dos índios, e por que alguns de seus atributos tornam-se tão desejáveis. Isso nos levará a uma compreensão mais profunda das motivações que impelem as mulheres indígenas ao casamento com brancos e seus pais a apoiá-las, em muitos casos exercendo mesmo uma forte influência em tal decisão.

5
Conhecer para transformar

O sentido do movimento

Nos capítulos anteriores descrevi as transformações ocorridas no modo de vida dos índios do Uaupés depois que passam a residir em São Gabriel. Essas transformações devem ser entendidas como parte do processo a que me refiro como 'o movimento dos índios na direção do mundo dos brancos'. Embora a mudança para a cidade possa ser vista como a manifestação mais eloquente desse processo, a descrição da vida ribeirinha já nos revelava quanto esta última também se vê por ele influenciada, sobretudo quando consideramos o papel da educação escolar e das mercadorias no sistema de atribuição de prestígio hoje em vigor nas comunidades. Assim, o contraste entre *comunidade* e *cidade* não se refere somente a dois espaços distintos, mas também, e principalmente, a sistemas de valores que organizam modos de vida diversos. No contexto da discussão que nos ocupa, cuja matéria é justamente uma situação em que ambos os sistemas se influenciam e se alteram mutuamente, esse contraste funciona antes de tudo como um instrumento heurístico que nos permite discernir a forma como os índios percebem os processos de transformação que vivenciam e as contradições que tais processos engendram.

Delineados, portanto, os traços mais marcantes desses processos, passo agora a indagar quais seriam suas motivações. Não pretendo encontrar uma resposta de tipo causal para o deslocamento espacial dos índios rio abaixo. Como já deve ter ficado claro, os motivos que levam uma família à decisão de deixar a comunidade são variados, e suas imbricações complexas demais para que possamos generalizá-los. Ademais, minha preocupação aqui é de outra ordem. Trata-se de recuperar o sentido coletivo do fenômeno, refletindo sobre os pressupostos conceituais que tornam a mudança para a cidade um movimento razoável aos olhos dos índios.

Já sabemos que a busca da educação escolar possui um papel importante. Como o segundo grau é oferecido somente em Iauareté e São Gabriel, muitas famílias não veem escolha a não ser enviar seus filhos para a casa de parentes na cidade ou descer com eles. São os próprios índios que o dizem, e é preciso levar suas afirmações a sério. Fazê-lo, contudo, não implica naturalizar o afã da educação escolar, supondo, por exemplo, que ele resulta simplesmente do êxito dos missionários em impor seus valores aos índios – em convencê-los da importância de estudar para 'ser alguém na vida', como costumavam dizer as freiras às alunas no tempo dos internatos. Ao contrário, é preciso levar em consideração que o desejo de completar os estudos não teria sido subjetivado pela população do Uaupés se, de alguma forma, não fosse ao encontro de suas próprias expectativas. Nesse sentido, mesmo imaginando que o chavão das freiras tenha sido acolhido pelas alunas como um ideal a ser perseguido, cabe-nos perguntar o que significava, para estas, 'ser alguém na vida'. Em outras palavras, distinguir o espaço simbólico que a escola ocupa no modo como os índios concebem suas possibilidades de existência e de reprodução social.

Como se verá, ao tentarmos responder a essa questão, que nos remete à visada da população indígena sobre seu futuro, estaremos lidando também com suas ideias sobre o passado. Para eles, a relação estabelecida entre os povos do Alto Rio Negro e os agentes coloniais caracterizou-se pela dominação política e pela exploração econômica dos primeiros pelos segundos. Essa relação de dominação teria sido determinada pelas capacidades peculiares atribuídas ao ancestral dos brancos nas origens, e aparece prenunciada no mito de origem da humanidade (cf. S. Hugh--Jones, 1988). Minha hipótese é que o movimento dos índios na direção da escola, e por extensão, da cidade, seja animado pela expectativa de apropriação do conhecimento branco, concebido aqui como um saber específico que confere capacidades transformativas importantes a quem o detém. Em suma, tudo se passaria como se a posse e o manejo do conhecimento dos brancos viesse permitir aos índios reequilibrar a relação de dominação configurada ao longo dos últimos séculos de história. Vejamos agora como se fundamenta essa ideia.

Afinal, quem são os brancos?

Vimos que, na cosmologia dos grupos do Uaupés, os brancos são representados como membros de uma categoria genérica de seres humanos cujos atributos se distinguem essencialmente daqueles a partir dos quais os índios definem a si próprios. A origem dessa diferença estaria no fato de índios e brancos não compartilharem o mesmo ponto de vista sobre a vida social. Enquanto aos primeiros agrada viver em comunidades ribeirinhas, fazendo festa e cuidando dos parentes, os últimos habitam a cidade, são agressivos, egoístas e não valorizam o parentesco. A forma indígena de 'estar no mundo' aparece, portanto, revestida de uma qualidade moral específica – a capacidade de viver em comunidade, levando um tipo de existência cujo sustentáculo é a valorização da partilha e da convivência, e no qual está em jogo sobretudo o bem-estar coletivo. Na cidade, ao contrário, prevalecem as rotinas individualizadas, e cada um pensa apenas em ter sua casa, seu emprego e sua roça. E, ainda mais relevante, é necessário competir por tudo isso.

A qualidade moral diferenciada dos brancos seria, a um só tempo, causa e consequência de uma opção feita nos primórdios da humanidade, que teria marcado profundamente o desenrolar da história que estava por vir. Revisitemos brevemente a mitologia da origem, já apresentada no capítulo 3. Vimos que, em um dado momento da viagem da Canoa da Fermentação Uaupés acima, mais precisamente ao alcançar as Cachoeiras de Ipanoré, *Ye'pâ Õ'âkɨ hɨ*, o Deus Criador, dispôs no chão uma série de objetos para que os ancestrais dos grupos os escolhessem. O ancestral do branco pegou a espingarda e as mercadorias, ao passo que os ancestrais dos índios preferiram o arco e os enfeites cerimoniais. Entre fazer festa e fazer guerra, o branco escolheu guerrear. O caráter agressivo e destemido do branco fez que ele se antecipasse aos índios também em outras provações arquitetadas pelo Criador. Por ter sido o primeiro a se banhar em uma bacia de água quente apresentada por *Ye'pâ Õ'âkɨ hɨ*, sua pele tornou-se mais clara. Em uma versão Barasana citada por S. Hugh-Jones (1988), quando o Criador oferece aos ancestrais uma cuia contendo ipadu misturado com cera de abelha, os índios hesitam, mas os brancos o ingerem. Esse objeto possui um papel crucial no ritual *He*, tão importante quanto o dos instrumentos sagrados, e está simbolicamente associado à imortalidade (S. Hugh-Jones, 1979, p.163-92). Desse modo, ao se apoderar da primeira cuia, o ancestral do branco teria usurpado dos índios uma importante fonte de poder xamânico.[1]

Por terem seguido a via do destempero e da guerra, que contrasta com o *ethos* moderado e pacífico que, segundo os índios, rege a existência na comunidade ribeirinha hoje, os brancos foram impedidos de se fixar no Uaupés (em algumas versões são expulsos por *Ye'pâ Õ'âkɨ hɨ*), permanecendo no interior da canoa, que faria o percurso de volta rumo ao Leste. Daí em diante, índios e brancos percorreram trajetórias existenciais diferentes e moralmente divergentes (cf. S. Hugh-Jones, 1988, p.146): os índios na comunidade e os brancos física e conceitualmente fora dela. Contudo, embora o elogio da vida em comunidade seja frequente no discurso nativo, está claramente expresso no mito que, ao preterir a arma de fogo em favor do arco e flecha e dos enfeites de festa, os índios teriam efetuado uma escolha equivocada. A posse da espingarda deu aos brancos um poder que viria a ser usado contra os índios, durante uma longa história de dominação: "agora vocês serão mandados por seus irmãos

---

1 Segundo S. Hugh-Jones (1988, p.150), "os xamãs Barasana afirmam que os brancos teriam se apoderado da melhor cuia de ipadu, fonte de sua riqueza e seu poder, deixando os índios com uma cuia menos poderosa [*a second-best substitute*]".

menores,[2] porque essa foi a escolha de vocês", teria dito *Ye'pâ Õ'âkɨ hɨ* aos autores da 'má escolha' (cf. cap.3, "Índios e brancos em São Gabriel").

O tema da 'má escolha' é recorrente em muitas mitologias sul-americanas que versam sobre a origem dos brancos. O conteúdo específico da escolha pode variar, mas na maioria dos casos, trata-se de optar por um objeto de uma série deles posta à disposição. Os índios escolhem objetos de sua própria cultura, enquanto os brancos apoderam-se da arma de fogo e das mercadorias (cf., por exemplo, alguns mitos Jê em Wilbert, 1978, p.126-48). Em tais narrativas, a espingarda e as mercadorias sintetizam a primazia tecnológica dos brancos, cuja origem é em geral associada à sua presumida superioridade xamânica. Essa concepção já estava presente entre os Tupi que habitavam a costa brasileira no século XVI, conforme esclarece Fausto (2002, p.71):

> A associação dos conquistadores ao xamanismo fundava-se, sobretudo, em uma avaliação das implicações práticas e simbólicas da tecno-lógica europeia. As ferramentas e a profusão de objetos úteis e inúteis que eles possuíam eram evidências de um poder criativo particular e de uma relação íntima com outros sujeitos do cosmos ...

No que se refere ao caso do Uaupés, para elucidar a lógica que confere aos brancos capacidades xamânicas superiores, é preciso observar o início do relato mítico. Antes da grande viagem, a pré-humanidade vivia no Lago de Leite como *waîmasa*, ou gente-peixe, na forma de seres aquáticos de todas as espécies e todos os tamanhos. Apenas uma parte dela desembarcou da canoa para se transformar em humano, a outra parte permaneceu até hoje no mundo subaquático, como explica um informante Tukano:

> Sabe por que, antigamente, nossos bisavós não comiam peixe? Porque peixe era gente e gente era peixe. ... Eles moravam no Rio Umari,[3]

---

2 Em uma comunicação pessoal, Dominique Buchillet observou-me que, na mitologia Desana, o irmão menor é muitas vezes retratado como o mais corajoso e o mais esperto. Cf. por exemplo, o Mito de origem da noite, em Pãrõkumu & Kẽhirí (1995, p.81-6).

3 Lembro que o rio Umari de que fala o informante é o rio subterrâneo onde a pré-humanidade vivia em forma de *wa'î masa* antes de alcançar o Lago de Leite, de onde uma parte dela seguiu viagem no interior da Canoa da Fermentação (Cf. cap.3, "Índios e brancos em São Gabriel").

muitos peixes, tinha traíra, tucunaré, pacu, pirandira, surubim, jandiá ... Alguns peixes não entraram na canoa para ficar com o corpo igual ao nosso. Por isso eles são bravos agora.

Os índios afirmam que, embora os humanos os vejam como peixes, os peixes se veem como gente: vivem em casas subaquáticas, cultivam suas roças, fazem festa em que vestem seus enfeites cerimoniais, dançam e bebem caxiri (cf. Arhem, 1993). Por terem permanecido com corpo de peixe, eles sentem inveja dos humanos e costumam fazer-lhes mal. Boa parte dos ritos associados a momentos cruciais e particularmente vulneráveis do ciclo reprodutivo, como a menstruação, o parto e o puerpério, tem por objetivo proteger os indivíduos desses seres poderosos e destrutivos. Em tais momentos, como me comunicou pessoalmente Dominique Buchillet, os humanos tornam-se mais visíveis aos seus olhos. Assim, para viajar de canoa durante o período menstrual, por exemplo, uma mulher precisa ser benzida, caso contrário, torna-se alvo fácil para os *waî masa* (cf. desenho 6, Caderno de ilustrações 2).

Também os homens são afetados pelos *wa'î masa*. Como elucidou-me Dominique Buchillet, pode ocorrer quando pescam demasiadamente, quando comem um peixe que não foi descontaminado previamente com recursos xamânicos, quando fazem uso muito frequente de uma planta associada a um determinado tipo de peixe. Porém, há também quem afirme que os *wáîmasa* não têm a intenção de fazer mal aos humanos; o que ocorreria é que, por seu intenso poder transformador, toda vez que lhes dirigem sua atenção ou seu agrado, acabam produzindo algum efeito desastroso.[4]

---

4 Além dos seres do fundo do rio (*wa'î masa* ou gente-peixe), os seres da floresta (*yukɨmasa* ou gente-árvore) também podem fazer mal aos humanos. Para sermos mais precisos, todos os entes do universo, assim como os elementos naturais, são gente, possuindo, consequentemente, capacidades transformativas (cf. notas explicativas de Feliciano Lana sobre os *wa'î masa* no Caderno de ilustrações 2). Porém, de uma maneira geral, os índios de São Gabriel costumam aludir tão somente aos poderes dos animais aquáticos. Por isso, e pelo fato de a forma 'peixe' designar no mito o aspecto corporal primordial dos seres que viviam no rio Umari antes dos sucessivos episódios de transformação, pode-se dizer que os *wa'î masa* corporificam a essência espiritual original. Em outras palavras, tudo se passa como se todos os entes do universo, animados ou inanimados, já tivessem sido *wa'î masa* e num certo sentido ainda o sejam.

Aos efeitos da potência dos *waîmasa* sobre os humanos, os índios referem-se em português como 'estrago' (em tukano, *dohasé*): "o problema é que, perto dos *waîmasa*, nós somos fracos", disse-me um homem Tukano. Assim, os humanos devem estar o tempo todo ciosos das regras e dos ritos que garantem o bem-estar de seus corpos. Como explica Buchillet (1995, p.9), muitas doenças atribuídas aos *waîmasa* resultam de um erro pessoal do doente: violação de proibições alimentares ou uso abusivo de plantas mágicas para a caça e para a pesca. A trangressão coloca o indivíduo em um estado de vulnerabilidade durante o qual ele se torna mais suscetível de adoecer.

O poder dos *waîmasa* reside em seu *uuró* (de *'uú'*: 'falar' ou 'emitir som'; cf. Ramirez, 1997). Quando solicitados a explicitar o significado do termo, os informantes referem-se a algo que poderíamos glosar como uma potência intrínseca à fala e/ou ao pensamento do xamã, denotando a capacidade de produzir transformações em corpos outros. Teríamos uma espécie de tradução espontânea, embora um pouco imprecisa, para o português na palavra 'conversa', que os índios costumam usar para se referir aos conhecimentos xamânicos ou escolares de uma pessoa. Assim, quando se diz que alguém tem muita 'conversa', emite-se um juízo sobre o grau de conhecimento que essa pessoa detém, conhecimento que encerraria capacidades transformativas. No caso de tratar-se de um especialista xamânico, a referência a tais capacidades é absolutamente explícita. Diz-se de um xamã muito habilidoso que tem muita 'conversa', o que lhe permite interferir no equilíbrio dos corpos e do cosmos.

Os *waîmasa* também têm muita conversa: eles *falam* muito, porque *sabem* muito, e é isso o que os torna capazes de interferir no equilíbrio orgânico dos humanos, causando-lhes doenças. Quando os *waîmasa* fazem festa em suas casas no fundo do rio, quem navega ou anda pela margem pode ouvir o som de sua música. Por isso, ao escutar um barulho muito intenso de peixe, a pessoa deve avisar o *kumû*, pois somente esse especialista, que conhece profundamente as narrativas sobre a origem do mundo e da humanidade, bem como as rezas associadas, está em condições de enfrentar e neutralizar a potência transformativa dos *waî masa*. Nessas circunstâncias, assim como em outras das quais trataremos mais adiante, o *kumû* deve recitar as rezas protetoras sem omitir nenhum detalhe, e quanto maior for o poder de sua fala, ou seja, quanto mais poderoso for o seu *uuró*, maiores serão as chances de sucesso. O *uuró* de um *kumû* é sempre proporcional à amplitude e à profundidade de seus conhecimentos.

Mas voltemos agora aos brancos. De acordo com o mito da origem, eles teriam retornado ao Lago de Leite justamente no momento em que a humanidade se constituía pelo distanciamento em relação à pré-humanidade inicial. Isso esclarece, em parte, por que os brancos são ao mesmo tempo aproximados conceitualmente aos *waîmasa*. A associação entre os brancos e os *waîmasa* se manifesta em vários contextos. A título de exemplo, lembro a explicação dada por uma jovem Tukano para o fato de as mulheres brancas não correrem perigo ao entrar no rio menstruadas: "Os *waîmasa* não fazem mal a vocês, brancos, porque vocês também são *waîmasa*".[5]

A lógica dessa associação está no fato de os brancos também serem donos de um *uuró* intenso, origem de muita riqueza e muito poder. Sua potência transformativa é tornada visível em uma série de capacidades que lhes são peculiares, entre as quais se destacam as de reproduzir-se rapidamente, fabricar mercadorias, disseminar doenças e, ao mesmo tempo, curá-las. Esse poder específico teria sido responsável pelas transformações ocorridas no modo de vida e nos corpos dos índios ao longo da história do contato. É significativo, pois, que se encontre no discurso indígena uma correlação entre a entrada de mercadorias na região e a origem das doenças infectocontagiosas atribuídas aos brancos. Dominique Buchillet (1995) explorou as representações Desana acerca dessas doenças e sugeriu que, para os índios, a capacidade de produzir bens industrializados em larga escala e disseminar epidemias são manifestações afins da "natureza contagiosa dos brancos" (ibidem, p.18).[6]

---

5 Outro exemplo, este mais prosaico: quando um homem se vê atraído pela beleza de uma mulher branca, ele pode dizer aos circunstantes: "Fulana é *waîmasa*".

6 Dotar os brancos de um caráter pestilento não é exclusividade dos índios do Uaupés. A associação entre os brancos e as moléstias infecciosas aparece como tema recorrente em muitas cosmologias amazônicas. Ao iniciar o texto de apresentação a uma coletânea recente sobre as visões indígenas do contato no norte-amazônico (Albert & Ramos, 2002), onde aliás o artigo citado de Buchillet aparece reeditado, Carneiro

Das quatro moléstias que a partir de meados do século XVIII acometeram a população do Alto Rio Negro, e cuja origem pós-contato já foi plenamente estabelecida na literatura especializada, a saber, sarampo, varíola, gripe e malária, apenas as três primeiras têm sua origem atribuída aos brancos, enquanto a malária é considerada pelos Desana uma moléstia autóctone (ibidem). Segundo Buchillet, isso se deve ao alto grau de transmissibilidade que essas doenças apresentam aos olhos dos índios. O sarampo e a varíola aparecem fundidos na mitologia Desana como transformações das contas de vidro que no início do contato foram objeto de troca com os brancos (p.11). A gripe, por sua vez, penetraria na região por meio das mercadorias armazenadas em caixas que trariam em seu interior a secreção das vias respiratórias de brancos doentes. De todo esse quadro, Buchillet (p.19) conclui que

> Para os Desana, tal poder – manifesto na aparente imunidade dos brancos às doenças infectocontagiosas, na sua densidade demográfica, na sua grande habilidade técnica e também na sua opulência – fundamenta-se na exorbitante capacidade de reprodução e disseminação dos brancos e de suas posses (objetos, doenças) e só parece capaz de se expressar às custas da própria existência dos índios.

A aquisição desse imenso poder de contágio pode ser creditada à natureza destemida dos brancos. Além de ter escolhido a espingarda e demonstrado capacidade de fazer uso dela, o ancestral do branco deu prova de coragem ao se banhar na bacia de água quente e ao consumir o *ipadu*, que, na versão Desana citada por Buchillet (1995), teria sido oferecido em uma cuia cuja borda estava infestada de insetos peçonhentos. Em todos esses episódios, ele teria se apresentado sem hesitação para enfrentar uma situação que os índios consideravam temerária. Como formulou S. Hugh-Jones (1988, p.146), "[Foram] a cupidez, a precipitação e o descontrole próprios do caráter recebido pelos brancos junto com seu idioma [que tornaram] inevitável que eles viessem a entrar na

---

da Cunha escreve: "Os sinais precursores são objetos manufaturados e germes. Antes mesmo do contato em carne e osso com os brancos, trava-se uma guerra biológica: não é de espantar que brancos e doenças fiquem indissociavelmente ligados".

água sem temor, pegar a arma de fogo e não dividir suas posses". E a recompensa do ancestral do branco por sua ousadia foi tornar-se dono de capacidades xamânicas que se atualizaram no enorme poder de multiplicação demonstrado no processo histórico que se seguiu.

A temida natureza contagiosa dos brancos ganha nítida expressão em um tipo de narrativa ao qual os índios residentes em São Gabriel, sobretudo as mulheres, são particularmente afeitos. Refiro-me às histórias que narram o encontro de uma mulher indígena e um *waîmasa* por quem ela se apaixona perdidamente. O *waîmasa* aparece à mulher, em sonhos, na forma de um belo e elegante homem branco, cuja potência destrutiva é evidenciada pelo desfecho trágico do encontro. Dedico-me agora a uma reflexão sobre essas histórias, com o intuito de descobrir o que elas têm a nos revelar sobre os brancos.

Histórias de *waîmasa*

Quando narradas por índios residentes na cidade, grande parte dessas histórias tem como personagem principal um tipo de *waîmasa* tido por particularmente prejudicial à saúde das moças da região – o boto. A primeira alusão ao boto em minha presença foi feita por uma mulher que advertia sua filha de que já era tarde para passear sozinha na praia, porque lá estava o boto "esperando menina chegar". Dias depois, duas jovens moradoras da Praia explicaram-me que não costumavam entrar no rio durante o período menstrual por temerem o boto; caso o fizessem, ficariam doentes, com dores nas pernas e no ventre. Inicialmente, interpretei essas menções ao boto como sinal de que os moradores do Alto Rio Negro simplesmente absorviam a cultura cabocla que irradiava do curso mais baixo do rio. Porém, no decorrer da pesquisa, à medida que me familiarizava com a cosmologia dos índios do Uaupés, os significados específicos das histórias de boto narradas pela população residente em São Gabriel passaram a ficar mais claros.

Antes de abordar as narrativas, no entanto, vale a pena explorar brevemente o simbolismo que cerca esse animal na Amazônia em geral. Em seu *Dicionário do folclore brasileiro*, Câmara Cascudo (1993 [1954], p.140) assim resume a lenda do boto:

De volta ao Lago de Leite

o boto seduz as moças ribeirinhas aos principais afluentes do rio Amazonas e é o pai de todos os filhos de responsabilidade desconhecida. Nas primeiras horas da noite transforma-se num bonito rapaz, alto, branco, forte, grande dançador e bebedor, e aparece nos bailes, namora, conversa, frequenta reuniões e comparece fielmente aos encontros femininos. Antes da madrugada, volta a ser boto.

Ao buscar as origens da lenda, o autor esclarece que nenhum cronista colonial faz referência ao boto e que somente no século XIX teriam surgido os primeiros registros sobre o cetáceo sedutor. A princípio, tratava-se de uma figura "hermafrodita". Bates (apud Cascudo, 1993) mencionou a versão segundo a qual o boto assume a forma de uma bela mulher, com os cabelos na altura dos joelhos, que atrai os rapazes e os encaminha até o rio. Lá chegando, puxa-os pela cintura para dentro da água e mergulha, com um grito de triunfo. Com o tempo, porém, essa face feminina da lenda teria se convertido na Mãe d'Água, avatar brasileiro da sereia europeia, e o boto tornou-se então um especialista em seduzir mulheres. Tomando por base as aparições inaugurais do boto amazônico na acepção de sereia, e o lugar de destaque dos golfinhos em assuntos amorosos na tradição clássica europeia, Câmara Cascudo (ibidem, p.142) defende a origem lusitana do mito:

> como nenhuma figura encantada, marítima ou fluvial, tivesse os atributos do boto nos séculos XVI, XVII e XVIII, as lendas e proezas que lhes são atestadas seriam de origem branca e mestiça, com projeção nas malocas indígenas ribeirinhas e não nascidas nestas.

Para o folclorista, a lenda do boto giraria em torno do irresistível poder de sedução a ele atribuído, uma herança de sua inscrição na mitologia clássica:

> o boto é unicamente um fecundador irresistível, faminto, virando as canoas em que viajam mulheres, sentindo o odor feminino em grandes distâncias. O olho do boto, seco, é um amuleto de incrível eficácia amorosa. Não há mulher que resista, sendo olhada através de um olho de boto seco, *preparado*, isto é, depois de passar pelos processos de pajelança amazônica, feitiçaria poderosa. (ibidem)

Mas não pretendo aqui discutir a fundo a figura do boto nem o processo de difusão geográfica do mito. Embora as narrativas coletadas com os índios residentes em São Gabriel confirmem a natureza insinuante do boto-homem, seu porte elegante e o irresistível poder de atração sexual, características que tornam plausível supor uma influência europeia via cultura cabocla, importa-me particularmente notar que as histórias de boto assumem, nesse contexto, uma feição específica, cujos contornos só podem ser bem entendidos se consideradas as concepções cosmológicas de seus narradores. Em primeiro lugar, o boto do imaginário dos moradores de São Gabriel, além de engravidar as mulheres com as quais se relaciona, é responsável pela produção de doenças em seus corpos. Assim, sua magia ultrapassa o terreno do encantamento sexual para definir-se como um poder marcadamente destrutivo, inerente à sua qualidade de *waîmasa*.

Feito esse parêntese para situar as histórias de boto no contexto das histórias de *waîmasa*, podemos agora voltar nossa atenção para as narrativas. As que se seguem foram coletadas durante as visitas vespertinas que eu fazia às mulheres em suas casas. Em geral, elas se punham espontaneamente a narrá-las, estimuladas por minhas perguntas sobre a natureza dos seres que vivem no fundo dos rios, e para exemplificar os males que podem fazer aos humanos. De uma maneira geral, as histórias apresentavam a mesma estrutura: sedução, encontro sexual com o *waî masa*, doença e morte da moça apaixonada. Comecemos por uma história de boto, selecionada por concentrar todos os traços que parecem definir esse tipo de narrativa:

> Uma moça muito jovem, que vivia em uma comunidade do rio Tiquié, veio tratar-se em São Gabriel de uma doença muito grave: suas mãos e seus pés estavam duros, tortos, e por isso ela não conseguia andar direito. Sentia muitas dores, sofria muito. Frequentemente, ao varrer a casa, ficava subitamente paralisada, enrijecida, e não conseguia conter a vontade de urinar.
>
> A origem da doença foi a seguinte: certo dia, uma voadeira encostou no porto da comunidade onde a moça vivia e de lá desceu um rapaz branco muito bonito e envolvente. Chamou a moça pelo nome, e quando ela se aproximou ele a abraçou e beijou. Depois de fazerem sexo, ele caminhou até o porto e pulou na água. Era um *waîmasa*.

De volta ao Lago de Leite

Desde então, a doença da moça só fazia se agravar e ela vivia em agonia. Encontrou o rapaz uma segunda vez em São Gabriel, no porto Coimbra.[7] Ela havia ido ao porto para ajudar uma parenta a lavar roupa e, em um dado momento, sentou-se em cima de uma colcha, próximo à beira. O boto veio chegando bem devagar e, de repente, puxou a colcha para dentro da água. A moça morreu pouco tempo depois.

O boto é descrito como um rapaz branco muito atraente, que some depois de fazer amor com a moça seduzida. Ele pode aparecer ainda uma segunda vez, revelando sua verdadeira identidade. Quando uma mulher sonha estar sendo abraçada e acariciada por um homem branco, principalmente se for louro e de olhos claros, possui motivos para ficar preocupada, pois é muito provável que tenha estado com um boto ou outro tipo de *waîmasa*. Como resultado do encontro, adoece e definha até a morte. Porém, se ela tiver sido benzida de forma apropriada por um xamã poderoso, o *uuró* deste último poderá fazer frente ao poder degenerativo do *waîmasa*. Nesse caso, o amante é que ficará doente. Aparecerá a ela novamente em sonho e lhe contará que está se sentindo fraco.

O encontro com um *waîmasa* também pode ocorrer por causa de um erro ou de uma transgressão cometidos pela própria moça, que deixa de observar alguma regra ou restrição alimentar. Como mencionei anteriormente, as consequências de tais erros ou transgressões tornam-se particularmente desastrosas durante a menstruação, o parto e o puerpério. Este motivo é evocado na seguinte história:

> Uma mulher tinha acabado de dar à luz uma criança, e por isso deveria estar de resguardo. Seu marido trouxe para casa um peixe (uma piraíba) para que alguém cozinhasse. Como a sogra não quis limpar, ela própria resolveu fazê-lo. Ao cortar o rabo do peixe, sentiu que o animal se mexia. Mesmo assim continuou a preparar a piraíba e depois a comeu.

---

7 Um dos três portos da cidade de São Gabriel, localizado no bairro da Fortaleza. Os outros dois são o porto Queiróz, também na Fortaleza, e o porto do Dabaru, no bairro de mesmo nome. Os nomes 'Coimbra' e 'Queiróz' referem-se, respectivamente, a uma família de antigos moradores brancos e a uma das empresas construtoras que se instalou na cidade na década de 1970 (cf. cap.3, "História e configuração social"), cujo alojamento de operários ficava nas imediações do porto.

Era um *waî̃masa*. Com o tempo seu ventre foi crescendo, e os parentes perceberam que ela estava novamente grávida. Nos meses que se seguiram, ela sonhou várias vezes com um homem branco que a abraçava, acariciava e beijava. A barriga cresceu tanto que ela finalmente morreu, porque a criança que trazia consigo também era *wa'í masa*.

O efeito deletério do encontro sexual com o *waî̃masa* pode ser estendido aos parentes da moça seduzida. Algumas histórias têm como desfecho não só a morte dela, mas também o desaparecimento de toda a comunidade: "Em uma comunidade do Tiquié vivia uma moça que se uniu sexualmente a um *waî̃masa* e ficou grávida. Quando a criança nasceu, uma grande tempestade levou a casa onde ela morava, toda a comunidade e o porto para dentro do rio".

Depois que uma pessoa morre em virtude do contato com um *waî̃masa*, ela vai morar no fundo do rio, ao lado dele. É por esse meio que os *waî̃masa* tentam povoar o seu mundo. O perigo inerente ao encontro é justamente este: a pessoa corre o risco de tornar-se ela própria um *waî̃masa*. Uma imagem do mundo subaquático habitado pela gente-peixe pode ser entrevista na história que reproduzo a seguir, uma das poucas das que ouvi narrada por um homem. O mote é o encontro de um rapaz branco com um *waî̃masa* que lhe aparece em forma de mulher (branca) e o leva para conhecer a sua casa:

> Um garimpeiro nordestino, que vivia em São Gabriel, estava muito preocupado porque não havia conseguido ouro nem dinheiro, e teria que voltar para a sua terra de mãos vazias. Um dia, quando estava sentado em uma pedra perto da praia, apareceu-lhe uma mulher branca. Ela perguntou o motivo de sua preocupação e ele explicou.
>
> Depois de ouvi-lo atentamente, a mulher combinou um segundo encontro com ele. No dia marcado, apareceu-lhe de novo, tomou-o pela mão e o levou até a praia, de onde o conduziu para o fundo do rio. Lá embaixo, eles adentraram uma enorme cidade, muito movimentada, com carros nas ruas, lojas e pessoas nas calçadas, até que chegaram na casa da mulher, que era toda feita de ouro. Ela disse então ao rapaz: "Pode pegar todo o ouro que você quiser. Pode levar tudo".
>
> Ele recolheu toda a riqueza que a mulher oferecia e fez o caminho de volta. Foi direto para São Paulo, onde comprou um apartamento. Estava rico.

De volta ao Lago de Leite

Como sabiam que o rapaz não havia encontrado ouro no garimpo, seus conhecidos de São Gabriel perguntaram-lhe onde havia conseguido tanto dinheiro. Foi então que todos ficaram sabendo o que havia acontecido.

Essa história difere das outras pelo fato de o encontro se dar entre um *waîmasa* (mulher) e um homem branco. Dessa diferença decorre uma inversão importante. Ao visitar a cidade subaquática, ele não arrisca a saúde e a vida. Antes, volta para casa incólume e rico. Tudo se passa como se a riqueza oferecida ao rapaz já lhe pertencesse de antemão. Depois de trabalhar no garimpo, ao branco cumpriria apenas apoderar-se dela com o auxílio do *waîmasa* que o conduz. Suponho que a imunidade do visitante ao poder destrutivo do *waîmasa* seja devida ao relativo equilíbrio de forças que prevalece nesse caso. Assim como um xamã poderoso pode fazer frente à potência da gente-peixe, o branco também desfrutaria de capacidades transformativas análogas que o tornariam de certo modo imune à magia dos habitantes do rio. É a força de seu *uuró* que faz dos brancos, assim como dos *waîmasa* e dos especialistas xamânicos, seres tão poderosos e perigosos.

Aos olhos dos índios, porém, os brancos não são todos iguais, o que se reflete no fato de não possuírem exatamente o mesmo estilo de vida e não compartilharem de forma homogênea os poderes transformativos que teriam sido concedidos a seu ancestral. Não se considera, por exemplo, que os nordestinos que chegaram a São Gabriel na década de 1970 para trabalhar na construção das estradas e os missionários salesianos sejam gente do mesmo tipo. Sendo assim, ao contrário da inequívoca e generalizada potência destrutiva dos *waîmasa*, as capacidades transformativas dos brancos distribuem-se de maneira diferenciada ao longo de uma escala. A partir das características citadas pelos índios para definir os diversos tipos de brancos (o que inclui homens e mulheres), faço algumas especulações nesse sentido.

Com alguma generalização, os brancos poderiam ser classificados em três grandes categorias: os 'missionários', os 'doutores' e os 'peões'. De todos, os primeiros possuiriam mais *uuró* ou mais 'conversa', o que significa, em outras palavras, que deteriam um tipo de conhecimento que os teria tornado capazes de interferir de modo mais significativo na vida, nos corpos e, por conseguinte, no curso da história dos índios. Sabemos que inicialmente o sucesso do empreendimento dos salesianos na região dependia, em larga medida, de serem capazes de produzir transformações na forma de viver da população do Uaupés. Os religiosos diziam-se possuidores de um conhecimento a ser transmitido, mas a possibilidade de revelação era condicionada à adoção de um novo modo de vida por parte dos alunos. A um só tempo, os salesianos faziam as vezes de líderes espirituais e de professores. A doutrina cristã e o saber escolar eram parte do mesmo pacote civilizatório.

Algumas pessoas me disseram que, durante a sua juventude, achavam que os missionários eram "perfeitos": "o que eles diziam era verdade absoluta"; "se a freira falasse que essa cadeira ia virar pão, eu acreditava, todos acreditavam". A essa alegada confiança no plano do discurso correspondia uma atitude de suspeição em relação aos corpos dos religiosos. Informantes idosos contam que, nos primeiros tempos do contato com os missionários, ficavam a imaginar que tipo de corpo havia por baixo da batina e do hábito, chegando a duvidar que os padres e as freiras urinassem e defecassem. E certas reminiscências dos índios sobre o tempo do internato fazem crer que essas dúvidas somatológicas podem ter sido alimentadas pelas próprias atitudes dos missionários: "eles fechavam a porta do refeitório para que não pudéssemos vê-los comendo e, quando nos cumprimentavam, iam correndo lavar as mãos depois". Não obstante, o que sobressai na fala dos informantes como sinal peremptório do poder transformativo dos religiosos é a sua suposta capacidade de lançar imprecações. Circula na região a história de uma família Tukano que teria sido amaldiçoada pelos padres por conta da posição publicamente anticlerical de um de seus membros. E, ao discorrer sobre as capacidades peculiares dos brancos, uma mulher me disse: "dos brancos, os que têm mais *uuró* são os padres e as freiras. Eles têm o poder de amaldiçoar".

Em seguida aos missionários na escala de apropriação do *uuró* branco viriam os leigos com alto grau de escolarização, brancos também vindos de fora, que detêm conhecimentos tidos como importantes para o futuro e o bem-estar da população indígena e que, em muitos contextos – por exemplo, quando convidados a participar das assembleias políticas indígenas –, costumam ser apresentados como 'doutores'. Incluem-se nessa categoria profissionais de saúde, pesquisadores (antropólogos, linguistas), advogados e engenheiros de várias especializações que trabalham na região. Destacam-se, contudo, os médicos, cuja habilidade de cura já demonstrada é vista como uma faceta de seu *uuró*. Ao discorrer sobre as capacidades transformativas dos brancos, um informante Desana me disse que eles não pegam doenças porque conhecem muitos remédios. Este mesmo homem me contou que, certa vez, na Colômbia, pôde ter uma visão do *uuró* de um médico: "olhei dentro da maleta que ele deixou aberta em cima da mesa e tinha de tudo ali – remédios, tesouras, agulhas ...". Veremos mais adiante que esse tipo de afirmação é perfeitamente coerente com um sistema conceitual em que o conhecimento é pensado como instrumento de transformação, e em que tal transformação é operada por meio de palavras vistas como 'armas'.

Por fim, resta-nos analisar a figura ambivalente do 'peão', das três categorias mencionadas a que se afigura mais marcadamente masculina. Essa categoria incluiria o grande contingente de brancos com quem os índios convivem de forma mais íntima – e os únicos a quem podem vir a chamar efetivamente de 'cunhados': os migrantes nordestinos (operários, garimpeiros) e os militares de baixa patente do Exército. Trata-se de homens que tiram seu sustento de atividades mais braçais que intelectuais, e que costumam constituir família com as índias. São, em geral, mais pobres que os outros brancos, e possuem menos estudo e menos 'conversa'. Porém, além de ter acesso a ocupações remuneradas, possuem aptidões técnicas que, por estar associadas ao estilo de vida branco, são valorizadas pelos índios, sobretudo pelas mulheres. A seguinte frase de Joana sobre o genro branco, já citada no capítulo anterior, demonstra muito bem o valor atribuído a tais habilidades: "Ele é muito bom. Quando veio morar com a gente, puxou água, puxou luz, comprou tudo, *ensinou* tudo [grifo meu]". Mas é em sua capacidade de atrair a atenção das índias que o poder da 'conversa' do peão se manifesta de forma mais veemente. Como notei no capítulo anterior, ao justificar sua preferência pelos brancos como parceiros sexuais e matrimoniais, as jovens do bairro da Praia alegam que os índios "não sabem conversar". E, convém notar, os homens indígenas concordam com a ideia de que os brancos possuem mais lábia.

Porém, entre os brancos, os 'peões' seriam aqueles que mais se aproximariam dos índios tanto no que se refere à aparência física, caracteristicamente morena e portanto mais assemelhada à da população nativa, como ao modo de vida, aos hábitos e às rotinas que definiriam o corpo como um conjunto de afecções (cf. cap.4, "Ser índio na cidade"). Como é branco, o 'peão' não nasceu no Uaupés; porém, mesmo quando não é 'da região', vive como se fosse. Ao imiscuir-se no seio das famílias indígenas, ele não só contribui para alterar os hábitos de seus afins, mas também se identifica com eles e sofre ele próprio transformações. Contudo, na opinião dos índios sobre o 'peão', revela-se a diferença intransponível entre brancos e índios. Além de sobressaírem suas habilidades técnicas singulares e sua fala astuciosa, a eles se atribui um temperamento ousado e agressivo, característica que se reveste de uma conotação moral inequivocamente negativa: "peão é gente desregrada, que não respeita ninguém", disse-me certa vez um homem Tukano.

De acordo com a classificação que acabo de propor, o poder da 'conversa' dos três tipos de branco seria função do grau de conhecimento e inversamente proporcional ao nível de identificação entre os seus corpos e os dos índios. Isso tornaria compreensível, por exemplo, o fato de os *waîmasa* mais perigosos aparecerem às mulheres na forma de homens brancos de cabelos e olhos claros, justamente o tipo físico dos primeiros missionários que adentraram a região. A diferença entre as três categorias de brancos também possuiria um correlato geográfico evidente. Embora todos venham do 'Leste', diferenciam-se entre si pela distância relativa que separa suas terras natais e o Uaupés: em um extremo, os salesianos, muitos deles de procedência europeia; de outro, os 'peões' nordestinos.

Para sintetizar as ideias discutidas nesta seção, eu diria que os brancos, como membros de uma categoria genérica de identidade que se opõe à de 'índio', são vistos como uma gente diferente que possui um tipo de conhecimento cuja apropriação, franqueada principalmente por meio da escola, torna-se cada vez mais premente para a população indígena. Uma análise das concepções nativas acerca do conhecimento – de sua origem e de seu valor – nos permitirá alcançar as motivações do desejo de apropriação dos saberes atribuídos aos brancos. Vamos a ela.

Uma teoria do conhecimento

É no contexto da prática xamânica que certas noções acerca da origem e da função do conhecimento formalizado se desenham de forma mais nítida.[8] Comecemos por estabelecer alguns pontos e princípios gerais. Em primeiro lugar, os índios do Uaupés distinguem dois tipos de especialistas rituais que têm por função prevenir e curar doenças: o *yaî* (ou 'pajé') e o *kumû*, cujas esferas de atuação S. Hugh-Jones (1996) definiu respectivamente como xamanismos 'horizontal' e 'vertical'. O primeiro possui a capacidade de propiciar a caça e a pesca, atuando como um intermediário entre o caçador e os 'mestres' dos animais, com quem negocia almas humanas em contrapartida pelas presas a serem abatidas. A sexualidade e a fertilidade dos animais está sob sua esfera de influência, o que lhe confere o poder de intervir na proliferação das espécies (cf. Reichel-Dolmatoff, 1971, p.15). Além de exercer esse papel de 'guardião da caça', o *yaî* também realiza curas, manipulando objetos patogênicos no corpo do doente. A natureza de sua atividade, cuja aprendizagem ocorre fora dos limites da comunidade e mediante pagamento,[9] centra-se na experiência individual do transe provocado pelo uso de substâncias alucinógenas (*Virola* e *Anadenanthera*), e nas relações com o exterior (afins, inimigos). Moralmente ambíguo, temido por sua agressividade potencial, ele pode se transformar em onça (*'yaî'* é o termo Tukano que designa esse animal), o que, ao lado da importância que

---

8 Cabe esclarecer que apenas uma pequena parcela das informações aqui reunidas sobre a prática xamânica dos índios do Uaupés é produto de minha própria observação. Ciente de que, sobre esse assunto, eu podia dispor de um corpo consistente de informações na literatura etnográfica, optei por direcionar meus esforços de pesquisa para o ponto que toca diretamente a discussão da tese: que papel exerce o conhecimento xamânico na visão dos índios sobre os processos de transformação que vivenciam atualmente? Procuro responder a essa questão a partir de minha própria etnografia, recorrendo, contudo, a fontes específicas sobre as representações das doenças e sobre a prática do xamã (sobretudo Buchillet, 1990; S. Hugh-Jones, 1996).

9 "Os pajés aprendizes são treinados, às vezes em grupos, vivendo em isolamento com o seu mestre. A função não é hereditária, e um pajé poderoso pode transmitir o seu conhecimento para pessoas de outros grupos em troca de pagamento" (S. Hugh-Jones, 1996, p.40).

possui para a atividade cinegética, reveste seu ofício de um simbolismo marcadamente predatório. Hoje, já quase não se encontram mais *yaîwa* no Uaupés, por causa da pressão exercida pelos missionários salesianos e, consequentemente, pelo fato de não terem tido a quem transmitir o seu saber (Buchillet, 1990, p.325).

O *kumû*, por sua vez, é detentor do conhecimento esotérico do *sib*, dado por *Ye'pâ Õ'âkɨhɨ* aos ancestrais da humanidade com a língua e outras prerrogativas. Idealmente, esse conhecimento é passado de pai para filho, mas também pode ser transmitido por um homem ao filho de seu irmão. A eficácia de um *kumû* assenta-se em sua capacidade de reflexão. Antes de poder exercer o ofício, ele se submete a um longo e controlado processo de aprendizagem, em que, pouco a pouco, é levado a memorizar as narrativas mitológicas e as rezas xamânicas. Por ser capaz de estabelecer as conexões apropriadas entre as referências míticas e a origem das enfermidades (ibidem), ele se torna apto a realizar curas e proteger o grupo de parentes das doenças provocadas pelos *waîmasa* e pela feitiçaria advinda do exterior.[10] Ao mesmo tempo, ele é treinado no exercício das funções sacerdotais que deverá desempenhar nas cerimônias coletivas e nos ritos associados a momentos cruciais do ciclo vital. Durante o período de treinamento, ele passa noites a fio ouvindo o mestre falar, sentado no banco monóxilo que simboliza o conhecimento e o temperamento reflexivo do *kumû* poderoso. A ingestão de *kapí* (*Banisteria caapi*) e ipadu potencializa a capacidade de memorização e aprendizagem, "abrindo a mente" do aluno e, em caso de dúvidas, ajudando por meio de visões.

No passado, cada maloca contava com seu próprio *kumû*, cuja atividade deveria ser realizada em benefício de toda a comunidade. Nas últimas décadas, porém, com a passagem para a casa habitada pela família nuclear e o envolvimento cada vez maior das crianças e dos adolescentes com a rotina da escola, muitos homens casados se dedicam a apren-

---

10 Como explica Buchillet (1990, p.326), a criação mitológica das enfermidades causadas por feitiçaria é atribuída muitas vezes a uma infração ritual cometida por um ancestral ou, ainda, a uma ação por ele realizada com a intenção de provar a eficácia do conhecimento xamânico.

der algumas rezas que lhes permitam fazer frente aos problemas de sua família (Buchillet, 1990, p.325).

Para que uma sessão de cura tenha sucesso, é preciso que as rezas sejam proferidas de forma correta e minuciosa. No caso de estar diante de uma doença originada por infração alimentar, o *kumû* alude às características e aos atributos do animal consumido, assim como aos materiais e processos utilizados em sua preparação culinária, evocando também as relações sociais e físicas envolvidas, e traçando as associações mitológicas pertinentes (ibidem, p.333). A omissão de algum detalhe pode invalidar todo o procedimento terapêutico. Embora o poder do *kumû* apoie-se na amplitude e na profundidade de seu conhecimento sobre a mitologia e as rezas xamânicas, é no entanto por intermédio de seu pensamento (leia-se capacidade de reflexão) e de sua fala, caracterizada por um estilo específico em que sobejam figuras de linguagem – metáforas, metonímias, sinédoques, circunlocuções (ibidem, p.331) –, que ele se torna capaz de influenciar o corpo do doente e operar transformações. Como escreve Buchillet (ibidem, p.327), "para os Desana, as palavras têm um efeito material: elas podem influir na vida íntima de um indivíduo".

À parte as doenças associadas aos brancos, das quais já tratamos, e as 'doenças do universo', que viriam por si só, de acordo com as concepções etiológicas dos índios do Uaupés, as moléstias que os acometem têm sua origem em malefícios produzidos pelos animais do rio e da floresta, ou por outros seres humanos (Buchillet, 1995, p.9). Neste último caso, a doença pode ser produzida por procedimentos acessíveis a leigos, como o uso de substâncias vegetais postas em contato com a vítima (*nimâ* ou 'veneno'), ou graças à de rezas xamânicas daninhas (*dohasé* ou 'sopro'). Sendo assim, o conhecimento do *kumû* torna-se fonte de ansiedade para aqueles que se relacionam com ele, uma vez que pode ser usado também para propósitos destrutivos. Segundo Buchillet (1990, p.348), tal ambivalência obedece à própria lógica da construção desse saber, pois as modalidades terapêutica e maléfica aparecem como "duas elaborações inseparáveis de um conhecimento xamânico específico fundado num discurso mítico criativo".

No entanto, embora as condições de acesso e enunciação desse discurso sejam dadas no próprio processo de aprendizagem xamânica, certos mecanismos visam limitar o uso que o *kumû* dele fará. No período de iniciação, os conhecimentos protetivos e destrutivos são simbolicamente alocados em partes diferentes do corpo do neófito: os primeiros, situados em uma parte do cérebro; os segundos, colocados em sua barriga e cobertos por numerosos escudos protetores que os mantêm separados das rezas curativas, impedindo que, durante uma sessão de cura ou um acesso de cólera, eles cheguem facilmente ao pensamento do *kumû* (ibidem, p.332).[11]

Da memória e da capacidade de reflexão, que permitem ao *kumû* estabelecer as correlações necessárias entre etiologia e mitologia,[12] depende, portanto, o poder de seu *uuró*, concebido este como uma espécie de arma tanto de defesa como de ataque: "os encantamentos podem ser 'disparados' para dentro do corpo da vítima causando várias enfermidades" (ibidem, p.327). É também por meio dessa linguagem que os índios descrevem as investidas dos *waîmasa*, cujas 'armas' são os caniços que usam para bater nos humanos, deixando seus corpos doloridos e exaustos (cf. desenho 5, Caderno de ilustrações 2). Por tudo isso, o conhecimento xamânico pode ser entendido como um importante instrumento de transformação dos corpos, seja de efeito benéfico ou maléfico. Isso torna compreensível, por exemplo, que o termo *dohá*, que designa o ato de proferir rezas daninhas para 'estragar' a vítima, também faça referência a processos de transformação em geral.[13]

---

11 O termo em tukano para o que estou chamando de reza curativa é *basesehé*, que os moradores de São Gabriel traduzem para o português como 'benzimento', ao passo que a reza maléfica é designada como *dohasé* e traduzida como 'sopro' ou 'estrago'.

12 Como me comunicou Dominique Buchillet, é preciso que o xamã consiga estabelecer as correlações entre a situação do doente e a situação mítica análoga, uma vez que cada doença é a repetição de um evento mítico.

13 Parece haver uma relação semântica entre o *dohá* que os índios glosam como 'estragar com veneno', isto é, fazer adoecer com rezas xamânicas daninhas, e as outras acepções do termo, que fazem referência a processos naturais ou sobrenaturais de transformação de substâncias e corpos, que envolveriam respectivamente processos de fermentação e de metamorfose. Vejamos o que nos diz o dicionário tukano de Henri Ramirez (1997, p.47) no verbete 'dohá': "1. *dohá*, verbo transitivo, cujo significado é 'assoprar veneno em'; 2. *dohó*, verbo intransitivo, 'transformar-se (processo sobrenatural)'; e, ainda, 3. *dohá*, verbo intransitivo, 'transformar-se (processo natural)'".

De volta ao Lago de Leite

O ofício do *kumû* consiste, pois, em fazer uso das potências criativas contidas no conjunto de conhecimentos esotéricos de seu *sib* para garantir o bem-estar da comunidade de parentes, cuidando para que o equilíbrio dos corpos e do cosmos seja mantido. O *kumû* propicia a fertilidade das árvores frutíferas, das colheitas, e neutraliza os perigos inerentes à ingestão de produtos animais. Para tanto, ele também deve mediar o contato periódico entre a comunidade e o mundo ancestral, fonte primordial de poder e vitalidade. Embora o conhecimento xamânico seja de propriedade do *sib* para ser usado em seu benefício, e não se estimulem possíveis inovações por parte do *kumû*, ele o enriquece com aquilo que oferece de si mesmo durante o exercício de sua atividade – inteligência, memória, capacidade de ponderar, diagnosticar e intervir da maneira apropriada. Isso concorre para que os direitos de transmissão recaiam primeiramente sobre seus próprios filhos homens. Assim, se, por um lado, o conjunto de narrativas e rezas xamânicas é um bem coletivo, por outro, a capacidade do *kumû* de operar transformações, ou seja, o seu *uuró*, é uma 'propriedade intelectual' e uma fonte de prestígio.

Um conflito familiar ocorrido em São Gabriel me parece bem ilustrativo. O irmão de um poderoso *kumû* já falecido gravou sua 'conversa' em quatro fitas cassete, que guarda consigo. Porém, o filho do *kumû* falecido, que à época das gravações estava ausente da comunidade, considera-se o legítimo herdeiro do *uuró* do pai e tem requisitado insistentemente as gravações, argumentando que o tio, hoje *kumû* na cidade, faz uso de um conhecimento que não lhe pertence.

Concebido como uma propriedade do *sib* depositada sob a responsabilidade de uma patrilinha, é possível também entender por que o acesso ao conhecimento é vedado às mulheres. Se elas pudessem dispor desse saber, poderiam transmiti-lo aos filhos e, desse modo, estariam usurpando do grupo algo que foi concedido por *Ye'pâ Õ'âkɨhɨ* para permanecer em seu interior e ser usado em seu benefício. O uso irrefletido e leviano do conhecimento xamânico pode ter efeitos negativos sobre os membros da comunidade ou resultar na dissipação de um bem que deveria ser responsável e produtivamente mantido sob o controle do grupo. Não é incomum, aliás, que hoje um *kumû* se recuse a ensinar o que sabe aos próprios filhos homens, caso os considere pouco inclinados a levar a sério a tarefa de preservar o conhecimento do *sib*. Parece ser esse o caso do atual proprietário das fitas mencionadas anteriormente. Embora ele não tenha 'devolvido' o *uuró* do irmão àquele que seria o herdeiro direto, tampouco o passou para seus filhos.

Para sintetizar, poderíamos dizer que o conhecimento xamânico é não só um instrumento de transformação e poder que deve ser usado com inteligência e responsabilidade, mas também, e sobretudo, uma propriedade intelectual sobre a qual o grupo possui direitos imemoriais, em particular alguns indivíduos. 'Conhecer', nesse sentido, é ser capaz de influenciar e manter o equilíbrio dos corpos e do cosmos, manipulando a potência criativa original para o bem da comunidade. E na base dos perigos vindos do exterior está o conhecimento alheio: dos outros *kumuá*, dos *waîmasa*, dos brancos.

O conhecimento dos brancos

Como vimos, as capacidades peculiares atribuídas aos brancos encontram sua significação mais precisa quando analisadas à luz do sistema conceitual do xamanismo. Nesse sentido, apropriar-se do conhecimento dos brancos é adquirir suas potências criativas, algo que se torna possível principalmente por meio da escola. Isso esclarece um tipo de comentário muito frequente entre os índios que passaram pelos internatos salesianos, sobretudo entre as mulheres. Eles costumam dizer que, embora os salesianos tenham sido responsáveis pela destruição de boa parte de sua cultura, também deram mostras de generosidade ao lhes ensinar muito do que sabiam. Em seu entender, os missionários não tinham obrigação de transmitir seu conhecimento aos índios. O conhecimento dos brancos teria chegado a eles, portanto, como um presente dos missionários.

Na Introdução vimos que a presença dos salesianos no Uaupés representou inicialmente uma proteção contra os abusos praticados pelos comerciantes, que à época mantinham os índios presos ao sistema de patronagem e os submetiam a muitas humilhações. Isso pode explicar, em alguma medida, o fato de os pais terem permitido que os filhos pequenos fossem conduzidos aos internatos pelos padres. Contudo, não esclarece por que, passadas algumas décadas e a despeito de lamentarem que a rotina da escola seja de certo modo incompatível com os valores da vida comunitária, os índios ainda demonstrem tamanho entusiasmo pela educação escolar. A busca por formação é contínua. Na cidade ou no interior, raramente se encontra uma criança ou adolescente fora da escola. É digno de nota também o interesse dos índios em fazer cursos dos mais variados tipos, sejam as chamadas 'oficinas de capacitação', realizadas pela FOIRN em parceria com o ISA, sejam os cursos de especialização técnico-profissional oferecidos pelos órgãos responsáveis pela educação pública na região. E, à medida que o segundo grau vai se tornando relativamente acessível a todos, algumas famílias começam a investir esforços para ver seus filhos obterem o diploma de graduação nos cursos universitários oferecidos em São Gabriel (cf. Introdução).

Um episódio no qual estive diretamente envolvida serve para ilustrar o arrebatamento dos índios pela educação escolar, bem como suas expectativas em relação ao assunto. Em agosto de 2000, a convite da Secretaria Municipal de Educação, lecionei a disciplina Antropologia Cultural para cerca de 80 professores indígenas de comunidades ribeirinhas do Uaupés e outros pontos do Alto Rio Negro. As aulas faziam parte do Curso de Formação no Magistério Indígena, que se realizava em São Gabriel durante as férias escolares, de segunda a sexta, em horário integral. Isso significa que os professores estavam na cidade, em seu período de recesso, para assistir a aulas que começavam às oito da amanhã e se estendiam até as seis da tarde, com um intervalo de duas horas para o almoço. Durante um mês, eles teriam cursado quatro disciplinas, uma por semana, e nas férias seguintes voltariam à cidade para uma nova etapa do curso.

Ao longo de toda a semana de aula, os professores corresponderam admiravelmente às minhas expectativas e, embora ao final do quinto dia estivessem visivelmente cansados, ainda se mostravam diligentes e receptivos às minhas propostas. No último dia, pedi então que me entregassem uma avaliação anônima por escrito, apontando os pontos positivos e negativos de minhas aulas. Em meio a elogios às minhas "explicações" e à "disposição em ensinar" ("obrigada, professora, a senhora deu aula com o objetivo de dar a sua sabedoria para nós"), parte dos alunos expressou um tipo de insatisfação que à época eu dificilmente teria sido capaz de prever. Ela se referia à metodologia empregada durante as aulas, que visava estimular o debate sobre os assuntos tratados. Por exemplo, antes de tentar conceituar 'cultura', eu solicitava aos alunos que formulassem eles próprios uma definição; depois de explicar o significado do termo 'etnocentrismo', pedia a eles que dessem exemplos de situações em que tivessem visto os costumes dos índios serem menosprezados pelos brancos, ou os de uma etnia por outra. Minha ideia era aproximar ao máximo os conceitos a ser trabalhados nas aulas da realidade vivida pelos professores, propiciando, com isso, que eles os absorvessem em seus próprios termos, na medida do possível.

Os comentários contidos nas avaliações que questionavam a minha estratégia pedagógica poderiam ser sintetizados na seguinte frase, escrita por um deles: "como professora de antropologia, ao invés de explicar, só estava pedindo explicação para nós. Nós não somos formados em antropologia". Naquele momento, imaginei que o estranhamento se devesse ao fato de os professores não estarem acostumados a esse tipo de procedimento pedagógico. Hoje, porém, analisando o caso retrospectivamente, posso entender de modo mais profundo o sentido dessa crítica. Eles esperavam que eu transmitisse o meu conhecimento na linguagem da minha cultura, e a insistência com que eu lhes pedia para que formulassem definições conceituais ia contra os seus próprios anseios.

Com o saber dos brancos integrado ao sistema conceitual do xamanismo, no qual as noções de 'propriedade' e 'potência' ocupam um lugar central, sua absorção se torna tanto mais produtiva quanto mais se mantém a integridade de suas formas de transmissão. Além disso, uma vez que o potencial transformativo do conhecimento xamânico reside não só no conteúdo e na forma, mas também nos modos de transmissão que o perpetuam, ao me ouvir falar de antropologia, os professores estavam, ao mesmo tempo, aprendendo a ensiná-la às crianças. Minha preocupação em focalizar o seu ponto de vista frustrava, portanto, as suas próprias expectativas de conhecer e memorizar o meu.

A história no mito

Ao explorar a associação mitológica entre as capacidades técnicas dos brancos e a sua presumida superioridade xamânica, S. Hugh-Jones (1988) interpreta que o destino dos índios é visto como responsabilidade deles próprios, fruto da 'má escolha' que fizeram. O branco teria ficado com a melhor parte dos dons postos à disposição pelo Criador porque foi mais esperto e ousado, e daí teria resultado uma situação inexorável. No artigo citado, o autor escreve (ibidem, p.146):

> such myths concern the recognition, interpretation and acceptance of White domination and by placing it at the beginning of time they present it as something inevitable and beyond human influence. They cannot serve as the basis of political action and they stand in marked contrast to the more agressive political rhetoric of the younger Indian leaders.[14]

Concordo com S. Hugh-Jones quanto à percepção dos índios de que a sua atual situação é resultado de uma escolha equivocada; todavia, não estou convencida de que se deva atribuir à mensagem do mito um caráter eminentemente fatalista. Como o próprio autor mostra (ibidem), a opção pelo arco e pelos enfeites de dança foi informada pela valorização de um modo de vida concebido como moralmente superior. Fazer festa e viver com os parentes configuram o que os índios entendem por viver bem, e a atitude hesitante deles diante das provas propostas por *Ye'pâ Õ'âkɨhɨ* espelha o *ethos* reflexivo e moderado que torna possível a vida em comunidade. Portanto, ao permitir que o branco se apoderasse da espingarda, o ancestral dos índios recusou um tipo de existência que lhe parecia imprópria. Assim, embora equivocada, não deixaria de haver uma positividade nessa escolha.

Parece-me que, para os índios, tudo se passa como se a possibilidade de redesenhar o equilíbrio de forças envolvesse retificar o equívoco ini-

---

14 [tais mitos referem-se a reconhecimento, interpretação e aceitação da dominação branca e, situando-a no início dos tempos, eles apresentam-na como algo inevitável e para além da influência humana. Não podem servir como a base da ação política e contrastam claramente com a mais agressiva retórica política dos jovens líderes indígenas.]

cial, por meio de uma apropriação das capacidades que, nas mãos dos brancos, se mostraram tão cruciais nos últimos dois séculos. Depois do retorno dos brancos ao Uaupés munidos dos poderes xamânicos que lhes facultaram exercer uma dominação sobre a população nativa, esta, a despeito do vaticínio funesto do Criador, começou a experimentar formas de contrabalançar a assimetria estabelecida originalmente. Essa tentativa de reverter a situação é perfeitamente coerente com o fato de os índios se arrogarem a responsabilidade por seu próprio destino. Não vejo, portanto, uma descontinuidade entre o discurso mítico e a trajetória percorrida pela população indígena do Uaupés nos últimos séculos, que vem pontuada, a meu ver, por uma série de experiências de agenciamento da situação estabelecida no passado mítico.

Uma boa ilustração são os movimentos milenaristas que ocorreram no Alto Rio Negro na segunda metade do século XVIII, dos quais tratamos na Introdução. Esses movimentos, a que se referiu um missionário da época como "huma espécie de conspiração contra a gente civilizada" (apud Wright, 1992a, p.203) e que foram objeto de dura repressão por parte das forças governamentais, contaram com a liderança de especialistas xamânicos que, procurando exercer controle sobre a doutrina e o ritual cristãos, e apropriando-se de símbolos capitais como a cruz, pregaram uma firme oposição ao regime colonialista (Wright, 1992a, p.226). Kamiko profetizava o fim da exploração dos índios pelos brancos e Alexandre anunciava uma era em que as relações de poder sofreriam uma inversão e os índios tornar-se-iam patrões dos brancos.

Na base dos processos sociais vivenciados hoje pelos índios do Uaupés, encontramos a mesma expectativa de ensaiar uma reversão ou, pelo menos, um realinhamento de suas relações com os brancos. Nesse sentido, a escola, espaço privilegiado de transmissão do saber branco, vem desempenhando um papel importante, delineado a partir das concepções indígenas do conhecimento (sua origem, sua função) e das condições históricas do encontro com os salesianos. A visão da educação escolar como uma dádiva dos missionários pode ter sido favorecida, por exemplo, pela relação de proteção que se estabeleceu inicialmente entre os religiosos e a população indígena. Ao adentrar o Uaupés dispostos a pôr um fim ao sistema de servidão que submetia seus habitantes aos desmandos dos patrões brancos, os padres cumpriam, aos olhos dos índios, o papel de promotores de uma nova ordem social. Paralelamente, a estrutura curricular dos internatos facultava aos alunos a aprendizagem de ofícios manuais como costura e carpintaria, capacitando-os a produzir objetos 'de branco', além de lhes garantir acesso aos conhecimentos que, segundo asseguravam os missionários, permitiriam que os índios se tornassem, eles próprios, padres ou 'doutores'. Em suma, a presença dos missionários criava uma perspectiva de apropriação, ao menos parcial, das capacidades que haviam sido dadas aos brancos.

À medida que se ampliou a influência salesiana, cresceu a importância da formação escolar completa, e o resultado foi que grande parte das famílias passou a não medir esforços para ver um filho completar os estudos e conseguir um trabalho assalariado. Entre as atividades que os índios plenamente escolarizados têm oportunidade de exercer, destacam-se as de professor e auxiliar de enfermagem. A valorização dessas duas profissões, que se relacionam, respectivamente, com a transmissão do saber acumulado e a cura e prevenção das doenças, parece indicar que estamos no caminho certo ao associar a busca por escolarização com uma concepção do conhecimento que conecta de forma conspícua o saber e o poder de operar transformações.[15] Assim, podemos dizer que a escola foi, e continua a ser, uma porta de acesso a um saber que, como a história teria mostrado, permitiu aos brancos fazerem cumprir a profecia de *Ye'pâ Õ'âkɨhɨ*. Em suma, eu diria que, para os índios, frequentar a escola é uma maneira de garantir algum controle sobre o curso da história, protegendo a si próprios e aos parentes dos efeitos negativos do contato com os brancos.

Mas o ponto a meu ver crucial é que o agenciamento de uma nova ordem tem como ponto de partida o elogio da vida comunitária. No capítulo anterior, mostrei que a identidade indígena e a possibilidade de reproduzi-la estão conectadas a padrões de socialidade firmemente as-

---

15 Não posso deixar de mencionar também a importância atualmente conferida à carreira militar, acessível apenas aos homens. Não tratei desse assunto em profundidade, mas intuo que a participação dos rapazes indígenas no Exército também possa ser entendida como parte desse projeto de apropriação de capacidades associadas aos brancos, simbolizadas, nesse caso, pela posse e pelo manejo das armas de fogo.

sentados na noção de comunidade. A importância do *ethos* comunitário se manifesta também em algumas enunciações dos índios sobre o tema da 'civilização', verdadeiro carro-chefe do empreendimento salesiano (cf. Introdução). Embora testemunhem de forma inequívoca o valor da escola, as ideias que os moradores da cidade fazem do que é ser 'índio civilizado' costumam sempre evocar a vida comunitária e a paisagem ribeirinha. É exemplar a definição dada por uma mulher que reside na cidade há mais de quinze anos: "índio civilizado tem casinha enfileirada na beira do rio, usa roupinha, faz roça, pesca, e tem escola. Cada um falando sua língua, com seus costumes". Ou esta outra que ouvi de uma moça casada com um branco: "ser civilizado é tratar bem os parentes e as visitas que chegam em nossa casa".

Diante desse quadro, parece que no Uaupés a associação entre os saberes escolar e xamânico adquire uma feição muito próxima daquela observada por Peter Gow (1991, p.229) entre os Piro do baixo Urubamba, um povo amazônico para o qual a escola funciona hoje como instituição central na definição da 'comunidade legítima':

> tanto a escola como o xamanismo envolvem o uso de conhecimentos potencialmente perigosos em defesa do parentesco. A escola defende o parentesco trazendo o conhecimento "civilizado" para dentro das relações sociais indígenas, ao passo que o xamanismo se vale dos poderes "selvagens" da floresta e dos rios em favor do parentesco.

Para finalizar, sugiro que o movimento da população indígena na direção da cidade – isto é, da escola, das mercadorias, do hospital – seja compreendido não como um sinal de renúncia aos valores comunitários e submissão aos esquemas do mundo dos brancos, mas antes como uma forma de controle sobre o processo de reprodução social diante da inevitabilidade de se relacionar com essa figura de alteridade poderosa mas moralmente decaída.[16] A apropriação do conhecimento escolar e,

---

16 Em um texto recente, no qual comentava um conjunto de narrativas indígenas sobre a figura dos brancos, Viveiros de Castro (2000, p.50) elaborou esta questão: "Ao encarnarem, pelo avesso, as condições que definem a condição humana ..., os brancos oscilam entre uma positividade e uma negatividade igualmente absolutas. Sua

De volta ao Lago de Leite

consequentemente, das potências transformativas nele compreendidas, teria por intuito, assim, reequilibrar uma relação que teria se configurado sob o signo da assimetria econômica e política. Do ponto de vista individual, ao garantir acesso mais fácil ao mercado de trabalho, a formação escolar permite a um indivíduo incrementar sua autonomia em relação aos brancos e propiciar aos parentes condições para que trilhem o mesmo caminho. De maneira algo análoga, o domínio dos princípios e das leis que regem o mundo dos brancos torna possível aos índios, como coletividade, defender seus interesses das ameaças postas pela índole autorreferenciada de seus 'irmãos menores'. Assim, o comentário de *Ye'pâ Ô'âkɨ hɨ* não deve ser entendido como a previsão de algo inexorável, mas como um sinal de que o curso dos acontecimentos está, em larga medida, nas mãos da população indígena.

---

gigantesca superioridade cultural (técnica, ou objetiva) se dobra de uma infinita inferioridade social (ética, ou subjetiva): são quase imortais, mas são bestiais; são engenhosos, mas estúpidos; escrevem, mas esquecem; produzem objetos maravilhosos, mas destroem o mundo e a vida ...".

Epílogo da Segunda parte

Fechei a Primeira parte com a seguinte questão: será que entre os índios do Uaupés o destino da mulher é estar sempre deslocada? Depois de acompanhar a trajetória das índias residentes no contexto urbano, ensaio aqui algumas respostas.

Ao analisar o casamento com brancos, procurei destacar o papel que ele cumpre no processo de diferenciação do modo de vida dos índios citadinos. Vimos que ao optar por esse tipo de casamento a mulher se aproxima do polo 'branco' da escala de classificação social vigente no contexto urbano, na medida em que, por uma série de circunstâncias, passa a levar uma existência assemelhada ao modo branco de viver. Aos olhos dos familiares, esse casamento a situa na zona limítrofe da exterioridade. Porém, ao mesmo tempo, a posição socioeconômica de que passa a gozar faz dela uma peça importante no processo de transformação do modo de vida dos parentes e, de sua casa, um centro de convergência para os que chegam do interior. É importante notar que na cidade a convivência com os parentes maternos pode ser tão intensa quanto com os agnatos. Isso talvez explique em alguma medida a pressão que as mães costumam exercer na opção das filhas por um marido branco.

Ao casar uma filha com um branco, uma mulher está aumentando suas possibilidades de acesso a mercadorias e serviços desejados, bem como suas perspectivas de estreitar os vínculos com os próprios parentes. Uma vez na cidade, estes também se verão atraídos para a casa da parente casada com um branco, sobretudo os mais jovens.

Mas, a bem da verdade, o papel de arrimo de família extensa não é exclusividade das mulheres casadas com brancos. Embora sejam elas, de fato, que mais se destacam como doadoras de mercadorias aos parentes menos abastados, há outros meios de uma mulher lograr uma situação economicamente vantajosa. A condição das esposas de brancos pode estar muito próxima, por exemplo, à de algumas mulheres casadas com homens indígenas que galgaram uma boa colocação no mercado de trabalho e possuem hoje um salário razoável, podendo prover os parentes e ampará-los em caso de necessidade. Em que difere, então, a união com um branco da união com um índio?

Como vimos, a convivência cotidiana com o marido branco cumpre um papel importante no processo de transformação do modo de vida. Porém, é no ponto que toca de forma mais direta a ideologia de gênero que o casamento com um branco revela sua faceta mais marcante e subversiva. Ele opera uma espécie de inversão na assimetria de valor entre germanos de sexos opostos e permite à mulher se reacomodar no sistema social. Ao possibilitar que ela acolha e ampare os parentes em sua casa, e ao abrir espaço para a prática de uma versão nada ortodoxa do sistema de descendência, na qual ela transmite aos filhos os nomes de seus antepassados, esse casamento possibilita à mulher assumir uma posição de destaque no ambiente social ambivalente da cidade, caracterizado pela tensão entre dois processos prementes: de um lado, o de reprodução da identidade indígena; de outro, o de apropriação das capacidades e dos bens dos brancos – que têm como condição e efeito as transformações do modo de vida.

Não estou sugerindo que as mulheres se casem com homens brancos movidas por uma intenção transgressora. Minha ideia é que o casamento com um branco, visto como um fenômeno cujo significado não se limita ao contexto da relação conjugal, é particularmente produtivo para alentar uma perspectiva alternativa sobre a participação dos sexos

De volta ao Lago de Leite

no processo de reprodução social. As motivações das mulheres para se casar com um homem branco podem ser várias, mas a trajetória percorrida é uma só. E é considerando as relações entre irmão e irmã que o sentido do casamento com um branco pode ser entendido em seus aspectos mais sutis.

Vimos que, no Uaupés, por causa do seu destino de se unir a um grupo estranho e geograficamente apartado, de cuja perpetuação ela vai participar ao gerar filhos, em nenhuma fase da vida é dado à mulher experimentar um sentimento de pertencimento absoluto a uma comunidade, pelo menos não de forma tão cabal como é característico da experiência social masculina. Esse viés androcêntrico do sistema responde pela sensação de deslocamento que acompanha as mulheres e que vemos conspicuamente expressa nas cantigas femininas improvisadas durante as festas nas comunidades.

Como afirmei no Epílogo da Primeira parte, entre afins ou entre consanguíneos, no Uaupés a mulher é de todo modo um Outro. Reposicionar-se, tal como entendo aqui, implica afirmar-se como não Outro diante de seus próprios parentes. É isso o que o casamento com um branco faz pela mulher, ao lhe oferecer a possibilidade de, ao mesmo tempo, estar perto de sua família natal e da parentela cognática, e atuar como veículo de continuidade de sua linha agnática. Enfim, em vez de partir, permanecer; em vez de se distanciar, atrair e trazer para junto de si. Podemos dizer que, na cidade, e sobretudo ao se casar com um branco, a mulher se vê "transformada em esteio".

Ao mesmo tempo, porém, é dito que a mulher casada com um branco está virando branca ela própria. Se ao sentido de tornar-se branco vai atrelado o sentido de tornar-se outro, aproximando-se de um modelo de existência externo e estranho, ela realiza então um duplo movimento. Concomitantemente, traz os parentes para junto de si e imprime fôlego à trajetória que eles percorrerão na direção do mundo dos brancos. Por um lado, a mulher afirma uma perspectiva que, embora inverta a orientação sexual do sistema de descendência, não deixa de estar referenciada aos dois processos norteadores da socialidade ribeirinha – a saber, o de marcação das diferenças entre os grupos e o de construção de identidade entre corresidentes. Por outro, ela se move na direção do mundo dos brancos, levando consigo os parentes. Neste último movimento, que vimos animado por uma tentativa de apropriação das capacidades associadas aos brancos, é proeminente o papel da escola, que representa para as mulheres indígenas a principal via de acesso a saberes transformativos formalizados, uma vez que o corpo de conhecimento esotérico do *sib* lhes é vedado por tradição.

Portanto, embora a atração pela escola, pelas mercadorias, enfim, pela cidade, não seja de modo algum exclusiva das mulheres, a importância de sua atuação nos processos de deslocamento para São Gabriel e na transformação do modo de vida dos parentes não deve ser subestimada. Se o processo é de caráter global, envolvendo velhos e jovens, homens e mulheres, são elas, contudo, que vêm tomando nele a dianteira. Com isso, logram transformar sua própria posição no sistema social. A casa da parente casada com um branco é ao mesmo tempo um ponto de apoio e de transformação, uma espécie de fronteira entre o mundo dos índios e o mundo dos brancos. Embora ainda ocupe uma posição ambígua, na cidade ela se encontra menos deslocada.

Caderno de ilustrações 2
Os *wa'î masa*

Desenhos e texto de Feliciano Lana

1

No espaço vemos uma cabeça que representa todos aqueles que estão no desenho. São *wa'î masa* [gente-peixe], ou 'encantados'. No fundo do rio eles têm forma de humanos. Antigamente, eles moravam em malocas, agora moram em casas menores. A vida vai mudando, eles também se civilizam.

No desenho há uma árvore que deve ser *yukí masa* [gente-árvore]. Uma casa, *waí masa wi'í* [casa de *wa'î masa*]. Praia também tem vida e é um animal. Anta, na vida dela, também é gente. De repente, quando veem uma mulher ou homem que não foi benzido durante o parto, os animais ficam bravos e dá doença, febre, reumatismo, e outras coisas.

Peixes. Todos os tipos de peixe são gente ou *wa'î masa* e fazem a mesma coisa. Água. Água também tem vida. Chama-se *akó masa* [gente-água] e pode dar doença se a pessoa não foi bem benzida durante o parto. Pau oco. Muitas vezes encontrase em rios e lagos um pau oco que contém buracos. Chama-se trocano de peixe. É bravo, faz raio, chuva, temporal e outras coisas.

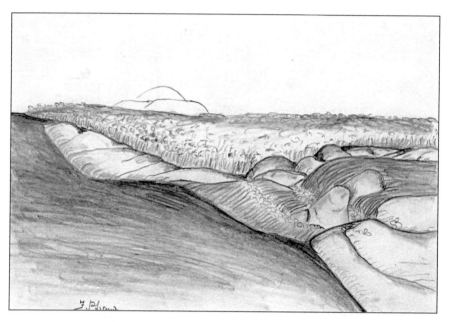

2

Aqui vemos cachoeira, pedra, mato e serra. Cachoeira é casa onde *wa'î masa* guarda seus objetos de dança, potes de *kapí* ou armas que podem causar doenças. Por isso, é proibido andar nas cachoeiras em tempo de resguardo. Pedra. Também é gente. Chama-se *ĩtá masa* [gente-pedra]. Serras. São casas de *wa'î masa*. Mato. No mato há vários tipos de *wa'î masa: ĩtá masa, yukĩmasa*. Por isso, o mato também é bravo quando alguém se descuida da ordem da vida.

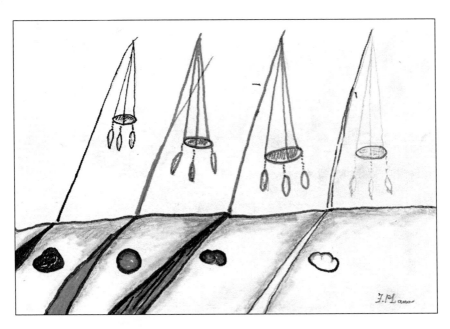

3

Aqui vemos pedras coloridas. Cada uma de uma cor. O *bayá* [mestre em cantos e danças], na hora da dança, leva esses enfeites. Para o *bayá*, eles são enfeites de dança, mas para os *wa'î masa* são armas que causam doenças. Os *wa'î masa* usam caniços de pau, os *ɨ́ tá masa* usam caniços de pedra.

4

Aqui a panela virou no fogo. Alguém descuidou da ordem da vida. Uma cabeça de gente, com cabelo de susto, viu que já começava um terremoto. Um macaco ficou bravo e virou onça para devorar os donos da panela. Veem-se quatro onças: três na água e uma na terra, pronta para devorar os homens. O peixe-piranha na água também vira onça. O camarão também se transforma em onça nessa hora de perigo. Árvores meio caídas, pegam temporal forte. No mesmo instante se escuta trovão com raio.

5

Aqui o *akó masa* dá uma surra em um homem com caniço de água preta. O homem apanhou porque ultrapassou os limites que o *kumû* colocou e não soube resguardar depois do parto da mulher. Outra possibilidade é que ele tenha sonhado que estava namorando um *wa'î masa, akó masa* ou *yukḯmasa*.

6

Neste desenho, duas mulheres estão indo para a roça e, de repente, uma delas menstrua. Os *wa'î masa* começam a ficar bravos. Veja como boiam os botos e cai o trovão. Do fundo da água, um cara flecha as mulheres. E assim ela pega uma doença que não tem cura, como paralisia. Muitas vezes, também, é o *kumû* quem estraga com o seu *uuró*.

Considerações finais

A análise apresentada neste livro dificilmente poderia ter sido realizada não fosse a soma dos esforços dos vários etnólogos que, desde a monografia de Goldman sobre os Kubeo (1963), vêm se dedicando a descrever a estrutura social e a cosmologia dos grupos do Uaupés. Como não poderia deixar de ser, minha reflexão é em larga medida tributária dos trabalhos desses autores, sobretudo das monografias de Stephen Hugh-Jones (1979), Christine Hugh-Jones (1979), Reichel-Dolmatoff (1971), Jean Jackson (1983), Janet Chernela (1993), Dominique Buchillet (1983). Conhecer as concepções dos índios sobre o mundo, a humanidade e a vida em sociedade foi um ponto de partida importante para que eu pudesse chegar a uma compreensão do modo como eles concebem os brancos, as cidades e suas relações com ambos.

No entanto, se a consistência e a riqueza da literatura sobre os grupos do Uaupés conferem aos pesquisadores atuais uma vantagem significativa, também nos incitam ao desafio de continuar o debate enfrentando novos temas. Foi com isso em mente que me dediquei a refletir sobre o movimento dos habitantes do rio Uaupés em direção ao mundo dos brancos, buscando o seu sentido segundo os princípios da sociocosmologia nativa. Isso implicava uma recusa da oposição tradicional/moderno e uma aposta na importância de discernir o que há de especificamente indígena nos processos analisados. Em suma, implicava a opção de privilegiar radicalmente o ponto de vista dos índios sobre o mundo e a vida social.

Embora, nesse sentido, meu trabalho convirja com a literatura mencionada acima, sua contribuição mais significativa está, a meu ver, alhures. Ao eleger tópicos como a mudança para a cidade, as relações matrimoniais entre mulheres indígenas e homens brancos, a busca pelas mercadorias, enfim, temas que costumam ser subsumidos na noção algo desorientadora de 'mudança', rompi com o que S. Hugh-Jones disse-me chamar de "o viés tradicionalista" da etnologia do Uaupés, que poderia ser traduzido como uma desatenção quase explícita ao movimento realizado pelos índios em direção ao mundo dos brancos. Porque, embora certamente tenha se intensificado nas últimas décadas, esse processo pode ser observado na região há muito mais tempo do que transparece nas etnografias clássicas. E o mesmo vale para as transformações que ele engendra.

Vimos que, no que concebem como o processo de apropriação das capacidades dos brancos, os índios experimentam uma série de transformações em seu modo de vida, aproximando-se de um modelo de existência que encontra na vida urbana sua expressão mais rematada. Mas a forma como o conhecimento dos brancos pode ser alcançado pela população indígena implica, em maior ou menor grau, um distanciamento da vida comunitária. E, embora eu tenha optado pela busca das continuidades existentes entre o que foi descrito nas etnografias clássicas e aquilo que observei em Iauareté e São Gabriel, penso que os efeitos problemáticos do processo de esvaziamento das comunidades não devem ser subestimados, pois eles possuem desdobramentos importantes para o futuro das novas gerações. Para exemplificar, tomemos o caso da educação escolar.

A escola de ensino fundamental, que funciona nas próprias comunidades e nos centros missionários, já ocupa o tempo que seria dedicado ao aprendizado do trabalho da roça, obstando a socialização plena das crianças para as necessidades da vida ribeirinha. Mais tarde, para completar os estudos, os jovens têm de deixar suas comunidades e viver entre brancos na cidade, onde se localizam as escolas de segundo e terceiro graus.[1] A absorção do conhecimento dos brancos envolveria, como mostrei, algo como um 'devir branco'. Essa transformação no modo de vida, esse devir branco, traz consequências consideradas positivas pelos índios, sobretudo no contexto urbano, onde os brancos ocupam historicamente o topo da pirâmide social. Viver como branco na cidade significa ter a possibilidade não só de concorrer com os brancos pelo acesso à educação escolar, ao dinheiro, a bens e serviços, mas também de se reposicionar no sistema indígena de prestígio. Contudo, a transformação também põe para os índios um dilema: se, por um lado, a apropriação do conhecimento dos brancos representa uma forma de garantir o controle sobre a sua situação presente e futura, por outro, ela envolve um risco para a própria identidade indígena, que tem na noção de comunidade um importante sustentáculo, como já vimos. Formulando de maneira sintética, a questão que se colocaria para os índios seria a de como se apropriar do conhecimento dos brancos sem precisar viver como branco, isto é, sem precisar viver como se vive na cidade.[2]

Poder-se-ia alegar que a comunidade é apenas um discurso elusivo e que à decisão de viver na cidade viria atrelado, na verdade, o desejo de 'virar branco', de deixar de ser índio. Com efeito, entre os índios do Uaupés a comunidade é um *discurso*, mas não no sentido de ser um *pretexto*: é um discurso que articula as noções de origem e território com a ideia de um modo de vida próprio aos índios, o que não significa pouca coisa ali, pois esse discurso é precisamente o que vem sustentando a

---

1 A única escola de segundo grau do lado brasileiro da bacia do rio Uaupés situa-se no centro missionário de Iauareté e é administrada pelos religiosos.

2 Esse 'dilema' parece ser hoje mais geral na Amazônia indígena, como se vê, por exemplo, em uma formulação recente de Viveiros de Castro (2000, p.51): "pois o desafio ou enigma que se põe aos índios consiste em saber se é realmente possível utilizar a potência tecnológica dos brancos, isto é, seu modo de objetivação – sua cultura –, sem se deixar envenenar por sua absurda violência, sua grotesca fetichização da mercadoria, sua insuportável arrogância, isto é, por seu modo de subjetivação – sua sociedade". Para uma abordagem dessa mesma perspectiva sobre o caso específico dos Xikrin-Kayapó, ver também Gordon, 2001.

diferenciação entre índios e brancos e fornecendo à população indígena matéria para pensar o seu processo de reprodução social na situação atual. Quanto à ideia de um suposto desejo de virar branco, já observamos que, na perspectiva dos índios, tal possibilidade seria a princípio irrealizável (capítulo 4). Se, por um lado, ser índio é resultado da vida que se leva na comunidade, por outro, depende de se descender de um dos ancestrais que desembarcou da Canoa da Fermentação e se fixou em um ponto determinado do Uaupés. Em conformidade com essa vertente da identidade ligada à ideologia da descendência, um índio jamais deixa de ser índio. Ainda que esteja vivendo como branco e vá se tornando algo branco no processo, ele não pode virar branco completamente, pois sua origem está no Uaupés e, portanto, na comunidade.

Ocorre, porém, que o próprio princípio da descendência vem sofrendo algumas inflexões, o que se faz particularmente visível no contexto urbano. Tornemos ao caso da identidade dos filhos de mulheres indígenas com homens brancos (capítulo 4). Vimos que na cidade, mais precisamente quando estão em jogo as identidades das crianças 'misturadas', desconsidera-se em muitos casos o princípio patrilinear de transmissão e recorre-se a uma versão matrilinear. Essa subversão tímida da regra é praticada sob os auspícios dos pais da mulher e o bebê é nominado a partir de um dos *siblings* do avô materno. Eu digo 'tímida' porque não se faz do fato nenhum alarde nem ele é utilizado para confrontar explicitamente o modelo tradicional, embora a reação negativa dos tios maternos da criança torne claro tratar-se efetivamente de uma prática 'subversiva'. Ao dar ao recém-nascido um nome cerimonial, o avô materno lhe está garantindo uma conexão com a fonte generativa do mundo ancestral e uma possibilidade de ter sua saúde protegida pelos métodos xamânicos ao longo da vida; quanto à mãe, ela está contribuindo diretamente para a continuidade de seu próprio *sib*. A transigência do avô materno com uma prática que mina as bases do sistema tradicional de reprodução da identidade étnica ainda precisaria ser esclarecida. Porém, quaisquer que sejam os seus motivos, a transferência não convencional de nomes parece indicar uma flexibilização da própria noção de descendência agnática como princípio de organização social. Mas qual seria a outra face da moeda?

De volta ao Lago de Leite

A regra de descendência patrilinear encontra sua expressão sociológica mais nítida no contexto das relações entre *sibs* de um mesmo grupo exógamo, que já sabemos eminentemente hierárquicas. Vimos, todavia, que na comunidade ribeirinha o acesso a um trabalho assalariado e, consequentemente, ao dinheiro e às mercadorias, configura uma via de reconhecimento social que faz concorrência ao sistema de prestígio dos *sibs*. Partindo de um fato concreto, mostrei (capítulo 1) que para uma família cujo chefe pertence a um *sib* de baixa hierarquia, a possibilidade de comprar alimento e bebida para oferecer à comunidade na festa de Natal representa uma forma de angariar prestígio. À primeira vista, o que casos como esse parecem sugerir é que as pessoas que ocupam posições desprivilegiadas no sistema de prestígio dos *sibs* mostrar-se-iam mais permeáveis a modelos alternativos que colidem com o princípio tradicional da descendência, hipótese corroborada pela situação descrita por Cabalzar (2000), à qual também fiz referência no capítulo 2. Em uma análise das estratégias matrimoniais no alto rio Tiquié, esse autor mostrou que os grupos locais organizados com base no princípio da descendência são aqueles compostos por *sibs* de alta hierarquia, ao passo que os *sibs* de baixa hierarquia tendem a residir em comunidades estruturadas antes pelo princípio da aliança.

Ao que tudo indica, porém, a questão pode não se resumir ao acionamento contextual de um ou outro princípio. Algumas análises sugerem que, independentemente das inflexões que sofre, a noção de descendência pode estar sendo desenfatizada como princípio organizador da socialidade. Resultante da orientação global dos índios em direção ao mundo dos brancos, esse fenômeno se verificaria de modo mais flagrante na cidade.

Na Primeira parte do livro, dedicada à descrição da vida em uma comunidade ribeirinha, observei a atualização alternada dos idiomas da descendência (como expressão da diferença entre os grupos) e da consanguinidade (como veículo para a produção de identidade entre os corresidentes) no contexto de um mesmo regime de socialidade. Meu objetivo ali era mostrar a interação dinâmica entre ambos, como tem feito Stephen Hugh-Jones (1993, 1995). Porém, em artigo recente, que tem como objeto justamente a transição da 'maloca' para a 'comunidade' (*village community*) no rio Pirá-Paraná nos últimos 25 anos,[3] Arhem (2001, p.124) sustenta que "o modelo da descendência como visão dominante da sociedade está se retirando para trás da cena, enquanto o modelo da consanguinidade começa a ocupar o centro do palco". E mais adiante o autor conclui:

> a mudança de ênfase de uma concepção da sociedade organizada pela descendência para outra baseada na consanguinidade representa uma mudança de perspectiva, uma leitura diferente da mesma estrutura, que pode, talvez, levar a uma transformação mais radical: a reestruturação da própria estrutura. (ibidem, p.152)

Para Arhem, na comunidade ribeirinha, o *ethos* da consanguinidade prevalece e engloba o da descendência.

Tudo isso parece fazer sentido se lembramos que a identidade do grupo agnático, sua atualização como unidade discreta de descendência, só se realiza na afirmação da alteridade dos outros, e que, embora a diferença entre os grupos esteja longe de esvaecer, como atesta a estabilidade da regra de exogamia, uma identidade indígena pan-étnica vem adquirindo contornos mais nítidos com o passar do tempo. Boa parte das comunidades ribeirinhas atuais é composta por mais de um grupo exógamo, e, sobretudo na cidade, onde membros de grupos diversos passam a conviver de forma mais intensa, as diferenças entre eles tendem a se tornar mais diluídas, ao mesmo tempo que se adensa o caldo de comum identidade. A crescente organização político-burocrática dos grupos do Uaupés também concorre para incrementar essa visão mais genérica.

Estamos diante de uma situação em que o foco da alteridade passa a recair de forma mais direta sobre a figura do branco, pois o branco, como vimos, é um Outro diferente dos outros. Isso parece se refletir no uso do termo para designar 'parente'. Tradicionalmente, *aka-werégi* é usado por uma pessoa para se referir a outro membro de seu grupo exógamo, enquanto *bahi* designa todos os índios em oposição a branco.

---

3 A organização dos grupos locais em 'comunidades' no rio Pirá-Paraná (lado colombiano do Uaupés) ocorreu apenas na década de 1970, o que Arhem credita principalmente à presença mais tardia de missionários nessa área.

Contudo, segundo me afirmaram alguns informantes residentes na cidade, o termo *aka-werégɨ* vem sendo utilizado na segunda acepção, ou seja, para fazer referência ao parentesco entre todos os índios, independentemente das afiliações étnicas. Para que possamos tirar as devidas implicações desse fato linguístico seria necessário, certamente, fazer uma análise minuciosa dos contextos de enunciação, mas a princípio, observando-se tudo o que foi exposto acima, tal deslizamento semântico não deveria nos surpreender.

O problema que os índios do Uaupés têm diante de si, principalmente os que estão residindo na cidade, é o de afirmar a sua identidade de índios – em oposição aos brancos, mas também *diferenciados entre si* – e continuar produzindo outros índios em uma situação caracterizada simultaneamente pela redução dos contextos de convivência com os parentes e pelo eclipsamento da diferença entre os grupos exógamos. E é com referência a essa problemática que podemos interpretar algumas de suas escolhas atuais. Tome-se o exemplo do envolvimento de comunidades Tuyuka, Tukano e Wanana no Projeto de Educação Indígena no Alto Rio Negro, realizado em parceria com a FOIRN e o ISA.[4] O ponto de partida para a realização desse projeto foi o interesse demonstrado pelas comunidades em realizar uma experiência de educação escolar 'diferenciada'. A proposta é adequar os currículos e os calendários às necessidades da vida nas comunidades, estimulando a valorização das línguas e as culturas nativas, e planejando a profissionalização em áreas que contribuam para o desenvolvimento regional sustentado (cf. ISA, 2002). A elaboração dos projetos político-pedagógicos tem sido feita pelas próprias comunidades, com o suporte de assessores brancos.[5]

---

4 O projeto integra também comunidades Baniwa e Kuripaco do Médio Rio Içana.

5 Esse projeto está, evidentemente, inserido no movimento mais amplo em prol de uma educação escolar que atenda às necessidades das comunidades indígenas localizadas em todo o território brasileiro, no qual se envolvem, além delas próprias, o Ministério da Educação e Cultura, governos locais e organizações não governamentais. A receptividade e o envolvimento das comunidades indígenas nesse tipo de projeto variam caso a caso, e minha intenção ao trazer à baila o exemplo específico das etnias citadas é fazer algumas ilações sobre os possíveis significados que uma educação escolar diferenciada pode ter para os índios do Uaupés hoje.

Meu palpite é que a boa acolhida das comunidades envolvidas no projeto a essa nova modalidade de escola pode ser entendida como uma tentativa de minimizar os 'efeitos colaterais' do processo de apropriação do conhecimento dos brancos *de um duplo ponto de vista*. A hipótese pode, à primeira vista, parecer trivial, mas veremos que ela toca em questões importantes da socialidade indígena. Para começar, a nova escola buscaria interferir o mínimo possível na rotina da vida em comunidade; daí o remanejamento dos currículos (voltados também, mas não só, para o sistema produtivo tradicional e para o desenvolvimento regional sustentável etc.), a adequação do horário, do calendário, das instalações. Desse modo, garantir-se-ia acesso seletivo ao conhecimento dos brancos sem que os jovens precisassem se afastar, nem física nem conceitualmente, de sua comunidade de origem. Mas ao mesmo tempo, a escola assumiria um compromisso com a preservação e o resgate dos patrimônios culturais dos diferentes grupos, os quais se objetivariam, sobretudo, nas línguas, nas rezas xamânicas, nas narrativas da origem, no conhecimento ritual, enfim, nos bens concedidos pelo Criador aos ancestrais dos índios no momento em que se deu a diferenciação da humanidade.

O ponto a ser destacado é que, para os índios, parece-me, essa escola é 'diferenciada' *porque se propõe sensível não só à diferença entre índios e brancos, mas também à diferença entre os grupos indígenas*. Uma frase notável foi proferida por um índio Tukano durante uma assembleia organizada pela Associação dos Professores Indígenas do Alto Rio Negro (APIARN) em São Gabriel, na qual se discutia, entre outras coisas, a questão da educação diferenciada: "A educação escolar indígena abraça nesse momento uma nova filosofia. Não é mais a filosofia europeia e sim a nossa própria escola étnica filosófica. Que Tariano, Tukano, Wanano, *que cada um construa a sua própria escola*".

É importante que cada grupo tenha a sua própria escola porque a afirmação da diferença entre os grupos é, para esse projeto de futuro, um movimento tão importante quanto o da reinserção dos jovens na rotina da vida em comunidade. Portanto, desse exame breve poderíamos inferir que o engajamento na proposta da educação escolar diferenciada teria por intuito promover a apropriação do conhecimento dos brancos de uma maneira que não pusesse em risco o processo de repro-

De volta ao Lago de Leite

dução da identidade indígena, em nenhuma de suas duas vertentes. Trata-se de uma apropriação duplamente diferenciada porque buscaria, a um só tempo, preservar a diferença entre brancos e índios e a diferença entre os grupos. Assim, mesmo supondo que pudéssemos generalizar os dados de Arhem (2001) e presumir uma intensificação pan-Uaupés do idioma da consanguinização nas últimas décadas, as formas pelas quais os índios vêm conduzindo os projetos de educação, por exemplo, estariam sinalizando uma tentativa de reversão do processo, isto é, uma recuperação e uma re-intensificação do idioma da descendência.

Em toda essa história, o gênero e a hierarquia cumprem papéis particularmente relevantes. Seguindo o argumento que procurei desenvolver neste trabalho sobre as motivações das mulheres para tomar a dianteira no processo de apropriação das capacidades dos brancos, é plausível supor que a tentativa de reabilitar o princípio da descendência agnática mobilizaria de modo mais inequívoco os homens, e, entre eles, aqueles mais bem posicionados no sistema hierárquico. Porém, seria igualmente razoável imaginar que, para as mulheres, assim como para um *sib* de baixa hierarquia, poderia ser interessante tornar-se protagonista no processo de recuperação do patrimônio cultural de seu próprio grupo.

A propósito, e para finalizar, quero chamar mais uma vez a atenção para o caráter dinâmico do processo ao qual me referi neste livro como 'o movimento dos índios em direção ao mundo dos brancos'. Na análise do papel exercido pelas mulheres, demonstrei que, embora se reporte em última instância às relações entre índios e brancos, é na dinâmica interna à socialidade indígena que se definem os sentidos e as formas que esse movimento assume num determinado nexo espaciotemporal. Por esse mesmo motivo, embora o movimento em direção aos brancos seja um processo de caráter global, que se desenrola no interior e na cidade, os matizes locais podem revelar transformações e reversões, bem como outras artes insuspeitadas, na maneira como os índios agenciam a situação de contato. A verdade é que ainda há muita antropologia a ser feita antes que estejamos à altura da complexidade da paisagem sociocultural dos índios do Uaupés, antes que sejamos capazes de compreender de modo seguro o significado das escolhas que eles fazem hoje e a partir das quais vêm desenhando o seu futuro.

Referências bibliográficas

ALBERT, B., & RAMOS, A. (Org.) *Pacificando o branco*: cosmologias do contato no norte-amazônico. São Paulo: Editora UNESP, 2002.

ARHEM, K. *Makuna Social Organization.*Stockholm: Almqvist and Wiksell International, 1981.

―――. Ecosofia Makuna. In: CORREA, F. *La selva humanizada*: ecologia alternativa en el trópico húmedo colombiano. Bogotá: Instituto Colombiano de Antropologia, 1993. p.109-26.

―――. From longhouse to village: structure and change in the Colombian Amazon. In: RIVAL, L., WHITEHEAD, N. (Ed.). *Beyond the Visible and the Material*: the amerindianization of society in the work of Peter Rivière. Oxford: Oxford University Press, 2001, p.123-55.

BÉKSTA, C. *A maloca tukano-desana e seu simbolismo*. Manaus: Secretaria de Estado da Educação e Cultura, 1988.

BRANDHUBER, G. Why Tukanoans migrate? Some remarks on conflict on the upper rio Negro (Brazil). *Journal de la Societé des Américanistes*, v.85, p.261-80, 1999.

BUCHILLET, D. *Maladie et mémoire des origines chez les Desana du Vaupés. Conceptions de la maladie et de la thérapeutique d'une société amazonienne*, Nanterre, 1983. Tese (Doutorado) – Université de Paris X.

BUCHILLET, D. Los poderes del hablar: terapia y agresión chamánica entre los indios Desana del Vaupes brasileiro. In: BASSO, E. & SHERZER, J. (Ed.). *Las culturas latinoamericanas através de su discurso*. Quito: s.n., 1990, p.319-54.

_____. Pari Cachoeira: o laboratório Tukano do projeto Calha Norte. In: RICARDO, C. A. (Ed.). *Povos indígenas no Brasil 1997-1990*. São Paulo: CEDI, 1991, p.107-15.

_____. Contas de vidro, enfeites de branco e "potes de malária": epidemiologia e representações de doenças infecciosas entre os Desana. In: *Série Antropologia 187*. Brasília: Universidade de Brasília, Departamento de Antropologia, 1995, p.1-24.

CABALZAR, A. O garimpo indígena do Rio Traíra. In: RICARDO, C. A. (Ed.). *Povos indígenas no Brasil (1991-1995)*. São Paulo: Instituto Socioambiental, 1996, p.130-2.

_____. Descendência e aliança no espaço Tuyuka. A noção de nexo regional no noroeste amazônico. *Revista de Antropologia*, v.43, n.1, p.61-88, 2000.

_____. (Org.). *Mar ya dita Iñanʉnʉse masir*. Escola Indígena Tuyuka. s.l.: FOIRN/ISA/MEC/SEF, 2001.

_____, RICARDO, C. A. (Ed.). *Povos indígenas do Alto e Médio Rio Negro*. São Paulo: ISA/FOIRN, 1998.

CÂMARA CASCUDO, L. da. *Dicionário do folclore brasileiro*. 7.ed. Rio de Janeiro: Itatiaia, 1993. (1.ed. 1954)

CENTRO DE PASTORAL POPULAR. *Natal em família*: evangelizando rumo ao novo milênio. sl.: s.n., 1998.

CHERNELA, J. Estrutura social do Uaupés. *Anuário Antropológico*, v.81, p.59--69, 1983.

_____. Female scarcity, gender ideology and sexual politics in the Northwest Amazon.In: KENSINGER, K. (Ed.). *Sexual Ideologies in Lowland South America*. Vermont: Bennington College, 1984 (Working Papers on South American Indians, 5).

_____. *The Wanano indians of the Brazilian Amazon*: a sense of space. Austin: University of Texas, 1993.

_____. Talking culture: women in the production of community in the Northwest Amazon. *American Anthropologist*, Special Issue on Politics of Language, 2003.

COLLIER, J., ROSALDO, M. Politics and gender in simple societies. In: ORTNER, S., WHITEHEAD, H. (Ed.) *Sexual Meanings*: the cultural construction of gender and sexuality. Cambridge: Cambridge University Press, 1981, p.275-329.

De volta ao Lago de Leite

DELEUZE, G. Seminário sobre Spinoza, 24 de janeiro de 1978. Fonte: <http://www.webdeleuze.com/TXT/ 240178.html> (Não publicado).

DELEUZE, G., GUATARI, F. *Mil platôs: capitalismo e esquizofrenia* [1980]. São Paulo: Editora 34, 1997. v.4.

DESCOLA, P. The Genres of Gender: Local Models and Global Paradigms in the Comparison of Amazonia and Melanesia. In: GREGOR, T., TUZION, D. (Eds.) *Gender in Amazonia and Melanesia*. An Exploration of the Comparative Method. Berkeley: University of California Press, 1996.

DIAKURU & KISIBI. *A mitologia sagrada dos Desana-Wari Dihputiro Põrã*. São Gabriel da Cachoeira: UNIRT/FOIRN, 1996.

FAUSTO, C. *Inimigos fiéis*: história, guerra e xamanismo na Amazônia. São Paulo: Edusp, 2001.

_____. Faire le mythe: histoire, récit et transformation en Amazonie. *Journal de la Société des Américanistes*, v.88, p.69-90, 2002.

GALVÃO, E. Aculturação indígena no alto rio Negro. In: *Encontro de Sociedades*: índios e brancos no Brasil. Rio de Janeiro: Paz e Terra, 1979, p.135-92.

GOLDMAN, I. *The Cubeo*: Indians of the Northwest Amazon.Urbana: University of Illinois, 1963.

GOMEZ-IMBERT, E. Force des langues vernaculaires en situation d'exogamie linguistique. *Cahier des Sciences Humaines*, v.27, n.3-4, p.535-59, 1991.

_____. When Animals become "Rounded" and "Feminine": Conceptual Categories and Linguistic Classification in a Multilingual Setting. In: GUMPERZ. J., LEVINSON, S. *Rethinking Linguistic Relativity*. Cambridge: Cambridge University Press, 1996.

GOMEZ-IMBERT, E., BUCHILLET, D. Propuesta para una grafia Tukano normalizada. *Chantiers Amerindia* (Paris, A.E.A.), 11.3a, 1986.

GONÇALVES, M. A. Uma mulher entre dois homens e um homem entre duas mulheres: gênero na sociedade Paresi. In: BRUSCHINI, C., PINTO, C. R. (Ed.). *Tempo e lugares de gênero*. São Paulo: Fundação Carlos Chagas/Ed. 34, 2000, p.241-74.

GORDON, C. Nossas utopias não são as deles: os Mebengokre (Kayapó) e o mundo dos brancos. *Sexta-feira: Antropologia, Artes e Humanidades (São Paulo, Ed. 34/Pletora)*, n.6, p.123-36, 2001.

GOW, P. *Of Mixed Blood*: Kinship and History in Peruvian Amazonia. Oxford: Clarendon Press, 1991.

_____. O parentesco como consciência humana: o caso dos Piro. *Mana: Estudos de Antropologia Social*, v.3, n.2, p.39-65, 1997.

_____. *An Amazonian Myth and its History*. Oxford: Oxford University Press, 2001.

Cristiane Lasmar

HUGH-JONES, C. Skin and soul: the round and the straight. Social time and social space in Pirá-Paraná society. In: Congrès International des Américanistes (Social time and social space in Lowland South American societies), XLII. *Actes...* Paris: Société des Americanistes, 1977, p.185-204.

_____. *From the Milk River*: Spatial and Temporal Processes in Northwest Amazonia. Cambridge: Cambridge University Press, 1979.

HUGH-JONES, S. Like the leaves on the forest floor...: space and time in Barasana ritual. In: Congrès International des Américanistes (Social time and social space in Lowland South American societies), XLII. *Actes...* Paris: Société des Americanistes, 1977, p.205-15.

_____. *The Palm and the Pleiades*: Initiation and Cosmology in Northwest Amazonia. Cambridge: Cambridge University Press, 1979.

_____. The gun and the bow: myths of white men and Indians. *L'Homme*, v.106--107, p.138-55, 1988.

_____. Yesterday's luxuries, tomorrow's necessities: business and barter in northwest Amazonia. In: HUMPHREY, C., HUGH-JONES, S. (Ed.). *Barter, Exchange and Value*: An Anthropological Approach. Cambridge: Cambridge University Press, 1992, p.42-74.

_____. Clear descent or ambiguous houses? A re-examination of Tukanoan social organization. *L'Homme*, 126-128, XXXIII (2-4), p.95-120, 1993.

_____. Inside-out and back-to-front: the androgynous house in Northwest Amazonia. In: CARSTEN, J., HUGH-JONES, S. (Ed.). *About the House*: Lévi-Strauss and Beyond. Cambridge: Cambridge University Press, 1995, p.226-52.

_____. Shamans, prophets, priests and pastors. In: THOMAS, N., HUMPHREY, C. (Ed.). *Shamanism, History and The State*. Michigan: The University of Michigan Press, 1996, p.32-75.

_____. The gender of some amazonian gifts: an experiment with an experiment. In: GREGOR, T., TUZIN, D. (Ed.). *Gender in Amazonia and Melanesia*: an Exploration of the Comparative Method. Berkeley: University of California Press, 2001, p.245-78.

INSTITUTO SOCIOAMBIENTAL (ISA). *Relatório anual de atividades: 2001*. Rio de Janeiro, 2002.

INSTITUTO SOCIOAMBIENTAL (ISA) – FEDERAÇÃO DAS ORGANIZAÇÕES INDÍGENAS DO RIO NEGRO (FOIRN). Levantamento Socioeconômico, Demográfico e Sanitário de Iauareté/Centro, 2001.

JACKSON, J. *The Fish People*: Linguistic Exogamy and Tukanoan Identity in Northwest Amazonia. Cambridge: Cambridge University Press, 1983.

_____. Vaupés marriage practices. In: KENSINGER, K. *Marriage Practices in Lowland South America*. Urbana: University of Illinois Press, 1984, p.156-79.

_____. Rituales tukano de violencia sexual. *Revista Colombiana de Antropologia*, v.28, p.25-52, 1990.

KOCH-GRÜNBERG, T. *Dos años entre los Indios* [1909-10]. Bogotá: Universidad Nacional de Colombia, 1995.

LASMAR, C. Antropologia do gênero nas décadas de 70 e 80: questões e debates. *Teoria e Sociedade*, v.2, p.75-110, 1997.

_____. Mulheres indígenas: representações. *Estudos Feministas*, v.7, n.1-2, p.143--56, 1999.

LÉVI-STRAUSS, C. The social use of kinship terms among Brazilian Indians. *American Anthropologist*, v.45, p.398-409, 1943.

MEIRA, M. O tempo dos patrões: extrativismo, comerciantes e história indígena no Noroeste da Amazônia. *Cadernos Ciências Humanas* (MCT/CNPq/MPEG), 2, 1994.

_____. Uma nova história do Rio Negro. In: Simpósio dos Povos Indígenas do rio Negro: Terra e Cultura, I. *Anais do I Simpósio....* s.l.: Universidade do Amazonas/FOIRN, 1996, p.121-48.

McCALLUM, C. Ritual and the Origin of Sexuality in the Alto Xingu. In: HARVEY, P., GOW, P. (Ed.). *Sex and Violence*: issues in representation and experience. London: Routledge, 1994, p.90-114.

MURPHY, Y. & MURPHY, R. *Women of the Forest*. New York: Columbia University Press, 1974.

NIMUENDAJÚ, C. *Correspondência ao Dr. Carlos Estevam de Oliveira*. Arquivo do ISA/São Gabriel, 1927.

_____. Reconhecimento dos rios Içana, Ayarí e Uaupés [1927]. In: MOREIRA NETO, C. de A. (Org.). *Curt Nimuendaju, Textos indigenistas*. São Paulo: Loyola, 1982, p.123-91.

O GLOBO. 20-09-97 in: C.A. Ricardo, ed. (2000). *Povos Indígenas no Brasil 1996--2000*. São Paulo: Instituto Socioambiental, p.286.

OLIVEIRA, A. G. de. *Índios e brancos no Alto Rio Negro: um estudo da situação de contato dos Tariana*. Brasília, 1981. Dissertação (Mestrado) – Departamento de Antropologia, Universidade de Brasília.

_____. *O mundo transformado*: um estudo da cultura de fronteira. Belém: Museu Goeldi, 1995.

ORTNER, S., WHITEHEAD, M. (Eds.) *Sexual Meanings*: the Cultural Construction of Gender and Sexuality. Cambridge: Cambridge University Press, 1981. p.275-329.

OVERING, J. Elementary Structures of reciprocity: a comparative note on Guianese, central Brazilian, and North-West Amazon sociopolitical thought. *Antropológica*, v.59-62, p.331-48, 1983-84.

_____. Dualism as an expression of difference and danger: marriage exchange and reciprocity among the Piaroa of Venezuela. In: KENSINGER, K. (Ed.). *Marriage Practices in Lowland South America*. Urbana: University of Illinois Press, 1984, p.127-55.

OVERING, J. The aesthetics of production: the sense of community among the Cubeo and Piaroa. *Dialectical Anthropology*, v.14, p.159-75, 1989.

_____. A estética da produção: o senso de comunidade entre os Cubeo e os Piaroa. *Revista de Antropologia*, v.34, p.7-33, 1991.

PÃRÕKUMU, U., KĒHIRÍ, T. *Antes o mundo não existia*: mitologia dos antigos Desana-Kehíripõrã [1980]. São Gabriel da Cachoeira: UNIRT/FOIRN, 1995.

PIEDADE, A. 1997 - *A música Ye'pâ-masa: por uma antropologia da música no alto rio Negro*. 1997. Dissertação (Mestrado) — Universidade Federal de Santa Catarina.

RAMIREZ, H. *A fala tukano dos Ye'pâ Masa*. Manaus: CEDEM, 1997, v.3.

RANDOLPH, R., SCHNEIDER, D., DIAZ, M. (Ed.). *Dialects and Gender*: anthropological perspectives. Boulder: Westview Press, 1988.

REICHEL-DOLMATOFF, G. *Amazonian Cosmos:* The Sexual and Religious Symbolism of the Tukano Indians. Chicago: The University of Chicago Press, 1971.

RIBEIRO, B. *Os índios das águas pretas*: modo de produção e equipamento produtivo. São Paulo: Companhia das Letras, 1995.

RICARDO, C. A. Dos petroglifos aos marcos de bronze. In: _____ (Ed.) *Povos Indígenas no Brasil 1996-2000*. São Paulo: Instituto Socioambiental, 2000, p.245-54.

RICARDO, F. O Projeto Calha Norte e os índios. In: Ricardo, C. A. (Ed.). *Povos Indígenas no Brasil 1987-90*. São Paulo: CEDI, 1991.

RIVIÈRE, P. Of Women, Men and Manioc. In: SKAR, H. O., SALOMON, F. (Ed.). *Natives and Neighbours in South America*: Anthropological Essays. Gothenburg: Ethnographic Museum, 1987, p.178-201.

ROSALDO, M., LAMPHERE, L. Introduction.In: _____ (Ed.). *Woman, Culture and Society*. Stanford: Stanford University Press, 1974, p.1-15.

SAHLINS, M. O pessimismo sentimental e a experiência etnográfica: por que a cultura não é um "objeto" em vias de extinção (parte I). *Mana: Estudos de Antropologia Social*, v.3, n.1, p.41-73, 1997.

SANTOS, A. M. de S. *Etnia e urbanização no Alto Rio Negro: São Gabriel da Cachoeira*, 1988. Dissertação (Mestrado) – Instituto de Filosofia e Ciências Humanas, Universidade Federal do Rio Grande do Sul.

SEEGER, A. DAMATTA, R., VIVEIROS DE CASTRO, E. A construção da pessoa nas sociedades indígenas brasileiras. *Boletim do Museu Nacional*, v.32, p.2-19, 1979.

SORENSEN, A. Linguistic exogamy and personal choice in the NorthWest Amazon. In: KENSINGER, K. (Ed.). *Marriage Practices in Lowland South America*. Urbana: University of Illinois Press, 1984, p.180-93.

De volta ao Lago de Leite

STRATHERN, M. No nature, no culture: the Hagen Case. In: MacCORMACK, C., STRATHERN, M. (Ed.). *Nature, Culture and Gender*. Cambridge: Cambridge University Press, 1980.

VAN VELTHEM, L. Os muitos fios de tucum. In: Simpósio dos Povos Indígenas do rio Negro: Terra e Cultura, I. *Anais do I Simpósio*.... s.l.: Universidade do Amazonas/FOIRN, 1996, p.109-19.

VILAÇA, A. *Quem somos nós: questões da alteridade no encontro dos Wari'com os brancos*. Rio de Janeiro, 1996. Tese (Doutorado) – PPGAS-MN, Universidade Federal do Rio de Janeiro.

_____. O que significa tornar-se outro? Xamanismo e contato interétnico na Amazônia. *Revista Brasileira de Ciências Sociais*, v.15, n.44, p.56-72, 2000.

VIVEIROS DE CASTRO, E. Alguns aspectos da afinidade no dravidianato amazônico. In: _____, CARNEIRO DA CUNHA, M. M. (Org.). *Amazônia: etnologia e história indígena*. São Paulo: NHII/USP-FAPESP, 1993, p.149-210.

_____. Os pronomes cosmológicos e o perspectivismo ameríndio. *Mana: Estudos de Antropologia Social*, v.2, n.2, p.115-44, 1996.

_____.Os termos da outra história. In: RICARDO, C. A. (Ed.). *Povos indígenas no Brasil:1996-2000*. São Paulo: Instituto Socioambiental, 2000, p.49-54

_____. Atualização e contraefetuação do virtual: o processo do parentesco. In: *A inconstância da alma selvagem e outros ensaios de antropologia*. São Paulo: Cosac & Naify, 2002a, p.401-455.

_____. O nativo relativo. *Mana: Estudos de Antropologia Social*, v.8, n.1, p.113-48, 2002b.

WILBERT, J. *Folk literatures of the Gê indians*. Los Angeles: UCLA Latin American Center Publications, 1978.

WRIGHT, R. Indian Slavery in the Northwest Amazon. *Boletim do Museu Paraense Emílio Goeldi*, v.7, n.2, Série Antropologia, p.149-79, 1991.

_____. Uma conspiração contra os civilizados: história, política e ideologias dos movimentos milenaristas Aruak e Tukano do Noroeste da Amazônia. *Anuário Antropológico*, v.89, p.191-231, 1992a.

_____. História indígena do Noroeste amazônico: hipóteses, questões e perspectivas. In: CARNEIRO DA CUNHA, M. M. (Org.). *História dos índios no Brasil*. São Paulo: Companhia das Letras, 1992b, p.253-266.

Anexos

1
A viagem da Canoa da Fermentação[1]

Antes da Gente da Fermentação, o mundo já existia, pois *Ye'pâ Õ'âkɨhɨ* já existia como ser superior eterno. Já havia criado o mundo com tudo o que nele existe. Mas *Ye'pâ Õ'âkɨhɨ* se sentia muito só e resolveu criar os *Ye'pâ Masa*. Primeiro eles foram criados como gente-peixe e foram colocados no mundo subterrâneo chamado Terra do Rio Umari. Eles viviam naquele mundo subterrâneo semiescuro com peixes de todas as espécies e tamanhos.

Depois de algum tempo, começaram a ficar cansados daquela vida e daquele mundo. Queriam viver uma vida diferente, num mundo diferente, e para isso queriam sair daquele mundo. Então começaram a se transformar em diversos seres. Primeiro se transformaram em água ou gente-água, água preta, água branca e clara. Não deu certo. Transformaram-se então em gente-pedra, depois em gente-vento, gente-onça ou pajés,

---

1 Narrada por Benedito Assis Tariana, que a ouviu de seu avô materno Tukano, e posteriormente traduzida por Alfredo Fontes Tukano, genro do narrador. Algumas explicações mais relevantes para o entendimento da narrativa vão entre colchetes. As demais vão em notas.

e posteriormente se transformaram em vários seres diferentes, mas essas transformações todas foram inúteis, tanto como vida, como para sair de lá. Iniciaram a busca da saída para o mundo exterior até que chegaram à Casa do Rio com Laje, onde uma laje de pedra impediu qualquer passagem. Era intransponível. Para procurar a saída, eles voltaram a ser gente-peixe e embarcaram num grande barco, cobra do leite ou Canoa da Fermentação, e retornaram para o lugar onde estavam morando, Casa do Rio das Raízes Aéreas, onde estava a Mãe da Terra. Ela era mãe e guia da Gente da Fermentação. Eles disseram à Mãe da Terra que queriam sair daquele mundo e que não encontravam a saída sem a ajuda dela.

Então a Mãe da Terra nomeou a Gente da Essência da Terra, ancestrais dos *Ye'pâ Masa* (Gente da Terra), os quatro irmãos: Traíra-chato, Bisbilhoteiro Pendurado no Céu, Traíra e Osso de Onça do Verão, para serem os guias da grande viagem da evolução para o mundo novo e para a grande terra no centro do mundo, onde eles deveriam viver no final da viagem. Para iniciar a operação da saída a Mãe do Mundo tirou o osso do fêmur, transformou em bastão sagrado e o entregou ao Gente da Terra (*Ye'pâ Masí*),[2] pedindo para ele tirar a laje de pedra que separava o mundo subterrâneo do mundo exterior. Toda a Gente da Fermentação embarcou na Canoa de Fermentação e o Gente da Terra tocou o bastão sagrado: tiririrüiii... tiririrüii... tiririrüiii... isso para criar força[3] suficiente para perfurar a laje e criar um buraco por onde a Gente da Fermentação pudesse passar. Terminado o ritual, o Gente da Terra fez o rito de guerra, executando diversos movimentos, e atingiu com o bastão sagrado a laje compacta de mármore, conseguiu furá-la e formar um buraco suficiente por onde a Gente da Fermentação pudesse passar. Como o mundo subterrâneo era também de água, a Cobra-Canoa necessitou da força da pressão da água, dos rebojos, para sair à superfície. Foi assim que a Gente da Fermentação saiu à superfície, com a Canoa de Fermentação. Esse local se chama Casa do Rio de Rebojo e o local por onde emergiram chama-se Lago de Leite.

---

2 A partir daqui, o narrador passa a referir-se, por vezes, à Gente da Terra no masculino singular.
3 Na narrativa em tukano, *uuró*.

De volta ao Lago de Leite

Antes de trazer a Gente da Terra à superfície, fez uma série de preparações no mundo exterior. A natureza não estava completa para receber a Gente da Terra. Eles também ainda mantinham corpos de peixe. *Ye'pâ Õ'âkɨhɨ* precisava torná-los humanos e a natureza propícia para eles. Para isso, os ancestrais se transformaram em Gente Árvore. Tinha então a Cuia do Ipadu Banco do Mundo. Além disso, vinha em primeiro lugar o Cigarro das Árvores, o Cigarro da Gente da Terra, origem da Gente da Terra, o Cigarro da Carne do trovão, origem dos Tariano, e o Cigarro da Carne do Sol. *Ye'pâ Õ'âkɨhɨ* fincou os quatro cigarros na Cuia do Ipadu Banco do Mundo, lambeu um pouco do Ipadu e depois de refletir bastante sobre o que viria a acontecer com aqueles cigarros especiais criados, viu que tudo seria bom e útil para todos. Bateu então no Cigarro das Árvores e Demais Vegetais e logo em seguida bateu também no cigarro da Gente da Terra. Como para reverenciar o Gente da Terra, apareceram as árvores e todos os demais vegetais. Quando o Gente da terra apareceu, todos os vegetais prestaram homenagem com muita reverência e o mundo ficou mais alegre. Nunca havia ventado e ventou uma leve e gostosa brisa. Em seguida, bateu no Cigarro da Carne do Trovão e apareceram os Tariana, e por último bateu no Cigarro da Carne do Sol, e apareceram os ... Esses foram os que primeiro apareceram com formas humanas no Lago de Leite. *Ye'pâ Õ'âkɨhɨ* encarregou o Gente da Terra como o responsável pela grande viagem. Todos eram humanos em forma de peixe.

À noite, eles viram as estrelas e quiseram se transformar em estrelas. Então se tornaram gente-estrela. E ficaram assim durante muito tempo como as estrelas são agora. Cansaram e voltaram para a Cobra Canoa em forma de peixe. Depois viram o Sol e quiseram visitá-lo para verificar se havia gente lá. Subiram usando o bastão sagrado com gancho na ponta. Não suportaram o calor do Sol e caíram na terra.

Então se dirigiram à Mãe da Terra e contaram tudo o que tinha acontecido com eles. Então ela lhes deu roupa de água fria. Com essas roupas servindo como escudo para o calor, eles subiram novamente para o Sol. Quando chegaram lá, o Sol, não aguentando o frio, caiu, e caiu também a Gente da Terra. O Sol estava morto mas o Gente da Terra fez um cigarro, benzeu, soprou e fez o Sol ressuscitar. O Sol era ancestral dos Desana, a Gente do Dia. Aqui, o Gente do Dia contou ao Gente da Terra que onde ele morava era feio e triste e disse que queria ir com eles em busca de uma terra melhor, onde pudesse viver melhor e procriar. O Gente da Terra disse que a canoa estava cheia e que não havia lugar para o Gente do Dia. Mas ele insistiu e então o Gente da Terra arranjou-lhe um lugar na proa, para ele vigiar, prevenir sobre os lugares perigosos e os inimigos ao longo da viagem. Assim, a Canoa de Fermentação seguiu viagem em direção à terra que *Ye'pâ Õ'akĩhĩ* haveria de lhes mostrar e onde eles fixariam a sua morada.

Nessa canoa, a Gente da Fermentação se encontrava como se todos fossem irmãos e todos falavam somente a língua da Gente da Terra. O Gente da Terra deixou alguns dos Gente da Fermentação abaixo do Lago de Leite e veio deixando os outros por onde passou. O Gente do Dia ia na proa, como vigia, e o *Peogĩ* [Maku] ia no toldo, segurando o bastão sagrado que servia como defesa. Durante a viagem, eles iam fumando cigarro e as cinzas que caíam se transformavam em terra fértil. Assim a terra foi povoada e se tornou boa para o cultivo e para manter a Gente da Fermentação e seus descendentes.

Seguindo viagem, chegaram à Casa da Junção do Corpo. Ali eles emendaram todas as partes do corpo e se tornaram compactos e completos. Adiante chegaram à Casa da Água Clara. Nessa casa, os corpos deles receberam água e se tornaram corpos como agora.

Daí chegaram à Casa do Breu, onde eles se tornaram ainda mais compactos em suas articulações através da fumaça, do breu e de sua força vital. Prosseguindo, chegaram à Casa dos Desenhos das Árvores; ali eles pararam para ver e copiar os desenhos das árvores a fim de entrar com eles na Casa das Puçangas. Nessa casa, fortificaram ainda mais as junções do corpo com sumo de *Basâ-Pihia*.[4] Depois chegaram à Casa das Flores das Árvores e à Casa do Remédio de Canto e Dança.[5] Depois à Casa do Ricochetear da Água. Chegaram em *Temendawi*, passaram direto, chegaram então à Casa das Larvas e Cáries. Essa casa é uma casa de dabucuri. Fizeram ofertas. Três irmãos menores quiseram comer os

---

4 Certa planta terapêutica.
5 Onde se localiza a cidade de Barcelos.

restos da comida e se tornaram larvas e cáries. Daí vieram para o Rio Cauaburi. Ali o Gente da Terra deixou a Gente Guariba. Subiram até a Casa dos Adornos de Dança. O Gente da Terra usou esses adornos para entrar na Casa da Pequena Rã Esverdeada, também chamada Casa de Ouro.[6] Daqui seguiram para a Casa das Flores.[7] Dali para a Casa das Estrelas Nobres. Ali eles pegaram os enfeites das estrelas e se enfeitaram com eles. Criaram o fumo e suas cerimônias, e também os objetos de adorno e o ritos de iniciação. Tiraram o cigarro para formar os ossos e implementar a estrutura dos corpos da Gente da Fermentação. Até aqui, os seus corpos eram de peixe.

Nesse ponto, o Gente da Terra levou toda a Gente da Fermentação para dentro da Casa de Pari.[8] Nessa casa, arquitetou como seria a cerimônia de iniciação, fez demonstração e depois todos embarcaram e seguiram para a Casa das Cuias Redondas. Ali ele criou as cuias. Aquelas cuias eram cuias de suas vidas. Esse lugar atualmente se chama Lugar da Noite. As três ilhas são Ilhas de Cuia.

Subindo, chegaram na Casa do Aparecimento de Gente.[9] Nessa casa, a Gente da Fermentação teve a experiência de se tornar gente. Gostaram muito, mas ainda não era tempo para levarem vida de humanos. Subindo mais, ouviram a notícia de que havia mais acima uma cobra-tucano esperando-os para devorá-los. Guiado por *Ye'pâ Õ'âkɨhɨ*, o Gente da Terra abateu a cobra com uma zarabatana com hastes envenenadas. A serra que se vê lá é o monstro abatido e se chama Serra do Tucano, e o local onde ele foi morto chama-se Boca de Zarabatana. Subindo mais, eles chegaram na Casa dos Seres do Rio. Nesse lugar eles ficaram durante muito tempo e ali aconteceram muitos fatos importantes para a evolução da Gente da Fermentação. Sob o efeito do *kapí*, eles começaram a falar línguas diferentes.

Prosseguindo, chegaram na Casa de Transformação de Mulheres, onde parte deles se transformou em mulher, como experiência. Esse

---

6 Onde se localiza a cidade de São Gabriel da Cachoeira.

7 Atual Ilha das Flores.

8 Objeto feito com talas de jupati e paxiúba que serve para cercar peixe e adolescentes em rito de iniciação.

9 Atualmente é conhecido como Masa Yõa, 'ponta de gente'.

lugar é conhecido como Deus Esqueleto. Subindo, chegaram na Casa do Rito de Iniciação das Mulheres. Aqui o Gente da Terra criou o rito de iniciação feminina e lhes deu de beber sumo de ingá para beneficiar e fortalecer o seu ventre. Dali foram para a Casa dos Ingás.[10] Subindo mais, passaram por várias casas até chegarem na Casa dos Instrumentos e Cantos Sagrados; esses instrumentos eram a própria Gente da Fermentação com todo o seu acervo de conhecimentos.

No início da grande viagem, outro grupo viajara simultaneamente no espaço, na mesma direção e ao mesmo tempo, passando por todas as casas de transformação por onde o grupo da terra havia passado. Tanto isso é verdade que chegaram juntos. Aqui os dois grupos se ajudaram para traçar a estratégia da transformação em seres humanos e de sua saída da Cobra Canoa. Ficou decidido que a Gente da Carne do Trovão [ancestrais dos Tariana], e os Baniwa sairiam do Barco de Mármore [em que viajaram no espaço] na Casa da Carne de Trovão e na Casa do Paricá de Casca de Pau. O grupo do espaço desceu do barco de mármore e começou a pular em forma de peixe arari-pirá na cachoeira de mesmo nome e embarcando subiram até *Kasêri-Wiho Wi'í*. Desceram e saíram em terra primeiro os Tariana e viram que tudo estava bom. Nessa hora apareceu *Ye'pâ Õ'âkɨhɨ*, perguntando se tudo estava correndo bem, e eles responderam que sim. Depois saiu o Baniwa carregando todo tipo de veneno, flechas e hastes envenenadas. Aí então eles não gostaram nada daquilo que estavam vendo e previram que seria desastrosa a convivência entre eles. Então Nanaí e Kaisaro disseram: "pai, assim a vida vai ser muito perigosa, temos que fugir daqui antes que sejamos mortos pelos Baniwa". Tendo dito isso, foram pelo Igarapé do Mel, transformando--se em água daquele igarapé, e chegaram no lugar da antiga Maloca de Arara, no rio Uaupés. Ali eles chegaram em forma de arara e depois foram para a Casa do Arumã. Foi ali que tomaram definitivamente a forma humana.

Enquanto isso, na Casa dos Iniciados, o Gente da Terra, juntamente com a Gente da Fermentação prosseguiam o seu trajeto de transformação normalmente. Na Casa dos Instrumentos e Cantos Sagrados, a Avó

---

10 Onde está hoje a Missão de Taracuá.

De volta ao Lago de Leite

da Terra ensinou-os a utilizar os instrumentos sagrados para que se transformassem em humanos. Assim, eles transformaram-se em humanos, mas continuaram vivendo debaixo d'água.

Eles iam subindo e se aproximando cada vez mais da saída definitiva. Mais adiante, no Caminho dos Peixes, o *Ye'pâ Õ'âkɨhɨ* criou mais um canto *Kaapiwayâ*, utilizando uma panela de argila Tuyuka cheia de manicuera. Prosseguindo, chegaram no Lago dos Chocalhos. Lá o *Ye'pâ Õ'âkɨhɨ* criou as sementes *kitió* e teceu a armação dos chocalhos para a Gente da Fermentação usar nos tornozelos, durante as danças. Chegaram finalmente na Casa da Transformação ou Casa Ancestral dos Humanos.

Ye'pâ Õ'âkɨhɨ havia planejado a ordem da saída, mas ela foi descumprida. O primeiro a sair deveria ser o Gente da Terra, só que quem saiu primeiro foi *Yuhuroá*, seu avô. *Ye'pâ Õ'âkɨhɨ* não gostou e mandou-o de volta para dentro, dizendo: "devem sair primeiro os *Yepá Masa* [Tukano], depois os *Pɨrô Masa* [Gente Cobra; Pira-tapuya], *Di'ikāhárā* [Gente Argila; Tuyuka], *Akotíkāhárā* [Gente Besouro D'Água; Wanana], depois os *Peorã* [Maku] e *ɨmɨ̂ kohori Masa* [Gente do Dia; Desana]. Os *Kõréa* [Arapaço] já haviam ficado no *Korê-Yõa*, Ponta do Pica-Pau, abaixo de Ipanoré. Por último, saíram os ancestrais dos brancos.

Quando terminaram todos de sair, *Ye'pâ Õ'âkɨhɨ* ofereceu-lhes ornamentos e mercadorias. Expôs tudo a sua frente e disse-lhes que pegassem aquilo que mais lhes agradasse. Eram enfeites de dança, como colares de dente de onça, cocares de penas, bastões de pajé, bastões de cerimônia e outros enfeites. Colocou também machados, facões, bacias de alumínio, espingardas e outras mercadorias. Nossos ancestrais escolheram os enfeites, e os irmãos menores deles pegaram os machados, os facões, as bacias e as espingardas e logo começaram a atirar. *Ye'pâ Õ'âkɨhɨ* não gostou da escolha que nossos ancestrais haviam acabado de fazer. Ele queria que os *Ye'pâ Masa* tivessem escolhido o que os ancestrais dos brancos pegaram. Falou então para eles: "Vocês acabam de fazer sua escolha de vida. Gostaria muito que vocês tivessem escolhido o que o irmão menor de vocês escolheu. Vocês seriam os brancos e patrões. Agora vocês serão mandados por vossos irmãos menores porque essa foi a vossa escolha". Dito isso, tocou o bastão cerimonial: tiriri! tiriri! tiriri! E foi nesse momento que a Gente da Fermentação deixou o corpo de peixe e tomou o corpo humano definitivamente.

Seguindo em frente na cobra-canoa, ouviram um som esquisito, apelidado de 'nuhiinoá', que originou os Yuhurirã. Chegaram então ao lugar onde ficaram os Pira-Tapuya. Mais adiante avistaram a Cobra Tucunaré, que os aguardava para devorá-los. Porém, eles conseguiram desviar por um igarapé. Mais adiante avistaram as piranhas, que também queriam comê-los, e eles desviaram por terra. No igarapé timbó, pararam para fumar cigarro e pensar como sairiam dali. Partiram voando em direção à Cachoeira da Onça,[11] carregando com eles a Cobra Canoa. Para isso se vestiram de grandes morcegos. Na Casa do Encontro das Águas,[12] ficou o casal de Tuyukas. Eles então tentaram entrar pelo Rio da Água Preta,[13] mas encontraram o monstro *Kapiã*, que queria devorá-los. Como não conseguiram desviar, transformaram-se em morcegos e foram parar na Pedra dos Morcegos, na boca do rio Papuri. Passaram pela Cachoeira das Onças, passaram pela Cachoeira de Caruru, onde ficaram mais Pira-tapuyas, e chegaram até *Poâpa*, atual vilarejo Santa Cruz, na Colômbia. Nesse lugar, encontraram-se com os *Po'terikãrahã*, moradores das nascentes. Ali eles fumaram cigarro e o *Yaigɨ* se reclinou mostrando o caminho de volta, avisando que eles deveriam retornar dali. A Gente das Nascentes havia ficado em Tunuí. Dali para frente ficaria perigoso para eles e a terra predestinada era outra. Baixaram e chegaram a Uaracapuri, na Cachoeira de Ananás, na Colômbia. Encostaram a canoa e chegaram até o Maku-Paraná. Chegaram à Casa dos Duendes Contorcidos, o céu dos índios, para onde vão seus espíritos depois da morte. Nesse local, receberam de *Wãtia-da'ari*, uma comida mágica que rejuvenesce e torna imortal quem a come.

O Gente da Terra tinha dois filhos. Pediu a eles que buscassem no mato passarinho carajuru para tirar as penas. Disse que voltassem na hora certa para se alimentarem juntos da comida mágica. Porém, eles o desobedeceram. O mais velho matou o mais moço e cortou-lhe o pênis para transformar em fumo de pajé. Nesse lugar, ficaram os Desana. Assim, só restaram a Gente da Terra e os Maku. Eles retornaram à Cachoeira

---

11 Atual Iauareté.

12 Comunidade de Santa Maria, Iauareté.

13 Rio Papuri.

De volta ao Lago de Leite

de Macucu, embarcaram na Cobra-Canoa e foram para a Cachoeira de Maku, onde os *Peorã* se multiplicaram. Foi ali que apareceu o Duende Sem Ânus. Saíram de Maku-Paraná e chegaram na Casa das Plumas de Garça, no rio Papuri. No buraco de uma pedra, *Ye'pâ Õ'âkɨhɨ* criou mais cantos Kaapiwayâ. Na Casa da Ariranha,[14] a Gente da Fermentação tomou mais *kapí* e foi para Casa de Buiuiu,[15] passaram pela Cachoeira dos Pedaços de Peixe Elétrico. Aqui as mulheres conseguiram ver a preparação dos instrumentos sagrados.

Subindo devagar por uma grande laje de pedra plana, Doêtiro, um dos quatro irmãos Gente da Terra, alegrou-se muito, porque percebeu que estavam se aproximando da terra prometida por *Ye'pâ Õ'âkɨhɨ*. Nesse local, onde existe uma grande clareira de fumo, eles fumaram o último cigarro. Quando queriam entrar no Igarapé Turi, a Cobra Canoa já não se transformou em embarcação. Foi dali que a Canoa da Fermentação voltou para o Lago de Leite, levando de volta os que ficaram dentro, como a Gente do Fogo (*pekâsãa*; os brancos). Dali a Gente da Fermentação foi transportada pelos jacarés.

Durante o trajeto na Casa da Pintura de Jenipapo descobriram o jenipapo para pintar o corpo. Na Casa da Audição Livre, o irmão maior Doêtiro teve a visão geral de todas as tribos da Gente da Fermentação ao longo da viagem e viu que tudo estava bem. Contente com o que viu, deitou-se de costas e penetrou na terra para sempre. *Yuúpuri Imisé Yuruka*, seu irmão, tomou seu lugar, e a viagem prosseguiu. Na Casa da Planície, *Yuúpuri Imisé Yuruka* viu que finalmente haviam chegado à terra prometida e, satisfeito com a missão cumprida, penetrou também na terra. *Doê*, seu irmão, resolveu prosseguir junto com seu outro irmão *Kɨ'mâro Yaî Õ'â* e com o *Peogɨ*.

Chegaram à Casa dos Porcos, conhecida como Serra dos Porcos ou Santo Atanásio, e retornaram a *Wapu*, deixando o *Peogɨ* para tomar conta daquelas terras. Então a Gente da Terra se multiplicou, assim como os *Peorã* e as outras tribos, e se espalharam.

---

14 Atual Teresita.
15 Certa fruta preta.

2
Bairros de São Gabriel da Cachoeira – AM

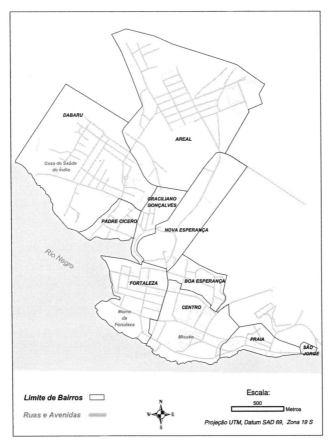

Fonte: Laboratório de Geoprocessamento do Instituto Socioambiental – ISA.

SOBRE O LIVRO

Formato: 16 x 23 cm
Mancha: 28 x 50 paicas
Tipologia: Iowan Old Style 10,5/15
Papel: Offset 75 g/m² (miolo)
Cartão Supremo 250 g/m² (capa)
1ª edição: 2005

EQUIPE DE REALIZAÇÃO

Coordenação Geral
Sidnei Simonelli

Produção Gráfica
Anderson Nobata

Edição de Texto
Maurício Balthazar Leal (Preparação de Original)
Sandra Garcia Cortés e
Alexandra Costa da Fonseca (Revisão)
Oitava Rima Prod. Editorial (Atualização Ortográfica)

Editoração Eletrônica
Santana

Impressão e acabamento